高等职业院校职业素质教育改革创新教材

职场沟通与应用文写作

ZHICHANG GOUTONG YU YINGYONGWEN XIEZUO

主　编　王　敏　王亦飞
副主编　吴岑斐莎　陆佳怡　徐　芳

中国教育出版传媒集团
高等教育出版社·北京

内容提要

本书是针对高等职业院校学生编写的职场沟通与应用写作教材。

本书设计了一系列职场中必须应对的口头与书面沟通的任务，分知识篇和实训篇。知识篇按照核心概念、学习目标、基本知识与技能、思考与练习的体例，设定了8个模块、19个任务。实训篇采用活页形式，同步设计了8个模块、45个项目活动。本书引导学生完成各项任务目标，尝试有效职场沟通，掌握求职面试、会议组织、商务办公、客户关系维护、工作汇报、竞聘就职与商务谈判的一般技法；并能选择恰当的方式，完成如求职信、个人简历、会议通知与纪要、商业广告文案、工作计划总结、竞聘演讲、述职报告等项目实训中的应用文书写作，切实培养和提高沟通能力。

本书适合作为高等职业院校公共基础课程教材，也可以作为普通读者自我学习和训练的参考用书。

图书在版编目(CIP)数据

职场沟通与应用文写作 / 王敏，王亦飞主编. —北京：高等教育出版社，2023.6

ISBN 978-7-04-060386-6

Ⅰ. ①职… Ⅱ. ①王… ②王… Ⅲ. ①人际关系学—高等职业教育—教材②汉语—应用文—写作—高等职业教育—教材 Ⅳ. ①C912.11②H152.3

中国国家版本馆CIP数据核字(2023)第067121号

策划编辑 余 红 李光亮 **责任编辑** 余 红 **封面设计** 张文豪 **责任印制** 高忠富

出版发行	高等教育出版社	**网　址**	http://www.hep.edu.cn
社　址	北京市西城区德外大街4号		http://www.hep.com.cn
邮政编码	100120	**网上订购**	http://www.hepmall.com.cn
印　刷	上海叶大印务发展有限公司		http://www.hepmall.com
开　本	787mm×1092mm 1/16		http://www.hepmall.cn
印　张	21		
字　数	478千字	**版　次**	2023年6月第1版
购书热线	010-58581118	**印　次**	2023年6月第1次印刷
咨询电话	400-810-0598	**定　价**	44.00元

物 料 号 60386-00

前　言

“职场沟通与写作”是一门公共基础课程，是浙江育英职业技术学院与合作企业共同设计开发的，基于学生未来职场工作岗位需求的职业能力训练课。口头语言沟通和书面写作是学生在未来职场中重要的沟通形式。本书依据高职学生职业生涯发展规律，紧紧围绕高校的人才培养目标、专业群、岗位群的需要和学生的特点，从求职、初次就业、职业发展三个阶段选择教学内容、融入课程思政元素、设计教学情境，力求在仿真情境中，提升学生职场表达与沟通能力、写作能力，为培养良好职业基本素养的复合式技能人才打下坚实的基础。

本书力求在以下几个方面构建创新特色。

1. 融入课程思政，坚持正确育人导向。为贯彻落实党的二十大精神，本书以习近平新时代中国特色社会主义思想为指导，深入推进育人模式，根据教育部《高等学校课程思政建设指导纲要》要求，将社会主义核心价值观等思政育人要求有机融入教学体系，力求将知识目标、能力目标与素养目标有机融合。

2. 以职场成长情境为主线，以职场应用需求为重点。本书是具有丰富教学经验的教学团队，按照“突出应用性、实践性、有效性”的原则，以培养学生职场技能为出发点，结合职场工作任务，根据通用职业岗位知识、能力、素质的要求，“双元”合作企业的经典案例和实践活动项目，完善理实一体的教学项目安排，从求职面试到职场发展，将职场口头沟通和书面沟通紧密结合，采用任务式、情境式教学方式，开展项目化、合作式学习，解决职场应用情境中的具体问题。

3. 体现“教学做”一体化的理念。本书根据职业生涯发展规律，以职场成长的典型情境为载体，进行基于沟通的口才训练和应用写作训练，体现“边学边做、边做边学”的教育理念。教学各模块由以下五个部分组成：一是核心概念。介绍与模块主题相关的核心概念及要求。二是学习目标。围绕各模块主题，描述模块主要知识目标、能力目标和素养目标。三是基本知识与技能。介绍与模块主题相关的基本知识和基本技能，并围绕模块主题充分挖掘思政元素，开展案例教学。四是实训设计。结合模块主题，设计基于职场情境的实践活动任务，并提供评价标准，培养学生解决实际问题的能力。此部分单独裂线活页式设计，放在了实训篇。五是思考与练习。围绕模块主要基础知识和技能内容，设计不定项选择题、判断题、实务题等，以考查学生对本模块基础知识和技能的掌握情况。

4. 突破传统课程教材结构体系。一是优化课程内容。目前，市面上有大量的“沟通”课程教材与“应用写作”课程教材，但鲜有将这两部分合二为一的教材。本书编写团队基于岗位需求，将两门课程融合贯通，以职场发展为主线，培养学生的职场沟通与应用文写作能力。二是开发新型活页式教材。各模块的实训任务从实践项目阐述、实践设计条件、实践组织、实践实施（实践要求、实践步骤、评价标准）等多方面进行设计，充分考虑教学实施的实用性，将校园活动与校企合作企业工作场景相结合，无论是自主学习还是小组学习，都能根据学习需求自由组合实践任务。

本书主要适用对象为高职院校学生，以及初入职场有学习需求的社会人员。教学建议学时为每模块4～6学时，共36学时。本书多数实践项目需要小组协作完成，教学中应注意发挥学生的学习主动性，引导学生通过小组分工、任务驱动完成学习任务。

本书由浙江育英职业技术学院王敏、王亦飞担任主编，吴岑斐莎、陆佳怡、徐芳担任副主编。具体编写分工如下：王敏编写前言和模块六、模块七；王亦飞编写模块一、模块二，以及模块三、模块四的部分内容；吴岑斐莎编写模块三、模块四的部分内容；陆佳怡和徐芳编写模块五、模块八。全书由王敏总体把握编写思路，设计编写体例，参与修改与定稿。另外，本书的编写还邀请了联想（北京）有限公司、中国联通杭州分公司等企业专家参与，进一步深化校企合作、双元开发教材。

本书在编写的过程中参考了许多文献资料，对这些文献资料的作者致以崇高的敬意与衷心的感谢。

由于作者水平和时间有限，书中难免存在问题，欢迎广大师生提出意见和建议，以使本书更加完善。

编　者

2023年3月

目　录

知　识　篇

模块一　沟通与应用文写作概述　3

任务一　沟通认知　5
任务二　职场沟通与应用文写作　8

模块二　求职与面试　19

任务一　求职面试　21
任务二　求职类文书的拟写　31

模块三　会议组织　39

任务一　会议沟通　41
任务二　即兴发言　50
任务三　会议类文书的拟写　53

模块四　商务办公　69

任务一　职场多向沟通　71
任务二　常用职场类文书的拟写　84

模块五　客户关系维护　119

任务一　电话沟通技巧　121
任务二　营销沟通艺术　125

任务三　礼仪类文书的拟写　136

模块六　工作汇报　147

任务一　工作汇报的技巧　149
任务二　计划、总结类文书的拟写　154
任务三　报告类文书的拟写　166

模块七　竞聘与就职　181

任务一　竞聘类文书的拟写　183
任务二　竞聘演讲　193

模块八　商务谈判与合作　199

任务一　商务谈判　201
任务二　商务协约文书的拟写　209

实　训　篇

模块一　沟通与应用文写作概述　231

项目一　“搭纸牌屋”游戏 …… 231
项目二　“你听我画”游戏 …… 233
项目三　提炼文件内容 …… 235

模块二　求职与面试　237

项目一　求职面试模拟 …… 237
项目二　求职信的拟写 …… 239
项目三　个人简历的拟写 …… 241

模块三　会议组织　243

项目一　参与会议发言 …… 243
项目二　参与会议复议 …… 245
项目三　即兴发言模拟训练 …… 247
项目四　会议通知的拟写 …… 249
项目五　开幕词与闭幕词的拟写 …… 251

项目六　会议记录的拟写 …… 255
项目七　会议简报的拟写 …… 257
项目八　会议纪要的拟写 …… 259

模块四　商务办公　261

项目一　用 JOBS 公式与上级沟通 …… 261
项目二　用 BESH 公式与下级沟通 …… 263
项目三　请示的拟写 …… 265
项目四　申请书的拟写 …… 267
项目五　通报的拟写 …… 269
项目六　函的拟写 …… 271
项目七　启事的拟写 …… 273
项目八　条据的拟写 …… 275
项目九　活动策划书的拟写 …… 277
项目十　商业广告文案的拟写 …… 279
项目十一　通讯稿的拟写 …… 281

模块五　客户关系维护　283

项目一　电话沟通模拟 …… 283
项目二　营销沟通模拟 …… 285
项目三　请柬的拟写 …… 287
项目四　邀请函的拟写 …… 289
项目五　贺信的拟写 …… 291
项目六　感谢信的拟写 …… 293

模块六　工作汇报　295

项目一　工作汇报模拟 …… 295
项目二　学习计划的拟写 …… 297
项目三　学习总结的拟写 …… 299
项目四　工作报告的拟写 …… 301
项目五　调查报告的拟写 …… 303
项目六　可行性研究报告的拟写 …… 305

模块七　竞聘与求职　307

项目一　述职报告的拟写 …… 307

项目二 竞聘演讲模拟 …… 309
项目三 就职演讲模拟 …… 311

模块八 商务谈判与合作 313

项目一 商务谈判模拟 …… 313
项目二 招标书的拟写 …… 315
项目三 投标书的拟写 …… 317
项目四 意向书的拟写 …… 319
项目五 合同的拟写 …… 321

主要参考文献 323

知识篇

模块一

沟通与应用文写作概述

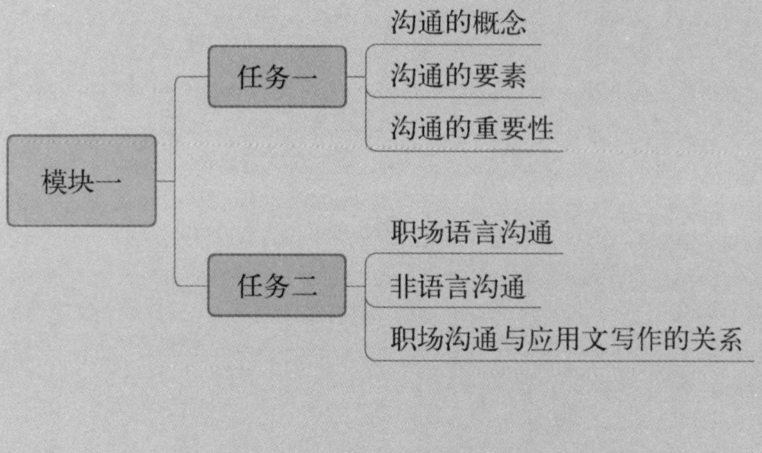

任务一 沟通认知

核心概念

沟通：是两个或两个以上的个体或群体通过思想与情感的传递和反馈，加强理解，以求达成思想一致、情感相通。

学习目标

1. 知识目标

(1) 了解沟通的内涵。

(2) 理解沟通的要素。

(3) 理解沟通的重要性。

2. 能力目标

能运用相关知识，正确理解并认知沟通的重要性。

3. 素养目标

(1) 通过对“从沟通方式看时代巨变”的学习，体会科学技术在社会发展中的重大作用，感悟改革开放以来尤其是新时代十年中国的伟大变革，坚定文化自信，树立努力学习、科技报国的家国情怀。

(2) 通过“搭纸牌”小游戏的实践练习，培养团结协作、善于沟通的团队合作精神，培养执着专注、追求卓越的工匠精神，增强勇于探索的创新精神、善于解决问题的实践能力。

基本知识与技能

在日常工作与生活中，沟通无处不在。随着经济的发展，社会关系错综复杂，市场竞争日益激烈，人际交往也越来越广泛。在职场中，除了要有过硬的专业知识和技能素养，更要具备较强的沟通能力，良好的沟通是职场成功的重要保证。

一、沟通的概念

沟通是指两个或两个以上的个体或群体通过思想与情感的传递和反馈，加强理解，以求达成思想一致、情感相通。其内涵主要包括：

1. 沟通是双向的交流

沟通不是一方对另一方的单向表达，也不是一方对另一方表达内容的单向执行，沟通是双向信息的传递和交换。

2. 理解是沟通的目的

所谓“沟”，是指个体或群体之间的信息传递与情感交流；所谓“通”，是指沟通双方相互理解，谋求在某种程度上的共鸣，使双方从心理上愿意接受并认同观点或主张。

二、沟通的要素

要实现有效沟通，必须具备三大要素。

1. 设置明确的目标

明确的目标是双方沟通的最重要的前提。沟通的目标包括三个方面：一是要让对方理解本方的意图；二是要明确双方的观点的差异；三是与对方保持一定的友好关系，合作是职场生存的重要法则。

2. 达成共同的协议

双方是否达成了一个共同的协议，是沟通是否成功的标志。只有形成了共同的协议，才算是完成了一次有效的沟通。在实际工作中，常见的情形是大家一起沟通了，但由于对沟通内容的理解不同，最后没有形成一个明确的协议，最终大家各做各的，反而增添了很多矛盾。

3. 实现思想和情感交流

在沟通中，信息沟通是显性的、表层的。例如：你今天什么时候有空？但沟通中最重要的内容却是思想和情感的交流。而思想和情感沟通不像信息沟通那么容易，不是显而易见的，而是隐性的、深层的，需要双方之间不断地传递和反馈才能达成一致。

三、沟通的重要性

课程思政案例 1-1

从沟通方式看时代巨变

什么样的经济基础，什么样的科学技术背景，便孕育出什么样的沟通方式。多少年来，书信一直是人们传递信息、交流情感的一种主要形式。从杜甫那个年代的“家书抵万金”，到二十世纪五六十年代后出现的电报、长途电话，再到如今的短信、微信、QQ、电子邮件、视频电话等，信息时代的迅猛发展给沟通方式带来了巨大的变化。星移斗换，时过境迁，这一代人有幸赶上了改革开放的大潮，数字时代给人们沟通方式带来的便利。我们还看到，人们正在通过网络通信、居家办公，以及在旅途中与远在千里之外的朋友对弈或加入游戏角逐等全新的工作和生活方式融入社会，更多的人享受便捷沟通的乐趣。

启示：纵观几千年的历史，沟通一直伴随着人类的生活和工作。通过沟通与交流，人类文化得以进步和发展。沟通方式的革新在人际交往、文化模式、经济发展、政治沟通等各个方面带来了积极变化。小到家庭，大到国家，不同阶层、不同领域间的有效沟通，促使人们的工作、生活更加和谐、稳定。要顺应世界发展大势，推进全球交通合作，书写基础设施联通、贸易投资畅通、文明交融沟通的新篇章。

当今社会，沟通对于一个人的生活和工作而言显得越来越重要。生活中没有沟通，就会缺乏乐趣或产生矛盾；工作中没有沟通，就会缺乏交流或产生障碍。沟通在职场中就如人的血脉。沟通不畅，就如血管栓塞，血液不能循环，会导致器官坏死；沟通顺畅，就能清除工作障碍，充满活力。

1. 沟通是个人身心健康的有效保证

沟通是人与人之间交流的最主要形式。通过沟通，可以深入了解周边环境，通过信息交换和反馈，促进相互交流，增进相互情感，调整自我行为，保证自我身心健康。

2. 沟通是化解工作矛盾的有效手段

职场中，任何决策都有赖于有效沟通。只有沟通顺畅，才能统一思想，达成共识，将决策正确执行。沟通是联系群体共同目的和群体中有协作的个人之间的桥梁。良好的沟通能化解不必要的矛盾，让工作取得事半功倍的效果。

3. 沟通是解决问题的关键环节

实事求是是解决问题的前提。而沟通中获得的信息是及时、直接、实际、能反映工作实质的。所以，良好的沟通能避免不必要的困惑和麻烦。

思考与练习

一、不定项选择题

1. 下列有关沟通的内涵，表述正确的有（　　　　）。

A. 沟通是一方对另一方的单向交流

B. 沟通是双向的交流

C. 沟通的目的是劝服对方

D. 理解是沟通的目的

2. 沟通的要素有（　　　　）。

A. 设置明确的目标　　B. 达成共同的协议

C. 实现思想和情感的交流　　D. 沟通必须是双向的

3. 沟通的重要性有（　　　　）。

A. 沟通是人际交往的主要手段之一

B. 沟通是个人身心健康的有效保证

C. 沟通是化解工作矛盾的有效手段

D. 沟通是解决实质问题的关键环节

二、判断题

1. 良好的沟通能让我们在解决问题时未雨绸缪，避免不必要的困惑和麻烦。（　　）

2. 良好的沟通能化解不必要的矛盾，让工作取得事倍功半的效果。（　　）

3. 在沟通中，情感沟通是最容易的。（　　）

4. 双方是否达成了一个共同的协议，是沟通是否成功的标志。（　　）

5. 沟通的最重要的前提双方目标一致。（　　）

1-1思考与练习答案

任务二 职场沟通与应用文写作

核心概念

1. 沟通：包括语言沟通和非语言沟通。

2. 语言沟通：包括口头语言沟通和书面语言沟通。

学习目标

1. 知识目标

(1) 理解沟通与非语言沟通的概念。

(2) 理解语言沟通与非语言沟通的特点和作用。

(3) 掌握职场沟通与应用文写作的关系。

2. 能力目标

能运用相关知识正确辨别并运用各种沟通形式处理工作。

3. 素养目标

(1) 通过对课程思政案例的学习，理解逆境与顺境的辩证关系，培养辩证思维，培养在逆境中奋斗成长，不轻言放弃的意志品质。

(2) 通过“你听我画”和“提炼文件的内容”的实践练习，培养专注认真，善于团结协作、善于抓住重点、善于解决问题的职业品质。

基本知识与技能

沟通是人类交流行为的基础。按照沟通的媒介来分，沟通包括语言沟通和非语言沟通。

一、职场语言沟通

语言是人类特有的一种有效的沟通方式。语言沟通包括口头语言沟通和书面语言沟通。口头语言沟通是指通过口头言语的形式进行信息传递和交流的形式，是日常生活工作中最为常用的沟通形式；书面语言沟通是指以书面或电子作为载体，运用文字、图片、图形等进行的信息传递和交流形式。

职场中的书面语言沟通主要是通过信函、方案、报告、通知、计划、总结等一些应用文形式呈现的。

课程思政案例 1－2

《抗击新冠肺炎疫情的中国行动》白皮书(节选)

(2020 年 6 月)

中华人民共和国国务院新闻办公室

前言

新型冠状病毒肺炎是近百年来人类遭遇的影响范围最广的全球性大流行病，对全世界是一次严重危机和严峻考验。人类生命安全和健康面临重大威胁。……

当前，疫情在全球持续蔓延。中国为被病毒夺去生命和在抗击疫情中牺牲的人们深感痛惜，向争分夺秒抢救生命、遏制疫情的人们深表敬意，向不幸感染病毒、正在进行治疗的人们表达祝愿。中国坚信，国际社会同舟共济、守望相助，就一定能够战胜疫情，走出人类历史上这段艰难时刻，迎来人类发展更加美好的明天。

为记录中国人民抗击疫情的伟大历程，与国际社会分享中国抗疫的经验做法，阐明全球抗疫的中国理念、中国主张，中国政府特发布此白皮书。

一、中国抗击疫情的艰辛历程

新冠肺炎疫情是新中国成立以来发生的传播速度最快、感染范围最广、防控难度最大的一次重大突发公共卫生事件，对中国是一次危机，也是一次大考。中国共产党和中国政府高度重视、迅速行动，习近平总书记亲自指挥、亲自部署，统揽全局、果断决策，为中国人民抗击疫情坚定了信心、凝聚了力量、指明了方向。在中国共产党领导下，全国上下贯彻“坚定信心、同舟共济、科学防治、精准施策”总要求，打响抗击疫情的人民战争、总体战、阻击战。

经过艰苦卓绝的努力，中国付出巨大代价和牺牲，有力扭转了疫情局势，用一个多月的时间初步遏制了疫情蔓延势头，用两个月左右的时间将本土每日新增病例控制在个位数以内，用 3 个月左右的时间取得了武汉保卫战、湖北保卫战的决定性成果，疫情防控阻击战取得重大战略成果，维护了人民生命安全和身体健康，为维护地区和世界公共卫生安全作出了重要贡献。……

二、防控和救治两个战场协同作战

面对突发疫情侵袭，中国把人民生命安全和身体健康放在第一位，统筹疫情防控和医疗救治，采取最全面最严格最彻底的防控措施，前所未有地采取大规模隔离措施，前所未有地调集全国资源开展大规模医疗救治，不遗漏一个感染者，不放弃每一位病患，实现“应收尽收、应治尽治、应检尽检、应隔尽隔”，遏制了疫情大面积蔓延，改变了病毒传播的危险进程。“通过全面执行(中国)这些措施可以争取到一些时间，即使只有几天或数周，但这对最终减少新冠肺炎感染人数和死亡人数的价值不可估量。”……

三、凝聚抗击疫情的强大力量

面对未知病毒突然袭击，中国坚持人民至上、生命至上，举全国之力，快速有效调动全国资源和力量，不惜一切代价维护人民生命安全和身体健康。中国共产党以人民为中心的执政理念，中国集中力量办大事的制度特点，改革开放40多年来特别是中共十八大以来积累的雄厚综合国力和国家治理现代化建设的显著成效，中华民族同舟共济、守望相助的文化底色，中国人民深厚的家国情怀、天下情怀，汇聚成抗击疫情的强大合力。……

四、共同构建人类卫生健康共同体

当前，新冠肺炎疫情仍在全球肆虐，每天都有许多生命逝去。面对严重危机，人类又一次站在了何去何从的十字路口。坚持科学理性还是制造政治分歧？加强团结合作还是寻求脱钩孤立？推进多边协调还是奉行单边主义？迫切需要各个国家作出回答。中国主张，各国应为全人类前途命运和子孙后代福祉作出正确选择，秉持人类命运共同体理念，齐心协力、守望相助、携手应对，坚决遏制疫情蔓延势头，打赢疫情防控全球阻击战，护佑世界和人民康宁。……

……

结束语

中华民族历经磨难，但从未被压垮过，而是愈挫愈勇，不断在磨难中成长、从磨难中奋起。面对疫情，中国人民万众一心、众志成城，取得了抗击疫情重大战略成果。中国始终同各国紧紧站在一起，休戚与共，并肩战斗。

当前，新冠病毒仍在全球传播蔓延，国际社会将会面对更加严峻的困难和挑战。全球疫情防控战，已经成为维护全球公共卫生安全之战、维护人类健康福祉之战、维护世界繁荣发展之战、维护国际道义良知之战，事关人类前途命运。人类唯有战而胜之，别无他路。国际社会要坚定信心，团结合作。团结就是力量，胜利一定属于全人类！

新冠肺炎疫情深刻影响人类发展进程，但人们对美好生活的向往和追求没有改变，和平发展、合作共赢的历史车轮依然滚滚向前。阳光总在风雨后。全世界人民心怀希望和梦想，秉持人类命运共同体理念，目标一致、团结前行，就一定能够战胜各种困难和挑战，建设更加繁荣美好的世界。

启示：回顾近几年抗疫历程，中国始终坚持"人民至上、生命至上"的理念，各地有序推进疫苗接种构筑健康屏障，各大医院在舱内不断优化出舱程序、核酸检测体量大速度快、物资储备供应平稳、国民经济将继续保持稳定总体延续恢复态势。有中国共产党坚强领导和中国制度的强大优势，有全国人民风雨同舟、守望相助，中国一定能够打赢抗疫的大仗硬仗。

（一）职场口头语言沟通

1. 职场口头语言沟通的概念

职场口头语言沟通是指上下级之间、同事之间、与客户之间通过信息传递、思想交换和情感交流，增进理解、整合情感、达成共识的过程。职场沟通是职场人与人之间发生相互联系的最主要的形式。

（1）口头语言沟通是双向互动的。口头语言沟通强调信息的往来和交互。在沟通过程中，双方不但要认真倾听，而且要适时接话，交换自己的想法和情感。

（2）口头语言沟通是最直接的沟通方式。口头语言沟通具有直接性的特点，能第一时间接收对方的信息，感知对方的情感。

案例分析 1-1

一天，有个朋友去看苏东坡，并把自己写的新诗大声朗诵给苏东坡听，问："你看我的这首诗能打几分？""十分。"苏东坡回答道。"凭什么打十分？"朋友高兴地追问。苏东坡缓缓回答："七分是读，三分是诗，加起来不就是十分了吗？"

分析：就本质而言，即使是朋友，直白的批评也会令他人不悦，让人觉得很没有面子。苏东坡与朋友口头语言沟通的艺术在于不是简单地说对方好或是不好，他深知朋友是希望从他那得到赞赏的。当朋友追问其原因时，苏东坡打破常规，巧妙解说，既回答了朋友的问题，又委婉地达到了批评的目的。由此可见，口头语言沟通直接性的特点，让沟通双方都第一时间传递和反馈信息，感知对方情感，并达到了沟通的目的。

（3）口头语言沟通需要更全面的表达技巧。口头语言表达，不仅需要沟通双方具有良好的听说技巧，同时还需要注意个人的待人接物、言谈举止、临场应变的综合能力和素养。

课程思政案例 1－3

父亲与女儿

一个女儿对父亲抱怨她的生活为什么这么艰难，她不想再坚持和奋斗了，她准备自暴自弃。

父亲是一名厨师。他默默听完女儿的抱怨后，带女儿走进厨房。只见父亲先往三只锅里倒入一些水，然后开始烧水。他往第一只锅里放了些胡萝卜，第二只锅里放了个鸡蛋，第三只锅里放了粉末状的咖啡后，一句话也没有说。大约过了20分钟，父亲关火，分别把胡萝卜、鸡蛋捞出来盛入碗中，把咖啡倒入一个杯子里。

父亲问女儿："你看到了什么？"女儿纳闷地回答道："胡萝卜、鸡蛋和咖啡。"于是，父亲让女儿先用手去触摸胡萝卜。女儿摸了摸，注意到它们变软了。父亲又让女儿把鸡蛋破壳，女儿看到了煮熟的鸡蛋。最后，父亲让女儿喝了口香浓的咖啡。

父亲告诉女儿："这三样东西面临着同样的逆境——煮沸的开水，但其反应是各不相同的。胡萝卜入锅前是结实的、强硬的。但煮熟后，它变软弱了。鸡蛋之前是易碎的，但煮熟后，蛋液凝固了、变硬了。而咖啡却很独特，煮沸后，它们改变了水。如果你是胡萝卜、鸡蛋、咖啡中的一员，哪个是你呢？当逆境找上门的时候，你该如何应对呢？”女儿听后恍然大悟。

启示：沟通是讲求技巧的，行动配合口头语言，循循善诱，能达到有效沟通。

课程思政案例 1-4

恰当的语言

鲁迅先生写过这样一段故事：我梦见自己正在小学校的讲堂上预备作文，向老师请教立论的方法。“难!”老师从眼镜圈外斜射出眼光来，看着我，说：“我告诉你一件事——一家人家生了一个男孩，合家高兴透了。满月的时候，抱出来给客人看，——大概自然是想得一点好兆头。一个客人说：‘这孩子将来是要发财的。’他于是得到一番感谢。一个说：这孩子将来要做官的。’他于是收回几句恭维。一个说：‘这孩子将来是要死的。’他于是得到一顿大家合力的痛打。说要死的必然，说富贵的许谎。但说谎的得好报，说必然的遭打。你……”“我愿意既不谎人，也不遭打。那么，老师，我得怎么说呢？”“那么，你得说：‘啊呀！这孩子呵！您瞧！多么……。阿唷！哈哈！’”

启示：在职场的某些场合，我们既不愿意说违心的假话，又不能直接说出真话，这时就考验人的沟通能力以及临场应变的综合能力。会讲真话在职场中是一种智慧。会讲真话意味着要以巧妙的、委婉的方式恰到好处地表达真实的思想，从而让对方容易接受，甚至满意地接受。

微课：语言沟通礼仪

2. 职场口头语言沟通的重要性

（1）及时上传下达，保证信息的有效传递。职场沟通是工作信息在上传下达过程中不被误解，保证信息传递准确的有效保障。要使管理者的决策能顺利执行，就需要上下级意见达成一致，而口头语言沟通是上下级统一思想、统一步调的最直接、最有效的手段。

（2）增进了解，有助于化解职场矛盾。沟通是双方相互了解职场工作思想、情感和信息的一种有效手段。有效的沟通可以消除人与人间的隔阂，拉近彼此之间的距离，增进双方的理解和信任，从而避免和化解工作中出现的各种矛盾和困难。

（3）凝心聚力，有助于促进团队合作。在职场中，如果沟通渠道不畅，双方就无法坦诚表达和传递自己的信息、思想和情感。那么，上级就无法准确了解下级的工作状态，下级也得不到上级的认可和激励；同事间人际关系也会貌合神离。久而久之，团队内部必然会人心涣散，缺乏凝聚力，影响正常工作。

（二）职场应用文写作

1. 职场应用文写作的概念

职场应用文写作是指在处理职场事务中涉及的应用性写作，如写作求职信、工作计划、会议记录、活动方案、述职报告、邀请函、演讲稿等，是一种用文字材料记录信息、表达意图的书面语言沟通形式。不同于诗歌、散文、小说或戏剧等文学写作，职场应用文写作是为了公务和个人事务而存在的，用于解决职场中的实际问题。因此，职场应用文主要是指求职类、会议类、活动类、礼仪类、竞聘类、凭据类等应用型文书。

2. 职场应用文写作的特点

（1）实用性强。应用文写作是为了解决具体实际问题的，所以在内容上非常注重实用性。

（2）真实性强。应用文写作所要表达和传递的是反映客观事实情况，不得对事实进行任何艺术性加工和修饰。

（3）针对性强。根据不同领域、不同业务和不同的行文目的，应用文写作有不同的文书写作结构与要求。

（4）时效性强。为了在解决实际问题上取得较好的效果，应用文写作通常要求在特定的时间内处理特定的问题，以便快速传递相关信息。因此，应用文写作要讲求时效性。

3. 职场应用文写作的重要性

（1）应用文写作能力是职场必备的沟通技能。应用文写作作为一种书面语言沟通形式，贯穿于整个工作过程。不管是工作报告、会议记录、工作日报，或是给领导、同事、客户发送工作邮件，还是QQ、微信、钉钉等即时通信软件中的沟通交流，这些不同形式的应用文写作都是职场必备的书面沟通技能。良好的应用文写作能力，能更清晰、准确地表达意图，让沟通变得更加顺畅。

案例分析 1-2

战国时，各诸侯国为巩固或扩大自己的地盘，展开了频繁的明争暗斗。韩非认为"仁政"已经施行不下去了，于是向韩王多次上书，以改革图治、变法图强。可是韩非有口吃的毛病，一旦紧张或得意，就越发口吃得厉害。韩王实在听不下去了，就挥手打发韩非走了。但韩非并不甘心，心想，我不能说，但我能写。于是，他埋头著述，写出了《孤愤》《五蠹》《内储说》等集中表达其思想和学说的作品。韩非文笔流畅，文章说理精密，议论透辟，切中要害。他的作品流传到秦国后，为秦王赏识。秦王派兵攻打韩国，韩非出使秦国求和，便被秦王留下来，迫使韩非为其效力。

分析：韩非良好的书面语言沟通能力弥补了其口头语言沟通的缺陷。由此可见，书面语言沟通能力是职场必备的沟通技能。

（2）应用文写作是培养逻辑思维的有效手段。随着移动短视频的发展，部分人已经习惯并热衷于碎片化的文化。短视频缺少文字表达的严谨逻辑和事实关联，叙事结构和表达逻辑浅层化，容易造成思维涣散，疲于思考。而写作是锻炼逻辑思维的重要方式之一。应用文写作要求实事求是，结构严谨、内容简洁，加强应用文写作训练有利于培养观察事物、认知事物、发现规律的洞察力，从而养成逻辑思考的好习惯。

二、非语言沟通

(一) 非语言沟通的内容

非语言沟通是相对于语言沟通而言的，是指人们通过身体动作、面部表情、仪表服饰、语音语调等传递信息的沟通形式。

微课：非语言沟通礼仪

1. 身体语言沟通

身体语言沟通是指通过动态无声的面部表情、手势、眼神等身体运动，或者是静态无声的身体姿势、空间距离及衣着打扮等形式来实现沟通。

(1) 面部表情。面部表情是一种最普遍的非语言行为。人们可以通过面部的表情来表达喜、怒、哀、乐、惊、怕等感受。

(2) 手势。手势在表达思想和情感方面起到了重要作用。所谓“心有所思，手有所指”，口头语言沟通时配合合适的手势，往往能产生特殊的表达效果。人在紧张、兴奋、焦急或愤怒时，都会有意无意地表现在手势上。如顺着手势说“这边请”，很容易使对方理解你的意图；赞同对方意见的同时拍手鼓掌，能给对方更肯定的认可；发言时不停地搓揉衣角，则显示出紧张情绪。

(3) 眼神。眼睛是心灵的窗户，是人与人了解内心情感的有效途径。如直视对方表示感兴趣、真诚；眼睑下垂一般表示顺从；眼神飘忽不定一般表示紧张等。

(4) 仪表姿势。仪表姿势泛指一个人的外在气质，包括容貌、装扮、仪态、举止等。

身体语言信息是潜意识的外在表现，最能接近真实内心。据统计，沟通中55%的信息受身体语言的影响。正确了解身体语言，可以有效传递和理解信息。不同的身体语言有着不同的行为含义，见表1-1举例：

表1-1 身体语言的行为含义

身体语言	行为含义(举例)
脸部表情	微笑表示友好、礼貌；皱眉表示怀疑和不满意
手势	柔和的手势表示友好、商量；强硬的手势表示强硬
眼神	正面注视表示精力集中；目光躲闪表示回避；紧闭双眼表示心存疑惑
仪表姿势	双臂环抱表示防御；双手叉腰表示控制的决心；手托下巴表示在评判；点头表示认同；玩弄手中的笔、抚弄衣带等表示缺乏自信；摘下眼镜，轻揉眼睛或擦镜片表示精神疲劳；谈话时倾向讲话者表示对对方的话题感兴趣

2. 副语言沟通

副语言沟通是指通过语音、语调、语速的变化，以及哭、笑、停顿等来实现沟通的形式。

3. 物体的操纵

物体的操纵是指运用身体外的物体，如通过物体的运用、环境的布置等手段来进行沟通。

(二) 非语言沟通的作用

表情、手势、姿态等体态语言直接诉诸人们的视觉器官，在人际沟通中具有重要意义。有学者曾提出一个公式：

$$信息的全部表达=7\%的语言+38\%的声音+55\%的肢体语言$$

可见，非语言沟通在信息沟通中有着重要作用。

1. 补充作用

在一定场合，非语言信息能对言语沟通起到很好的补充作用，以加深言语所表达的意思。如在说“暂停”的同时，做出一只手顶住另一只手掌的姿势可以帮助强调应该暂停；在表达“同意”的同时，可以用一只手做出“OK”的手势来辅助表达同意等。

2. 替代作用

在很多时候，非语言沟通能替代有声语言沟通，产生有声语言所不能达到的实际效果。即使没有有声语言交流，也可以通过非语言信息来判断对方的意思。如当你看到一个许久未见的老朋友时，你激动得无法用言语表达，脸上露出惊喜的表情，并张开双臂给对方一个拥抱。这种非语言沟通不但化解了尴尬，而且起到了与有声语言相同的表达作用。

3. 强调作用

作为语言沟通的辅助工具，非语言信息能使口头语言表达更准确、有力、生动和具体。如在某句话表述前稍作停顿，用比平常更大的声音和声调来表达，则表示接下来的讲话很重要，起到强调作用；如压低声线、放慢语速来说话，则可以表示伤感等。

4. 否定作用

在某些情况下，非言语行为会传达出与言语表达不一致的信息。如你告诉面试官你很放松，但你的声音却一直在紧张地颤抖；你表面上在倾听对方，但你的眼睛却一直在东张西望，则表明其实你对谈话内容并不感兴趣。

5. 调节作用

非语言行为经常是控制语言交流的方式。如用某种非言语行为来调节言语信息交流，如用点头来表达赞同对方，对方得到肯定后会继续交流话题；而用焦急的表情和举止则具有阻止对方的继续交流的意思。

案例分析 1-3

我国经典名著《三国演义》中有一个脍炙人口的“空城计”故事。诸葛亮因错用马谡而失掉战略要地——街亭，魏将司马懿乘势引大军直逼西城。诸葛亮无兵迎敌，但沉着镇定，大开城门，自坐城楼上焚香操琴以待。司马懿见此景，怀疑设有埋伏，便引兵退去。

分析：在该案例中，诸葛亮巧妙运用“城楼上焚香操琴以待”的非语言沟通技巧，给司马懿传递了一个胸有成竹的假象信息，成功吓退了司马懿十几万大军，转危为安。由此可见非语言沟通的奇妙作用。

三、职场沟通与应用文写作的关系

（一）语言沟通与非语言沟通的关系

不管是口头语言沟通、书面语言沟通，还是非语言沟通，都是人们生活与工作中常用的沟通形式。在职场沟通中，三者相辅相成，缺一不可。

1. 口头语言沟通是沟通的最直接形式

口头语言沟通具有信息传递反馈直接、快速的特点，在日常沟通中被广泛运用，也是职场沟通的常用形式。

2. 书面语言沟通是口头语言沟通的有效补充

书面语言沟通是在口头语言沟通发展的基础上逐渐形成和发展起来的，它突破了口头语言沟通转瞬即逝的特点，具有不受时空限制、能长久保存、表述更严谨的特点。因此，书面语言沟通是口头语言沟通的有效补充。

3. 非语言沟通是语言沟通的有效辅助形式

非语言行为是伴随着语言行为发生的，比语言行为更接近事实。非语言沟通比语言沟通能更直观、形象、生动地表达其所要传达的信息。在特定环境下，非语言沟通能辅助语言沟通，弥补某些状态下语言沟通的不足，起到促进双方沟通、提高沟通效果的作用。

（二）选择沟通方式的原则

1. 选择适合自己的沟通方式

选择自己擅长的沟通方式，才能充分发挥自己的专长，促进沟通的顺利进行。如果在选择时不考虑自身的特点，选择了不当的沟通方式，在得不到谅解和宽容的情况下，就会阻碍沟通的进展。

2. 选择适合沟通对象的方式

面对不同的沟通对象，沟通的方式也要有所不同。要视信息接收者的年龄、性别、文化层次和背景等的差异来选择恰当的沟通方式。例如与长辈沟通，面对面的口头语言沟通会比较合适；与上级单位汇报工作，书面语言沟通会比较适宜。

3. 选择适合事情本身的沟通方式

对于不同的事情，要视事情的轻重缓急来决定沟通的方式。例如在重要且紧急的情况下，面对面的口头语言沟通更高效；该见面时，就不能以电话的方式沟通；该亲自去的，就不能委托他人代办。

思考与练习

一、不定项选择题

1. 语言沟通包括（　　　　）。

A. 口头语言沟通　　B. 交际语言沟通

C. 书面语言沟通　　D. 图片图形语言沟通

2. 书面语言沟通的形式有（　　　　）。

A. 文字　B. 图片　C. 图形　D. 数字

3. 日常生活工作中最为常用的沟通形式是（　　）。

A. 口头语言沟通　B. 书面语言沟通

C. 非语言沟通　D. 肢体语言沟通

4. 下列关于沟通的表述，正确的有（　　）。

A. 沟通要有一个明确的目标

B. 沟通是双向沟通信息、思想和情感的过程

C. 非语言沟通是日常生活工作中最为常用的沟通形式

D. 沟通的目的是双方能达成共识

5. 下列有关职场口头语言沟通的重要性的表述，正确的有（　　）。

A. 职场口头语言沟通具有书面语言沟通无法比拟的优势

B. 职场口头语言沟通可以互通信息，有助于提高工作效率

C. 职场口头语言沟通可以增进了解，有助于化解职场矛盾

D. 职场口头语言沟通可以凝心聚力，有助于促进团队合作

6. 职场应用文写作的特点是（　　）。

A. 实用性强　B. 真实性强　C. 针对性强　D. 时效性强

7. 非语言沟通形式包括（　　）。

A. 身体动作　B. 面部表情　C. 仪表服饰　D. 语音语调

8. 非语言沟通的作用有（　　）。

A. 补充作用　B. 替代作用　C. 强调作用　D. 否定作用

E. 调节作用

1-2 思考与练习答案

二、简答题

请比较分析口头语言沟通、书面语言沟通和非语言沟通的优缺点。

模块二

求职与面试

- 模块二
  - 任务一
    - 求职面试需要沟通
    - 求职面试沟通的方法与技巧
  - 任务二
    - 求职信的拟写
    - 个人简历的拟写

任务一 求职面试

核心概念

求职面试沟通需掌握面试礼仪，自我介绍、回答问题、自由提问和面试后沟通的方法与技巧。

学习目标

1. 知识目标

(1) 了解求职面试的概念和主要类型。

(2) 理解沟通在求职面试中的重要性。

(3) 掌握求职面试的基本礼仪要求，以及自我介绍、回答问题、自由提问和面试后沟通的方法与技巧。

2. 能力目标

能运用相关知识，完成模拟求职面试沟通的全过程。

3. 素养目标

(1) 通过对“庞统两次失败的面试”的学习，加深对“良好的品德是成功的前提”的理解，培养谦和、包容、脚踏实地的为人处事之道，加强修身养德，以社会主义核心价值观要求自己，明大德、守公德、严私德，提升思想道德素养。

(2) 通过对“小事小节是一面镜子”的学习，加深对“细节决定成败”的理解，坚持从小事小节上加强修养，从一点一滴中完善自己，严以修身，正心明道，防微杜渐。

基本知识与技能

一、求职面试需要沟通

(一) 求职面试的概念

求职面试是指求职者与用人单位之间面对面的测试，主要是指用人单位通过当面交谈与问答的方式对求职者进行语言和行为交流考察的活动，是用人单位选拔人才的常用方法之一。通过求职面试，用人单位可以在一定程度上了解求职者的形象、气质、性格、兴趣爱好、特长、能力等；求职者也可以进一步了解用人单位的工作环境、氛围和企业文化等信息。

(二) 求职面试的特点

1. 以谈话与观察为主要手段

相比求职信和个人简历等书面求职材料，面试是一个面对面考核的过程。在这个过程中，用人单位不仅可以通过与求职者的交流了解其个人能力，而且可以通过外在形象、气质、举止来辅助考察求职者是否符合职位需求。

2. 求职面试是一个双向沟通的过程

求职面试给用人单位和求职者提供了双向交流的机会，以增进双方之间的相互了解，进而帮助双方能够更加准确地做出选择。

3. 求职面试内容灵活多样

求职面试的内容通常包括自我介绍、问题回答、自主提问、素质测试、专业考核、应变测试等多方面的内容。

（三）求职面试的类型

按照不同的分类标准，求职面试的类型也有所不同。

1. 按照标准化程度分类

按照标准化程度进行分类，求职面试分为结构化面试和自由式面试。

（1）结构化面试。结构化面试是指面试官按照预先设计好的题目、程序和评分标准对求职者进行面试的人才测评方法。结构化面试形式简单、便于组织，但缺乏灵活性。

（2）自由式面试。自由式面试没有固定的结构，面试官可以通过固定题目进行面试，也可以根据面试现场情况即兴提问。在这种环境下，求职者容易放松心情，易于自由发挥，从而显示出自身的真正水平。自由式面试是当前求职面试中采用较多的一种形式。

2. 按照面试的形式分类

按照面试的内容，求职面试可分为情境式面试、压力式面试、即兴演讲式面试和协作式面试。

（1）情境式面试。情境式面试考察求职者在特定情境下的反应。面试官通常会让求职者置身于求职岗位进行询问或现场模仿，从而判断求职者对求职岗位的认知程度、专业能力和应变能力。

（2）压力式面试。压力式面试是指面试官有意识地向求职者施加压力，或故意发难甚至打击，让求职者处于被动应付甚至难堪的地步。其目的是测试求职者的抗压能力、应变能力和心理素质。

（3）即兴演讲式面试。即兴演讲式面试是要求求职者在特定情境下，立即进行的不凭借文稿来表达的考核方法，具有综合程度高、现场意识强、压力强度大等特点。这种方式能够很好地测试求职者的语言表达能力、现场应变能力和逻辑思维能力。

（4）协作式面试。协作式面试是指面试官将求职者进行分组，要求求职者以集体讨论、相互协作的方式，在一定时间内完成指定的工作任务。在整个过程中，面试官根据每个求职者的个人表现来判断其领导能力、团队协作能力、人际沟通能力、业务能力等。

3. 按照面试的方式分类

按照面试的方式，求职面试可分为单独面试、小组面试、电话面试、视频面试等。

（1）单独面试。单独面试是指面试官一对一或多对一的面试，也是求职面试中最为常见的一种面试形式。

（2）小组面试。小组面试是指面试官同时对若干个求职者进行面试。

（3）电话面试。电话面试是指面试官通过电话交谈的方式对求职者进行面试。因电话面试具有只闻其声不见其人的特点，故求职者不受外表、着装的影响，氛围相对轻松，但求职者的语言表达能力显得尤为重要。

（4）视频面试。视频面试是指面试官通过视频通话软件对求职者进行面试的方法。随着信息化技术的发展，特别是在时空受限的情况下，视频面试是用人单位常见的一种面试方式。

（四）沟通在求职面试中的重要性

1. 求职面试的本质是沟通

求职面试是一种通过面谈的方式来选拔岗位人才的考核手段。面试的目的是给面试官和求职者提供双向交流的机会，所以求职面试的本质就是沟通。

2. 面试成败的关键是沟通

在面试过程中，求职者是否能处理好与人、与事、与已沟通的关系，将直接影响面试的结果。自我沟通舒畅、与人沟通和睦、与事沟通顺利，在求职面试时有如阪上走丸。自我沟通不畅、与人沟通不和、与事沟通不顺，在求职面试时举步维艰。

课程思政案例 2－1

庞统两次失败的面试

三国时期，庞统是顶级谋士之一，人称“凤雏”，与“卧龙”诸葛亮齐名。司马德操曾说：“伏龙凤雏，两人得一，可安天下。”按说名扬天下的庞统，应该是能得到孙权、刘备等的赏识而平步青云，成就一个锦绣前程的，可他却在很长一段时间内乏人问津。不论投奔孙权还是刘备，初见后均遭冷遇。这是什么原因呢？让我们一起来看看庞统两次失败的“面试”吧。

第一次是鲁肃举荐，孙权亲自“面试”庞统。当孙权初见庞统时，看到他“浓眉掀鼻，黑面短髯，形容古怪”，便心生嫌弃之意。而随后庞统“不必拘执，随机应变”和“某之所学，与公瑾大不相同”的狂妄言语，是孙权弃之不用的重要原因。孙权平生最喜欢周瑜的才学，庞统话语中对周瑜的轻视，让孙权更不喜了。

孙权不肯用庞统，鲁肃又作书举荐其去荆州改投刘备。当时刘备已夺取荆州，正值百废待兴、急需用人之际。但庞统去见刘备时，却衣着邋遢，不修边幅，礼数不周，还颇有些桀骜不驯的样子。最后，刘备勉强给庞统一个“耒阳县令”的官职。

启示：庞统两次“面试”为什么均以失败而告终呢？一方面，庞统不注重个人仪容仪表，没有给人留下良好的第一印象；另一方面，庞统本人极端自负，自视甚高，目空一切，过于狂妄自大。对于孙权、刘备而言，用人除了看中才华横溢外，更注重人品德行。庞统的狷狂不羁、礼数不周，让孙、刘二人觉得此人难以重用。一个人无论是否有才学，谦虚的品德是前提。面对工作和学习，我们应该始终心存敬畏之心，秉持谦和包容之礼，脚踏实地地做人做事，方能为自己赢得更为广阔的天地。

二、求职面试沟通的方法与技巧

(一) 求职面试礼仪

礼仪形象展示是求职面试沟通的第一步。良好的形象在一定程度上能对求职面试起到事半功倍的效果。

1. 仪容仪表

仪容仪表是指求职面试者的外在包装，适宜的仪容仪表，能给面试官一个良好的第一印象，对促进双方的进一步沟通具有积极作用。

(1) 仪容。求职者要尽量向面试官展现自己的最佳状态，要给对方传递一种积极向上、阳光开朗的态度。一般地，女性求职者应化职业妆，但要避免浓妆艳抹；男性求职者应仪容清爽，切忌不修边幅。

(2) 发型。头发应整齐、干净、有光泽，可以设计一个适合自己的发型。发型不宜过于时尚夸张，若是长发应尽量束好，避免披头散发；男性还应注意修整胡须。

(3) 着装。服装应选择合适得体、不易折皱的正装，款式以朴素、简练、精干为出发点。

(4) 其他附带修饰。求职面试时最好带一个文件夹，可以收纳个人求职材料、笔记本及文具等，以体现求职者训练有素的职业品质，避免在面试时向面试官借用纸笔。

微课：
面试礼仪

2. 神态气质

神态气质是由内而外显现出来的。怡然自得的神态、从容自信的气质能让求职者脱颖而出，给面试官留下区别于他人的好印象。

(1) 心态。面试时，求职者应该保持良好的心态，才能从容应对面试官的考验。首先，要充满自信，自信是促进面试沟通顺畅的最佳催化剂。充分自信，才能展示出最好的自己。当然，自信是给有准备的人的。作为求职者，我们除了在平时的工作生活中积累经验、充实自身实力外，还要在求职面试前作好充分的准备工作。其次，要保持冷静。我们要正视并允许紧张的存在，努力克服紧张带来的消极影响。沉着冷静面对，才能按照你的节奏来进行面试沟通。最后，要有一颗平常心。任何事都会有得失，求职面试亦是如此。做最努力的准备，做最坏的打算，全力以赴做好自己，不管成功或是失败，每一次面试都是一次成长经历。

(2) 言行。所谓“言行，君子之枢机”，透过言行，可以看出一个人的素养。求职面试亦是如此，言行往往是面试官在短时间内判断求职者素质修养的主要标准之一。因此，求职者平时应加强对自身言行的反复练习。

首先，要学会微笑。微笑是最美好的语言，不仅可以给人以亲切感，拉近与面试官的距离，而且可以有效掩饰和缓解紧张情绪。求职者在整个面试过程中，都应该礼貌地保持微笑。其次，语言要标准。标准的普通话、清晰的咬字、适中的语速、动听的声音，能为求职者的面试沟通加分。最后，姿态要端正。进入面试场所时，应先敲门，得到对方允许后再进入。进入后要记得随手关门，并主动与面试官打招呼，面试官示意后方可入座。正确的坐姿是坐在椅子的三分之二处，抬头挺胸，上半身挺直，双手置于膝上，眼睛直视前方。交流时，要注意与面试官的眼神交流，可以配合一些肢体语言进行。

案例分析 2-1

面试中，经常会看到一些面试者不适当的小动作。这些不经意的小动作往往葬送了面试的机会。

1. 翘二郎腿

面试中千万不能翘二郎腿，否则会让面试官感觉你对这份工作不够重视、对人不尊重。

2. 频繁拨弄头发

面试中如果你频繁拨弄头发，会让面试官觉得你很随意和自恋，是不尊重面试官的表现。

3. 玩弄手指或衣角

无意间玩弄手指或衣角，是比较紧张的表现。

4. 眼神飘忽不定

如果你在面试中眼神游离、飘忽不定，或是不敢直视面试官，会让面试官觉得你不够自信，不够踏实，或是比较紧张。

5. 肢体动作过于浮夸

口头语言表达配以适当的肢体语言，能产生良好的沟通效果。但如果肢体语言过于浮夸，反而会适得其反，给面试官留下不稳重的印象。

分析：一个人的态度、品质、修养等虽然是无形的东西，但却可以通过言谈举止表现出来。所以，在面试中我们要避免一些不适当、不经意的小动作，以免对面试结果造成不良影响。

（二）自我介绍

自我介绍是求职者向面试官介绍和展示自我的环节。成功的自我介绍能快速吸引面试官的注意和兴趣，为整个面试奠定良好的基调。

1. 内容要真实，用事实说话

自我介绍的内容是建立在书面求职材料基础之上的。因此，自我介绍中的内容应与求职信、个人简历中的内容保持一致，不能有不相匹配的错误。同书面求职材料一样，自我介绍中有关学习经历、工作经历、社会实践经历、获奖情况等不能随意捏造，对个人专业技能表述也要恰当，要正确区分“了解、熟练掌握、精通”等词语的意思，以经得起检验。

在自我介绍中，求职者可以通过具体的事实案例或数据来证实你的能力。例如“我在大学期间曾多次参与社区主题活动的策划与组织活动”，这个表述相对宽泛，不够具体。如果改为“我在大学期间曾多次参与社区主题活动社会实践。在××社区‘今天分一分，明天美十分’垃圾分类主题活动中，我作为小组长，参与了活动策划、组织、实施和总结全过程。丰富的活动内容得到了居民的一致认可，该项目还获得了杭州市社科普及周优秀案例”。这样的表述中不但有具体个案和对个人工作的描述，还有取得的成效，用事实说话，能让面试官更加信服。

案例分析 2-2

这是陈静曼第一次参加求职面试，虽然她已经做足了准备，但她还是有些紧张。为了缓解紧张情绪，面试官对她说："陈静曼，这个名字真好听！"听到面试官亲切的声音，陈静曼瞬间放轻松了许多，"谢谢您的夸奖！我父母当初在取名字的时候，就觉得我是一个安静的小孩，所以给我取了这个名字。加上我出生在丽水，一个山清水秀的地方，所以取这个名字就显得更加诗情画意了。哦，对了，你们有去过丽水吗？"陈静曼开始反问面试官们。可是，面试官们没一人作答，只是笑了笑，说："请你介绍下你自己吧。"于是，陈静曼开始自我介绍道："我毕业于浙江××职业技术学院。其实，以我高中的平时成绩我是可以进二本学校的，只是当年我高考失利了。不过，我相信我的能力一定不比本科生差，大学期间我曾获得浙江省大学生职业生涯规划大赛一等奖……"

陈静曼足足花了十多分钟介绍自己在大学期间取得的累累硕果，她自认为自己准备很充分，自我介绍时也重点突显了自身的优势，而且和面试官沟通很顺畅。面试官们个个面带微笑，还说她名字好听，一定对她印象特别深刻。可是，陈静曼最终并没有被录用，她百思不得其解。

分析：首先，面试官夸奖陈静曼名字的目的除了是发自内心的赞美名字外，也是想制造一种轻松和谐的面试气氛，可陈静曼的回答却夸夸其谈，讲起了自己高考失利，显得心有不甘，给人以不够踏实的感觉。其次，陈静曼花了十多分钟介绍自己取得的成绩，让整个自我介绍环节冗长且平淡无奇。所以，这是一次失败的自我介绍。最后，成功的自我介绍一要遵循真实性的原则，内容要真；二要巧用表达方式。对于取得的成绩，可以通过举例子、列数据的方式加以佐证，但要注意详略得当，有的放矢。

2. 要突出重点，能准确表达

面试官要面对众多求职者，千篇一律的自我介绍不能引起面试官的兴趣。因此，自我介绍要有个性，要有特色，才能给人以耳目一新之感。

自我介绍只是求职面试中的一小部分，故自我介绍时间不宜过长，最好不要超过 3 分钟，要讲究言简意赅，突出重点。不建议完全复述求职信或个人简历上的内容，而应该围绕求职的岗位来展开，挑选其中最能体现自身品格、特长、能力的成功经验来阐述。当然，在举例说明时也要恰到好处，没有必要详细展开说明，点到为止即可，以引起面试官好奇心。这样才能通过自我介绍环节，在面试中变被动为主动，把握后续的提问环节，引导面试官对其好奇的部分进一步提问。

不同于书面求职材料，自我介绍是一种口头语言沟通的模式。所以，自我介绍时语速要适中，用语要准确，观点要鲜明，逻辑要清晰，要尽量分层分点来介绍。

（三）问题回答

在求职面试过程中，面试官会向求职者发问，以便深入了解求职者的个人能力。求职者回答问题的质量是求职面试是否成功的重要依据。因此，掌握回答问题的方法与技巧，才能在求职路上走得更顺。

1. 正视个人优弱势

求职者在回答问题时，的确需要尽量展示个人能力，但并不意味着可以肆无忌惮地过度展示，要讲究恰到好处。回答问题时，要从面试官组织面试的初衷出发来组织语言。一是要严肃对待面试机会，端正面试态度，向面试官传达强烈的求职意向；二是要从求职岗位要求出发，表现出相匹配的人格品质和专业技能，让面试官相信你确实具有这方面经验和能力；三是要以集体为中心，不独断专行，不目中无人，注重团队协作与沟通。

在求职面试过程中，面试官会可能会问一些刁钻的问题，或是对求职者的回答做出点评。当求职者身处弱势时，要学会正视自身的薄弱之处，表现出虚心学习的积极态度。面对面试官的刁钻问题或点评，要学会用赞美的语言来拉近彼此的距离。不管面试结果如何，都要心怀感恩，感谢对方给予的面试机会。

案例分析 2-3

太强势未必是好事

王强收到了一家世界500强企业的面试通知。他很兴奋，足足花了一周时间准备面试。面试当天，用人单位将王强和另外3位面试者分成一组，以小组讨论的形式进行考核。拿到面试考题时，王强暗自欣喜，因为这个题目他已经有所准备了。讨论开始了，王强主动承担组长一职，还抢先开始了自己的“演讲”，滔滔不绝地讲了近10分钟。其他面试者提出新观点，却立马被王强反驳了，王强几乎没给其他人发言的机会。最后，王强还代表小组进行了总结汇报。他自认为自己准备非常充分，表现也相当积极，对复试十拿九稳。

可一周后，王强却没收到该公司的复试通知。他很不解，电话询问面试官，被客气地告知：“你表现力很强，但你太强势了，不懂得团队合作不是我们需要的人才。”

分析：王强的强势在于过于自以为是，容不得别人的批评和指正，而且不给他人发言机会，不与团队沟通交流，忽略了最根本的团队合作精神。

2. 把握沟通细节

课程思政案例 2-2

小事小节是一面镜子

于细微处见精神，于细微处也见品德。小事小节是一面镜子，能够反映人品，反映作风。小事小节中有党性，有原则，有人格。

古人云："堤溃蚁穴，气泄针芒。""巴豆虽小坏肠胃，酒杯不深淹死人。"这揭示了由量变到质变的深刻哲理，也是一些腐败分子带给我们的深刻教训。大多数腐败分子是从不注意小事小节逐步走到腐化堕落境地的。在推杯换盏中放松了警惕，在小恩小惠面前丢掉了原则，在轻歌曼舞中丧失了人格，这样的例子并不鲜见。小事当慎，小节当拘，确是对领导干部的金玉良言。每个领导干部都应慎独慎微，从小事小节上加强自身修养，从一点一滴中自觉完善自己，懂得是非明于学习、境界升于自省、名节源于修养、腐败止于正气的道理，始终保持共产党员的本色。浙江民营经济比较发达，各级领导干部一方面要支持民营企业发展，要亲商、富商、安商；另一方面，同企业家打交道一定要掌握分寸，公私分明，君子之交淡如水。千万不要在这个问题上摔跟头，这方面教训太多了。所以，各级领导干部要注重加强自身修养，慎小事，拘小节，防微杜渐，两袖清风，筑牢思想道德和党纪国法两道防线。

启示："见微以知萌，见端以知末。"小事小节是一面镜子，能够反映人品，也能反映作风。忽视细节，会影响干事创业。透过细节看本质，也日渐成为衡量、评价一个人德才修养的重要方式之一。因此，在求职面试中我们要牢记"细节决定成败"，才能给面试官留下好印象。

善做善成，成在细节。在面试中，求职者要掌握看、听、读、记、思、说等细节方面的技巧。

（1）看，即在求职面试过程中要注重观察。一是要观察周边环境。通过对周边环境的观察，辅助判断面试的氛围、规模和关注重点。二是要观察面试官的神情和反应，学会与面试官进行眼神交流，判断面试官对你所说的是否感兴趣。

（2）听，即在求职面试过程中要注意倾听。一是要专心听，听清面试官的发言内容，避免信息遗漏。二是要用心听，要学会听懂对方的弦外之音，才能更好地领悟对方意图。三是要耐心听，要等对方把话说完后再回答。四是要有回应，在倾听过程中可以配合一些微动作来回应对方，如点头、思考、微笑等。

（3）读，即在求职面试过程中要学会阅读。面试过程中有时会让求职者当场阅读相关材料并作答，这就非常考验求职者的阅读理解能力。求职者一方面要学会快速阅读，找出重点内容；另一方面，要带着问题去阅读，找出问题的关键点。

（4）记，即在求职面试过程中要学会记忆。一是要迅速记住面试官的姓氏、职务，并分析面试官的特点，以便快速找到切入点。二是要牢牢记住面试官的提问和点评，以便有效改善沟通效果。在面试时，求职者可以带一个笔记本，方便记录与面试官沟通的相关内容，协助记忆。

（5）思，即在求职面试过程中要学会思考。不管是在表述自己的观点还是回答问题前，求职者不要急着表达，给自己几秒钟的思考时间，将要表述的内容在大脑中稍作整理，列好提纲，打好腹稿后再表达。

（6）说，即在求职面试过程中要巧妙说话。掌握说话技巧是面试沟通的重要能力之一。面试沟通不同于普通的面对面交流，讲求语气诚恳、语速适中、语调亲切、措辞恰当，互动良好。

3. 学会换位思考

任何沟通都是双向的，面试沟通亦是如此。在求职面试中，求职者除了要从自己的角色出发进行沟通外，还要站在面试官的角度考虑问题。要学会换位思考，在充分了解用人单位的用人目的和需求的基础上，将“用人单位想要什么”和“我有什么”紧密结合在一起，才能有效进行面试沟通。

（四）自由提问

在求职面试的最后，面试官往往会给予求职者自由提问的机会。在这个环节，求职者可以提出一些自己感兴趣的问题，与面试官进一步互动与讨论。那么，求职者在自由提问环节应该问哪些问题呢？又要避免问哪些问题呢？

1. 可以问的问题

在求职面试过程中，求职者可以问一些普遍适用性的问题。一是与公司有关的问题，如“能否为我介绍下公司的工作环境”。二是与求职岗位有关的问题，如“贵公司对这个职位的期望是什么”。三是与自我发展相关的问题，如“公司是否鼓励员工在职进修或培训”。当然，如果求职者有充分把握，也可以向面试官问一些与求职岗位相关的创新性问题。

2. 不建议问的问题

如果面试中有自由提问的环节，求职者切忌一言不发，自动放弃与面试官沟通的机会。当然，也要注意提问的分寸，有些问题不建议在面试环节就提问。一是敏感性的话题，如询问各岗位的具体薪酬待遇、加班情况等；二是面试官回答不了的问题，如超出求职岗位的问题、超出面试官职位所能回答的问题等；三是过于简单的问题，如询问公司的业务范围。这些问题通过网络就能轻易查到，提问会显得求职者前期准备工作不到位，对用人单位了解甚少，会起到反作用。

（五）面试后沟通

面试结束并不代表求职过程的结束。求职者在面试后不应该守株待兔式地等待求职结果，而应该抓住最后的机会，为自己争取与面试官最后的沟通，以加深面试官对求职者的印象，最大可能地争取机会。

1. 及时表示感谢

面试后表达感谢之情是求职礼仪的重要环节，一般在面试结束后 24 小时内完成，以加深面试官对自己的印象。对面试官恰当地表示感谢，不仅是求职者的礼貌之举，也能为求职面试加分，甚至会改变面试官最后的取舍。但在表示感谢时，要注意几个细节。

（1）电话感谢要控制好时间。若是通过打电话的方式表示感谢，则电话时间不宜过长，要控制在 3 分钟之内。只需要在电话中简单介绍自己的姓名、求职岗位和表达感谢即可，目的是加深求职者在面试官心目中的印象。

（2）文字感谢要真诚简短。若是通过电子邮件、微信或短信方式表示感谢，则文字表述要真诚，内容要简洁。除了表述自己的姓名、求职岗位和表达感谢之外，还可以再次重申自己对求职岗位的兴趣和信心。

2. 问询面试结果

不同于表达感谢，问询面试结果切忌心急，不能过早打听。在一般情况下，用人单位要对面试结果进行讨论、投票和汇总后方能最后确定拟录人选，这个过程一般需要3～5天时间。求职者要学会耐心等待，把握好时机后再问询面试结果。当然，在这段时间内求职者也要保持电话畅通，及时查阅用人单位邮件和招聘网页信息，以便在第一时间知晓面试结果。

3. 时刻做好准备

每个人都会有失败的经历。如果求职面试失败了，也不要气馁，就业机会很多，有压力才会有动力。但是成功是给有准备的人的，我们要善于及时总结经验教训，找出失败原因，在下一次机会来临前做好准备，方能顺利谋求理想的职位。

思考与练习

一、不定项选择题

1. 求职面试的特点有（　　）。

A. 以谈话与观察为主要手段　　B. 是一个双向沟通的过程

C. 是书面求职的补充　　D. 内容灵活多样

2. 按照标准化程度来分，求职面试分为（　　）。

A. 自由式面试　　B. 笔试式面试

C. 讨论式面试　　D. 结构化面试

3. 按照面试的形式来分，求职面试分为（　　）。

A. 压力式面试　　B. 情境式面试

C. 协作式面试　　D. 即兴演讲式面试

4. 按照面试的方式来分，求职面试分为（　　）。

A. 小组面试　　B. 视频面试　　C. 单独面试　　D. 电话面试

二、判断题

1. 面试结束后，求职者应该立马向用人单位问询面试结果。（　　）

2. 在自由提问环节，我们可以直接询问岗位薪酬问题，以便了解求职岗位是否符合我们的求职需求。（　　）

3. 在提问环节，面试官就有关女性求职者的顾虑向一位女性求职者发问。此时，这位女性求职者应该避而不答，以缓解尴尬场面。（　　）

4. 面试后，我们可以通过 E-mail 的方式给面试官写一封信，对面试官表示感谢，并再次重申自己对求职岗位的兴趣和信心。（　　）

5. 在小组讨论式面试中，我们应该争做佼佼者，尽量为自己争取发言时间，不给其他求职者任何发言的机会。（　　）

6. 在面试过程中，我们要勤做笔记，牢记面试官的提问，以便及时整理出问答提纲，有效改善沟通效果。（　　）

7. 大家都夸小明的求职信内容写得非常好。所以在面试的自我介绍环节，小明就

自信满满地将已经充分准备的求职信内容再复述了一遍。（　　）

三、实务题

请你根据你的求职信和个人简历内容，准备一篇1分钟的自我介绍材料。

2-1思考与练习答案

任务二　求职类文书的拟写

核心概念

1. 求职信的结构：由标题、称谓、正文、结尾和落款组成。
2. 个人简历的结构：由标题和正文组成。

学习目标

1. 知识目标

（1）了解求职文书的概念和特点。

（2）理解求职信和个人简历的区别与联系。

（3）掌握求职信和个人简历的写作结构与写作要求。

2. 能力目标

能运用相关知识，根据自己实际情况拟写求职信和个人简历。

3. 素养目标

（1）通过对“糖丸之父”故事的学习，深入践行社会主义核心价值观，树立正确的职业价值观，把个人价值与社会价值有机统一起来，培养爱岗、敬业精神和家国情怀。

（2）通过对“诚信是工作的前提”故事的学习，认识诚信是立身之本、“人无信不立”的做人道理，认识信任关系的建立对于职业发展的重要意义，认识到诚信是社会主义核心价值观的重要内容，从而培养诚实守信的良好道德品质。

（3）通过对求职信和个人简历写作的实践练习，培养谦虚谨慎、严谨细致、乐观进取的职业素养。

基本知识与技能

一、求职信的拟写

（一）求职信的概念和特点

1. 求职信的概念

求职信是指求职者写给用人单位的专用书信。作为求职者向用人单位自我推荐的书信，求职信是求职者和用人单位初次沟通的桥梁。其目的是让用人单位通过书信了解并信任求职者，以谋求面试机会。

2. 求职信的特点

(1) 推介性。求职者要结合自身的条件和求职意向，有针对性地进行自我推介，并表明求职意向。

(2) 真实性。求职推介的内容要真实、诚恳，不能杜撰。

(二) 求职信的结构和写作要求

求职信的结构由标题、称谓、正文、结尾和落款 5 个部分组成。

1. 标题

求职信的标题通常只写“求职信”三个字，位于第 1 行居中。

2. 称谓

求职信的称谓是指对受信人的称谓，位于标题下一行，顶格书写。

不同于普通书信，求职信一般是写给用人单位相关部门的，双方多为互不相识的人，因此求职信中受信人的称谓一般无法确定。对于普发性求职信中的受信人称谓，一般只使用笼统的、合乎礼仪又没有明确对象的称谓来表述，如“尊敬的领导”；对于有明确、具体的用人单位的求职信，则可以将受信人称谓具体化，通过可以用“尊敬的＋姓氏＋职务(职称)”来表述，如“尊敬的任部长”“尊敬的张经理”“尊敬的高老师”等。

3. 正文

求职信的正文位于称谓下一行，空两格开始书写。一般情况下，求职信的正文内容包括求职情况介绍、对谋求职位的看法和对自己能力的客观评价、对受信者提出希望和要求 3 个部分。

(1) 求职情况介绍。这部分主要包括两个层面的内容。一是要清楚交代求职者的姓名、性别、年龄、学历等个人基本情况；二是要说明获知求职信息的渠道。

该部分的写作要求简明扼要，能明确表明自己的求职态度。作为求职信正文的开篇，要注意文字表述的艺术，能吸引用人单位有兴趣继续读下去。

(2) 对谋求职位的看法和对自己能力的客观评价。这部分是整个求职信的关键部分，要重点介绍自己的优势和特长，目的是要让受信人看到你身上的“闪光点”和对应聘职位的有利条件。在文字表述中，要尽量结合用人单位的核心价值和职位要求来写，要突显自身具备的工作经验或能力。

该部分的写作要求实事求是，态度谦逊诚恳，切忌模糊、笼统或面面俱到。语言中肯且有一定的说服力，能让你在众多求职者中脱颖而出。

课程思政案例 2-3

“糖丸之父”的故事

“糖丸之父”顾方舟将自己的人生概括为“一辈子只做一件事”。正是他研制的“脊灰”糖丸活疫苗，让“脊灰”的年平均发病率大大降低。2000 年世界卫生组织宣布中国为无“脊灰”状态，从此，中国儿童远离了小儿麻痹症。

然而为了这一天，顾方舟和他的团队整整奋斗了四十多年。“医者父母心”，顾方舟为了检验疫苗对人体是否有副作用，决定以身试药，冒着瘫痪的风险，喝下了一小瓶疫苗溶液。喝完之后，自己没有出现任何异常，但自己毕竟是一个成年人，患病的主要人群是小孩。于是他做出了一个惊人的决定，瞒着妻子给自己刚刚满月的孩子试用了疫苗。苦心人天不负，最终疫苗临床试验成功，可以投入生产，给全国儿童服用了。在脊灰歼灭战阶段，顾方舟没有大意，进一步研制出了好吃的、易存储运输的“脊灰糖丸疫苗”，最终消灭了“脊灰”这一可怕的儿童疾病。

启示：这个故事告诉我们，职业不仅仅是谋生手段，更是实现人生价值的一种途径。顾方舟的精神贵在专一，贵在坚持不懈。他一生只做一事，始终践行着医疗工作者的使命。因此，在求职的道路上我们要树立正确的职业价值观，做一个有家国情怀、有责任担当的好青年。

(3) 对受信者提出希望和要求。这部分主要是求职者向受信人提出希望和要求，如“希望可以获得一次面试的机会”“静候您的佳音”等。

该部分的写作要求语言简洁，要做到不啰唆，更不能苛求对方。

4. 结尾

求职信的结尾位于正文下一行，空两格开始书写。这部分主要是表达敬意、祝愿的言语，如“此致敬礼”“祝工作顺利”等。这部分不必过多寒暄，以免画蛇添足。

5. 落款

求职信的落款位于全文的右下方。

落款部分包括求职者姓名和成文日期两部分。其中，求职者姓名前面不需要添加任何谦称，且最好能手写签名；成文日期要写清楚成文的年、月、日。

例文 2-1

求 职 信	【标题】
尊敬的领导：	【称谓】
感谢您在百忙之中抽出时间来审阅我的求职材料！	【正文】
我是浙江××职业技术学院 2022 届现代文秘专业的一名毕业生。近日从智联招聘网站得知招聘信息，贵公司良好的公众形象和发展前景深深吸引了我，我决定应聘贵公司行政助理一职。	（求职情况介绍）
在校期间，我积极上进、踏实肯干、迎难而上，努力学习专业知识，积极参加社团和社会实践活动，在各方面都能严以律己，具有较好的办文、办事和办会能力。我也具备较好的创新意识，曾获浙江省大学生职业生涯规划大赛高职就业组一等	（对谋求职位的看法和对自己能力的客观评价）

奖、全国商务秘书技能大赛个人一等奖。自身能力、专业素质、内在潜能也在不断学习和实践中得到了培养、提高和拓展。我希望能通过各类活动完善自己、充实自己，更好地服务于社会。如若能得到贵公司的青睐，我将全力发挥自身的特长，在工作中竭诚向同事请教，从而为公司做出贡献。	
最后祝贵公司事业蒸蒸日上！期待您的回复！	（对受信者提出希望和要求）
此致 敬礼！	【结尾】
求职人：××× 2022年××月××日	【落款】

二、个人简历的拟写

（一）个人简历的概念和特点

1. 个人简历的概念

个人简历是对个人学习或职业经历作简要介绍的文书。个人简历是用人单位了解求职者个人情况必不可少的书面材料。

2. 个人简历的特点

（1）简明性。个人简历是对个人工作、学习经历的高度概括，而简明性是个人简历的主要特点。

（2）目的性。个人简历的内容有很强的目的性。个人简历的拟写，是为了能让用人单位进一步了解求职者，且对求职者产生深厚的兴趣。因此，求职个人简历写作重点应该放在学历、专业特长、工作能力和业绩上。

（3）真实性。个人简历写作内容要真实，切忌杜撰，讲求诚信。

课程思政案例 2－4

诚信是工作的前提

李老师是一名大学就业指导老师，他经常帮助指导毕业生准备个人求职材料。这天，学生张扬请李老师指导个人简历。张扬在个人简历中写道："曾任学校学生会主席一职"。李老师看完，脸上露出了不悦的表情，"小张啊，我知道你学习成绩一直不错，社会能力也很强，学生会文体工作也很出色，但你什么时候担任学生会主席的啊？"张扬听完默默不语，脸蛋通红。这时，李老师语重心长地告诉张扬："个人求职简历是需要精心包装的，但包装不等同于'吹嘘'。曾经取得的学习和工作成绩要毫无保留地向用人单位呈现，证明自己的个人能力和水平。但是，绝对不能掺假，诚信是工作的前提。抛弃了诚信，你不但会失去工作，而且会丧失个人尊严。”

启示：诚信是社会主义核心价值观的基本内容之一，是我们每个人都要遵守的基本道德规范。不讲诚信也许会给你带来一时的利益，但它必将使你失信于人，失去将来。诚信是人们必备的优良品德，是我们为人处世的基本原则。

(二) 个人简历的结构

个人简历的结构主要包括标题和正文两个部分，通常附在求职信后面，以进一步介绍个人学习和工作经历。

1. 标题

个人简历的标题通常只写“个人简历”四个字或“×××简历”，位于第1行居中。

2. 正文

个人简历的正文通常包括个人基本情况、学习经历、工作或社会实践经历、获奖情况、专业技能和求职意向等方面内容，以表格或条文的形式呈现。

(1) 个人基本情况。个人基本情况主要包括姓名、性别、出生年月、籍贯、身体状况、个人联系方式、所学专业和学历情况等。

(2) 学习经历。在拟写学习经历时，应该按从近到远顺序拟写学习经历，一般是先写求学时间段，然后写求学学校名，最后写求学时间段内所获得的学历和学位等。

(3) 工作或社会实践经历。工作或社会实践经历写法同学习经历，应按从近到远顺序拟写，先写工作或社会实践时间段，然后写工作单位名称或社会实践项目名称，最后写工作或社会实践岗位、所获得的业绩等。

应届大学生因工作经验和阅历不足，应侧重社会实践经历，以突显自身的社会实践经验。

(4) 获奖情况。获奖情况部分可将个人学习、工作期间所获得的主要奖励，选择重要的、与求职岗位有关的或级别高的写。

(5) 专业技能。专业技能主要包括个人的特长爱好、外语能力、计算机能力、组织协调能力、表达能力和工作能力等。

(6) 求职意向。求职意向主要指求职者的目标职业和岗位。

例文 2-2

个 人 简 历	【标题】
一、个人基本情况 姓　　名：张扬　　性　　别：男　　民　　族：汉 出生年月：2002年×月×日　　政治面貌：中共党员 籍　　贯：浙江省杭州市　　身　　高：1.75米	【正文】 （个人基本情况介绍）

体　　重：65 千克 所学专业：文秘　　　　　学　　历：高职 联系电话：1×××××××××× 联系地址：×××××××××××××××××× E-mail：×××××××@163. com	
二、学习经历	
2019 年 9 月—2022 年 6 月　浙江育英职业技术学院　高职 2016 年 9 月—2019 年 6 月　杭州市第二十二中学　　高中	（学习经历，遵循时间递降原则拟写）
三、社会实践经历	
2021 年 7 月—8 月　中国联通杭州分公司武林路营业厅暑期实践（被评为“8 月份服务新星”） 2020 年 7 月—8 月　建德市下涯镇“我在窗口写青春”三下乡实践活动（被评为“三下乡活动积极分子”） 2020 年 5 月—6 月　杭州市下沙街道早城社区、柠檬社区主题活动（50 人以上的社区活动 2 次）策划与组织 2019 年 7 月—8 月　浙江青年报社暑期实践（协助采访 3 次，撰写消息 1 篇）	（因为是应届毕业生，故侧重社会实践经历，遵循时间的递降原则拟写，先写最近的，再写远的）
四、获奖情况	
2021—2022 学年　荣获第十一届全国商务秘书技能大赛团体一等奖、省优秀毕业生、学院一等奖学金、优秀学生干部 2020—2021 学年　荣获浙江省第七届大学生秘书职业技能大赛团体二等奖、省奖学金、学院一等奖学金和“三好学生” 2019—2020 学年　荣获新生奖学金一等奖、学院新生演讲比赛一等奖	（获奖情况，遵循时间递降原则，并根据求职意向有重点、有选择地拟写）
五、专业技能	
计算机二级证书、英语四级证书、全国商务秘书（高级）证书、普通话二甲证书	（专业技能，根据求职意向有选择地拟写）
六、求职意向	
行政助理、文员	（求职意向，言简意赅）

（三）个人简历的写作要求

1. 重点鲜明突出

个人简历是对求职者个人情况的主要概况。作为求职者与用人单位初期沟通的主要形式，个人简历的内容虽力求面面俱到，但一定要有鲜明突出的重点，能较好地展现出对目标岗位有利的信息，以引起用人单位的兴趣和重视。

2. 思路逻辑清晰

个人简历涉及的内容较多，写作时不仅要注重归纳和分类，而且在罗列内容时要遵循时间的递降原则，先写近的后写远的，先写重要的再写次要的。

3. 内容实事求是

作为求职的敲门砖，要使个人简历脱颖而出，的确需要充实和丰富个人简历内容，突出个人能力和特点。但是，个人简历的内容一定要讲求诚信，不能夸大，更不能掺假、造假。我们要做到用事实突显能力，用个性彰显特色，为自己赢取面试机会。

（四）个人简历与求职信的区别

个人简历和求职信是求职者应聘时向用人单位同时递交的文书材料。个人简历与求职信在文书写作上的区别如表 2－1 所示。

表 2－1 个人简历与求职信的区别

区 别	求 职 信	个 人 简 历
内容重点	重点是客观评价求职者自身的能力。介绍个人职业追求（个人职业规划等）、个人职业能力（包括学习能力、工作能力、社交能力、协调能力等）、个人职业成果（以往岗位及业绩等）	重点介绍求职者的经历（学习经历、工作经历、社会实践经历、专业技能、获奖情况等）
内容详略	提炼个人简历中的亮点，将最具竞争力的个人强项向用人单位表述，是对个人简历内容的概述和提炼	主要针对求职岗位对个人经历和业绩进行客观、简明的罗列
呈现形式	表现为书信的形式，前要有称谓，后要有敬祝语和落款	表现形式较为灵活，一般以表格或条文的形式呈现

思考与练习

一、不定项选择题

1. 求职信的结构主要包括（　　　　）。

A. 标题　　B. 称谓　　C. 正文　　D. 结尾

E. 落款

2. 个人简历的结构主要包括（　　　　）。

A. 标题　　B. 称谓　　C. 正文　　D. 落款

3. 个人简历的正文通常包括（　　　　）。

A. 个人基本情况　　B. 学习经历

C. 工作或社会实践经历　　D. 获奖情况

E. 专业技能　　F. 求职意向

4. 求职信的特点有（　　　　）。

A. 推介性　　B. 广告性　　C. 证明性　　D. 真实性

5. 个人简历的特点有（　　　　）。

A. 简明性　　B. 介绍性　　C. 目的性　　D. 真实性

6. 求职信的正文内容包括（　　　　）。

A. 求职情况介绍　　B. 对谋求职位的看法

C. 对自己能力的客观评价　　D. 对受信者提出希望和要求

7. 个人简历的写作要求有（　　　　）。

A. 有鲜明突出的重点　　B. 呈现方式与众不同

C. 有清晰的逻辑思路　　D. 内容实事求是

二、病文修改

求　职　信

亲爱的领导：

我是浙江育英职业技术学院酒店管理专业的一名应届毕业生，很高兴认识您！

十几年寒窗苦读，铸就了我的学识和自信。大学期间，我学习刻苦，专业知识扎实，曾获浙江省大学生酒店管理专业职业技能大赛中餐主题宴会设计二等奖；曾担任分院学生会主席一职，带领团队成员曾组织过分院新生演讲赛、迎新晚会、军旅歌曲大赛等活动；大三期间，我在杭州洲际大酒店西餐部实习，曾有幸服务于G20杭州峰会，获得“优秀实习生”称号。

“纸上得来终觉浅，绝知此事须躬行”。三年的大学学习生活让我认识到团队建设的重要性，良好的学习和实习经历让我很快到了自身的价值。我相信在今后的工作中，我必将会以集体为中心，乐于合作，勇于创新，不断学习进取，提升自我工作能力和价值。我真诚地期盼能为贵公司贡献自己的绵薄之力！如果贵公司能为我提供一个就业机会，我将深表感谢，并以实际行动来证明自己，期盼您的回音！

祝贵公司事业兴旺发达、蒸蒸日上！祝您工作顺利、节节高升！

一个期盼的求职者：×××

××年×月

三、简答题

请简要说明求职信和个人简历的区别与联系。

2-2思考与练习答案

模块三

会议组织

- 模块三
  - 任务一
    - 组织会议
    - 主持会议
    - 参加会议
  - 任务二
    - 即兴发言无处不在
    - 即兴发言的基本方法和技巧
  - 任务三
    - 会议通知的拟写
    - 开幕词和闭幕词的拟写
    - 会议记录的拟写
    - 会议简报的拟写
    - 会议纪要的拟写

任务一　会议沟通

核心概念

1. 开会三阶段：制定会议（定议）、行动建议（动议）、研讨辩论（复议）。

2. 会议六要素：简单问候、会议背景、会议目的、会议流程、会议时长和预期收益。

学习目标

1. 知识目标

（1）理解主持会议的三大基本阶段和“导游模式”的六大要素。

（2）掌握 STSB 公式的四个组成部分以及复议时的“无攻击”话术。

2. 能力目标

（1）熟悉主持会议的基本流程，并掌握“导游模式”的具体话术。

（2）能够运用 STSB 公式在会议上发表观点，以及学会复议观点时“无攻击”话术。

3. 素养目标

（1）通过对“失职的秘书”案例的学习，加强工作责任心和使命感，培养做事认真细致、考虑周全的职业品质。

（2）通过对“无人发言的发言环节”的学习，正确认知“己所不欲，勿施于人”的做人道理和古人智慧，增强传承中华优秀传统文化的意识。

（3）通过对“机智应对会议沉默”的学习，感悟高超的领导艺术和人格魅力，理解教育科技现代化对于中国式现代化的重要意义，激发学习热情，为教育强国建设和现代化强国建设贡献青春力量。

基本知识与技能

一、组织会议

（一）会议安排

公司要成功的组织一次会议，需要做好以下安排。

1. 会场选择

举行会议首先要选准会场地址。会场选择需要从实际出发，考虑交通便利、设施齐全、环境安静、停车便利、费用合理等一系列因素，尽可能方便参会者。

案例分析 3-1

马虎的秘书

陈红毕业后应聘到一家公司担任办公室秘书一职。有一次,公司为了联络各经销商的感情,准备召开一次重要的商务会议,于是让陈红负责选择会议的地点。陈红没有此类会务工作经验,做事马马虎虎,既没有认真地考察会议室的细节,做好会场布置,也没有认真地准备与会议相关的事宜,安排好会务工作,结果开会那天状况百出。因为会议室太小,椅子数量明显不够,导致有些人只能站着开会。除此之外,因会议室设备陈旧,空调启动不了,连窗户也无法打开,导致室内极其闷热。有的人实在难以忍受,中途就提前离场了,业务经理非常不满意,陈红也非常尴尬和懊悔。

分析:会议就是要传达一定的信息给参会者,不但会议内容要丰富有新意,而且会场的环境应该舒适宜人,会议组织也应该严谨有序。因为,这不仅关乎企业形象,还是企业文化的重要宣传途径。

2. 会场布置

对于一般的小型会议,会议室只要清洁、明亮,有足够的桌椅让参会者方便看文件、做记录、讨论发言就行了。而大型会议的会场准备则比较复杂,不仅需要体现会议的主题,也应注意会场内座位的布局、主席台的布置以及其他必要的装饰等。其中,最主要的就是会标、会徽、标语、旗帜、花卉、灯光和座位。

3. 主席台布置

主席台是会议的中心,也是会场礼仪的主要表现位置。主席台布置应与整个会场布置相协调,并且强调突出。主席台的座位要求满座安排,不可空缺,如原定人员临时不能出场,则应撤掉座位,不能在台上空留。

4. 会议用品

为了确保会议顺利进行,会务人员应提前做好材料分发,并为会议准备各种文具用品,如纸、笔、投影仪、指示棒、黑白板、复印机、计算机以及投票箱等,检查录音、录像、话筒等设备,确保齐全有效。因不同会议有不同的需求,因此满足参会者的需求是有关人员在安排会议、布置会场时必须考虑的问题。

(二) 会议准备阶段工作

1. 时间选择

开会应选择合适的时间,比如大型会议应尽量避开公众节假日。同时,会期不能安排太长,否则容易影响参会者的日常工作和休息。

案例分析 3-2

会议的安排

某电子产品销售公司要在年中举办一场大型的营销策划方案研讨会,历时两天。王元是这场会议的主要负责人。会议期间，所有员工的食宿安排都非常好，会议场地的整洁安静。但是会议上午的时间均安排在 8:00—12:00，并且只在 10:00 安排了 10 分钟的休息时间；下午的会议时间均为 13:30—17:30，中间也只有 15:30 有 10 分钟的休息时间。两天下来，大多数员工和领导都感觉非常疲惫，甚至出现了一些抱怨的声音。王元很委屈，觉得自己对会场的选择及食宿的安排已经做了大量的前期考察工作，为何还是有这么多人不满意？会议后通过询问多位参会人员才明白，原来是在时间安排的环节出了问题。

分析：据心理学家测定，成年人能集中精力的平均时间为 45～60 分钟。超过 45 分钟，人就容易精神分散；超过 90 分钟就会普遍感到疲倦。因此，每次会议时间最好不超过 60 分钟，如果需要更长的时间，应该安排中场休息。此外，会议时间的安排要考虑人们的生理规律，一般而言，9:00—11:00、14:00—16:00 这两个时间段，人们办事的效率较高。而王元安排的会议时间，每场时间都为 4 个小时，期间只休息 10 分钟，这就容易让大部分的参会者感到疲惫不堪。

2. 邀请对象

参会者的选定要考虑多种因素，既要有参与的资格，也要有参与能力和水平修养等。

3. 详尽通知

会议通知要做到发送及时，且内容简洁、交代明确。此外，对于特邀嘉宾，应派专人登门呈送，以表尊重和诚意。如果出现突发事件打乱了会议通知的原定安排，则同样应在第一时间再次通知到每一位参会者。

课程思政案例 3-1

失职的秘书

某公司原定于某月某日在单位礼堂召开总结表彰大会，发了请柬邀请有关部门的领导参加，秘书在请柬上也把开会的时间、地点写得一清二楚。收到请柬的几位部门领导很积极，提前来到了礼堂开会。但是到达会场后，一看会场布置并不像是开表彰会的样子，经询问礼堂负责人才知道，今天上午礼堂开报告会，而总结表彰会已经改换地址了。

几位领导同志表示很惊讶，同时也都非常气愤，换了地址为何不通知呢？事后，会议主办公司的领导才解释说，因秘书工作粗心，在发请柬之前还没有与礼堂负责人确认场地，一厢情愿地认为不会有问题，直到开会前一天到达场地，才得知礼堂早已租给别的单位用了，只好临时改换会议地点。但由于邀请单位和人员较多，来不及一一通知，结果造成了上述失误。尽管领导一一登门道歉，但依旧造成了不良影响。

启示：作为秘书，会议通知虽然做到了发得早、内容细致、交代明确等，但一方面没有提前确认场地已是一大错误；再遇到会场已被租用的突发情况，也应该在第一时间通知到每一位参会人员，而不是以任何借口推脱自己的责任，这是第二大错误。看似是秘书的小失误，却对这场会议造成了巨大的不可挽回的影响。每个人身居职场，都有自己的工作责任，做好自己的本职工作，对自己的工作用心负责，是每一位工作者对工作最基本的尊重。

（三）会议召开阶段工作

1. 接站

一般会议都有规定具体报到日期。报到期间，主办方应做好接站工作。在车站、机场等主要交通站点，用醒目的牌子标明“××会议接站”。

2. 登记

对到达报到地点的参会者，主办方要做好签到、登记、收费、发放会议资料、发放会议凭证等工作。登记时，参会者的合理要求应尽量给予满足。

微课：会议礼仪

3. 联络

会议期间，主办方要注意与各参与人员做好联络工作，不要使任何参会者有被冷落和忽视的感觉。

4. 安全

会议期间，主办方要确保每一个参会者的安全，包括其人身安全、财物安全以及食品卫生安全等。

5. 文娱

若会期较长，在会议期间可安排一些文体活动等，以调节参会者的精神状态，也应鼓励参会者主动参与文体活动。

（四）会议结束阶段工作

1. 合影

如果会议有合影环节应早作安排，避免个别参会者提前离开而不能参与此环节。

2. 材料

发给参会者的材料应便于集中携带。如需收回的材料要提前告知，发现有人未交，应尽早查问，做好材料的清退、收集、归档工作。

3. 送行

会议结束后，应做好善后工作。在每一个参会者离开时，主办方都要热情相送；对集中离开的参会者，尽可能准备车辆送他们去车站、机场等。

二、主持会议

（一）主持会议的常见问题

在会议中，经常会遇见各种各样的问题，比如部分与会人员莫名其妙“被开会”而不知开会目的；主持人说话没有流程，想到哪里说到哪里；会议讨论了半天，最终毫无结果，成为无效会议；会议一开始就不知道何时结束，打乱日常工作安排，等等。此外，会议过程中，碰到主持人说“接下来请大家畅所欲言、尽情发言吧”，结果冷场，无人发言；更有甚者，几个部门在会议中互相推诿“这个问题……是那个部门负责的”等，导致全场一片混乱。诸如此类，必然影响会议的顺利推进，甚至导致无效会议。那么，到底应该如何主持会议？主持会议的时候又应该注意什么呢？

课程思政案例 3－2

无人发言的交流环节

在某公司的年度总结大会上，CEO 陈亮担任主持人一职。作为大领导的陈亮一直高高在上，下属们很少与他交流。会议上，陈亮特意设置了一个交流环节，就是希望一改自己平时冷酷严厉的人设，让下属们觉得他是一个平易近人的领导。于是，陈亮特意在董事长演讲结束后，设置了一个“畅所欲言”的环节，他说道：“好，接下来是自由交流环节，请大家尽情发挥吧！”陈亮想着这下大家都可以有什么就说什么了。结果出乎意料，没有一个人敢说话，而且大家都目光闪躲，有些甚至低头不语。

陈亮百思不得其解，直到会后询问了很多下属才明白，自己总是想当然，没有站在别人的角度考虑问题，在这样大型的、重要的场合，一场没有主题的交流料是哪个下属都不敢举手发言了。

启示：在职场中，千万不能以“家长派”的沟通心态去对待别人。“己所不欲，勿施于人”是为人准则中最基本的道理，然而也是最容易被忽视的道理。

（二）主持会议的要点

1. 做个精彩的开场白

精彩的开场白是主持成功的一半，往往能像磁铁一样吸引听众，增强参会者对会议的兴趣。所以，有经验的会议主持人，都非常重视会议的开场白。会议开场白要遵循“能安定公众情绪、恰当介绍会议内容、形式新颖”等原则，因地制宜，精心构思，尽量避免陈旧死板、千篇一律。

2. 让参会者广泛参与

作为会议主持人，除了要注意会前沟通，使大家明白开会的意图外，还要注意让与会者踊跃发言，把说话的机会让给大家。此外，对言之无物的人的发言要有办法加以控制和制止；对能提出宝贵意见而未发言的人要请他发言，以提升会议的品质；听到相同或不同的意见不能喜形于色，更不可以立即加以批判，以免影响大家的发言积极性。

3. 善于控制发言时间

当有人发言超出规定时间或者发言内容越来越离纲时，主持人可以直接告诉他“时间到了”或者“我们接下来还有其他环节”等以停止发言。有时为了避免尴尬，也可以采取委婉的方式，如可以向另一个人提起话题，“老张，我觉得这个问题与你有关，你怎样看？”这样，不但保全了对方的面子，而且把发言权交给了另一个人，推动了会议进程。

案例分析 3-3

在某公司年会上，某部门张经理在发言环节站起来说："今天是个好日子，我简单说两句吧！"主持人很高兴地邀请张经理上台讲话。谁知道，张经理一到台上越说越激动，越说越起劲，眼看已经快半个小时过去了，张经理还在侃侃而谈。台下的领导和观众已经出现了一些不悦和不耐烦的神色。但是主持人看着张经理激动兴奋的样子，也不好意思去打断，就这样，在场所有人一直等到张经理发言结束才开始年会的下一个环节，而年会原定的计划安排也因为这次发言被迫临时缩减和调整。

分析：作为会议主持人，不仅仅有串词的任务，还应该担负起整场会议的环节把控及时间把控。遇到这样的情况，应该勇于直接告知张经理"年会的时间有限，可以下次找机会再分享"，从而缩短或终止张经理的发言，绝不能因为"不好意思"而影响年会的正常进度。

4. 机智处理突发情况

会议中难免有各种各样的突发情况，有些是常见的，有些可能是始料未及的。比如当出现冷场时，主持人可再次解释讨论的问题，鼓励参会者尝试回答；或者直接点名比较专业的、擅于发言的参会者先进行发言。特殊情况可以特殊处理，随机应变，避免尴尬和沉默。

课程思政案例 3－3

邓小平机智应对会议沉默

在电视剧《历史转折中的邓小平》里，1977 年 8 月，邓小平主持召开了"科学和教育工作座谈会"，邀请了 30 多位科学教育方面的专家。作为会议主持人，邓小平讲道："这次开会的目的，就是想听听大家的意见。"但由于参会者以前大多因言获罪，所以现在都埋着头，不敢再发言了。邓小平提高音量，鼓励大家说："今天，大家想说什么就说什么，不一定长篇大论。中国要搞现代化，必须从科技、教育着手；不从科技、教育着手，那赶超就是一句空话！我们今天要讨论的就是，科技怎么搞得更快些、更好些？教育如何合乎四个现代化的要求、赶超的要求？包括学制、教材和教员的来源、办学的方针及具体措施等，想征求一下同志们的意见。"邓小平讲完后，还是没有人做出回应。

见大家有所顾虑，邓小平缓慢起身，用一种恳求的语气说道："我知道大家有顾虑，但是同志们，你们也知道，国家现在的局面太危急了。我们落后别的国家太多。中国的知识分子是最识大体、最顾大局的。在艰难时刻，在国家危难时刻，我们的知识分子有挺身而出、不计较个人得失的优良传统。中央分工，我主动请缨，管一管科学、教育，外行管内行。我是外行，管你们内行。方毅同志同我一块儿搞，具体事情他做，我的任务就是‘放点空炮，助点威风’。”说到这里，在场的各位都不禁笑了起来。见大家活跃一些后，邓小平继续说：“大家在这里发言，不要有任何顾虑，放开说，自由一点，什么话都可以讲。这里没有棍子，要消灭棍子，消灭三个公司：‘钢铁公司’‘帽子公司’，还有‘鞋子公司’，都要丢掉。”参会者对“鞋子公司”感到很困惑，邓小平笑着说：“今天是朋友相会，在自己家里，可以宽松些，不拘礼仪，不拘小节。有的人年纪大了，穿着皮鞋出来开会，时间长了不舒服，怎么办？我说，‘鞋子公司’可以丢掉，解放出来，放松一些，畅所欲言地谈，大家不反对吧？”会场一阵欢笑，邓小平注意到自己面前的数学教育家苏步青有想要畅所欲言的感觉，随即“点名”道：“苏老，我记得，您是1902年出生的，比我大两岁，是老哥了。外国人说您是中国的‘数学之王’，您带个头怎么样？”苏步青也不再拘束，说出了自己心中压抑许久的话。其他同志纷纷发言，会议解决了很多实质问题。

启示：邓小平在会议中的幽默和平易近人，推动了会议的进程，推动了中国的发展。沟通的第一步就是尊重他人，理解他人，学会共情，学会体谅，最终邓小平的真诚打动了参会专家。

（三）主持会议的流程

1. 开会三阶段

《罗伯特会议议事规则》中提出开会三阶段：制定会议（定议）、行动建议（动议）、研讨辩论（复议）。其中，定议属于主持会议阶段，而动议和复议则属于参加会议阶段。

2. 定议六要素

主持人应该像导游一样的从头到尾把控会议的进度、流程、节奏等，因此可以把这种主持模式称为“导游模式”，具体指：简单问候、介绍会议背景、介绍会议目的、介绍会议流程、告知会议时长、讲解预期收益。

案例分析 3-4

简单问候：大家好，欢迎各位。

会议背景：我们团队已经成立三个多月了，我也看到了各位的辛勤付出，我们已经有了18位客户的资料，但是到目前为止，还没有拿到销售的订单。

会议目的：所以今天开会的目的，就是讨论一下如何更换我们的销售策略。

会议流程：今天我们的讨论分为三个部分：第一部分，是如何转变客户的类型；第二部分，是如何加大宣传力度；第三部分，是如何调整我们项目的报价。

会议时长：会议预计在半个小时以内结束。

预期收益：我们希望在会议结束之后大家可以在销售的策略方面达成共识，好让我们度过创业初期的难关，各位，我们可以开始了吗？

分析：案例中，主持人遵循导游模式，对会议的背景、目的、流程、时长和预期收益做了一个明确而简洁的介绍，这样可以让每一位参会人员在会议一开始就对本次会议有了一个宏观的了解，也更利于会议的顺利开展。

三、参加会议

（一）参加会议的要点

1. 注重仪容仪表

每一位参会者都应该注重自己的仪容仪表，做到穿着得体、举止优雅。一般会议要求参会者做到穿着端庄大方、美观得体即可；而正式的大型会议要求参会者穿着正装套装，如男士是深色西服，女士穿中长裙或长裤。此外，无论在主席台上还是在台下，坐姿都要端正，切忌抖腿或跷二郎腿。

2. 遵守会议纪律

正式的会议一般都会提前宣布会议纪律，即使有些会议没有明文规定，参会人员也应该准时到会、保持安静、不得迟到早退等。

3. 认真倾听发言

对每一位参会者来说，在会议期间认真倾听他人的发言是最基本的素养。在倾听会议的过程中，参会者一方面应仔细听讲，一方面也可以适当做一些记录。如果有不认同的内容，也应该在他人发言结束后再礼貌地提出自己的不同见解。

4. 学会正确就座

会议座位安排主要有两种方法，一是按指定区域或名字就座；二是自由就座。如果在进入会场时没有会务人员引导就座，在自由选择座位时应该注意以下几点：按自己的身份合理就座；勇于坐在前排，不要一开会就退居最后排；如作为客人身份出席会议，则注意客随主便，尽可能服从安排。

（二）参加会议的动议话术

1. 需要动议话术的原因

在会议过程中，参会人员最重要的互动方式就是发言。而每当一个人发言的时候，其余的人都会把目光注视在发言人的身上。此时，发言人一旦说错话将被无限放大，其他参会人员就像“法官”一样审视着发言人。这意味着会议发言需要更加严谨、慎重、得体。因此，在会议的第二阶段——动议中，将动议话术称为“法官模式”。

2. 法官模式具体话术

法官模式的具体话术，又叫“STSB”公式，即：

I See（我看见）：说的是看到的事实情况。

I Think（我认为）：说出自己的主张看法。

I Suggest（我建议）：说出自己的建议、观点、策略等。

I Believe（我相信）：说出自己的期待。

案例分析 3-5

<u>我看见</u>：老板我发现一个现象：关于我们代理的这个产品，有 4 家来自其他城市的销售代表，在跟我们抢客户！

<u>我认为</u>：我认为，这是一个不太公平的现象，他们明显违反了总公司的区域销售代理保护协定，我们才是这个地方的独家代理。

<u>我建议</u>：我建议，抓紧时间向这几位客户说明情况，因为就算他们在那些销售手里买了这个产品，也无法去得到相应的售后服务保障。另外，我们还要向总公司说明这件事，让他们对这些销售代表追责。

<u>我相信</u>：只要我们抓紧时间，我们就可以重新赢得客户！

分析：案例中，通过 STSB 公式的运用，发言者在简单的发言中不仅表达了自己的观点、指出了问题的所在，也提供了解决的方案。

（三）参加会议的复议——无攻击话术

1. 需要复议无攻击话术的原因

有发言就一定会有不同的声音，有附和的就也一定会有反对的。在复议的过程中，如何做到既达成自己的目标，又不伤害同事、部门之间的和气呢？需要一个“无攻击性”的话术帮助我们达成目标。而这种复议话术，也称为“调解员模式”。

2. 复述无攻击具体话术

肯定对方：刚才……站在……角度谈了对……的看法，给了我很大的启发。

讲述观点：现在呢，我站在另一个角度看这个问题，也谈谈我对这个问题的一些看法……

寻求共赢：我相信，其实我们都没有绝对的对错，只是角度不同而已。你觉得呢？

案例分析 3-6

<u>假设背景</u>：这是一个讨论是否要更换设备的研讨会议。

<u>肯定对方</u>：刚才张总站在提升工作效率的角度提出要更换设备的要求，给了我很大的启发。

<u>讲述观点</u>：那现在，我站在控制公司成本和预算的角度来谈谈我的看法：我觉得，如果我们站在成本和预算的这个角度，采购这样一个新设备的困难，是很大的。如果我们为了提高效率，那我们可以从另一家工厂，调用一些空闲的员工，这样就可以解决当务之急，等到明年我们指标完成了，有了更多的预算，那就可以联名，向总裁申请更换设备。

<u>寻求共赢</u>：我相信，我和张总之间啊，没有绝对的对错，只是站的角度不同。张总，您觉得呢？

分析：案例中，“我”运用了复议无攻击话术，一方面肯定了对方、缓和了气氛，一方面也坚定地维护了自己的观点。其实在职场中，我们就是在不断寻求合作，寻求求同存异，寻求共赢。

思考与练习

一、不定项选择题

1. 开会三阶段是（　　　　）。

A. 制定会议　　B. 行动建议　　C. 记录会议　　D. 研讨辩论

2. 定议六要素分别为（　　　　）。

A. 简单问候　　B. 会议背景　　C. 会议目的　　D. 会议流程

E. 会议地点　　F. 会议时长　　G. 预期收益

3. 动议的话术顺序为（　　　　）。

A. 我相信　　B. 我看见　　C. 我认为　　D. 我建议

4. 复议无攻击话术包含哪三方面内容（　　　　）。

A. 肯定对方　　B. 讲述观点　　C. 研讨辩论　　D. 完美收场

3-1思考与答案

二、判断题

1. “导游模式”包括五个方面的内容。（　　）

2. 动议 STBS 公式中，需要在“我看见”部分说出自己的主张看法。（　　）

3. 会议中的复议主要是为了缓和关系，赞同对方的观点。（　　）

4. 复议无攻击公式，我们也可以称为“调解员模式”。（　　）

任务二 即兴发言

核心概念

即兴发言是一种在特定情景下实现没有事先准备的临场说话的口头表达样式，而会议过程中，即兴发言是常见情况。

学习目标

1. 知识目标

（1）了解即兴发言的基本定义。

（2）理解即兴发言的三大原则。

(3) 理解即兴发言需要采用的四种基本方法。

2. 能力目标

能运用相关知识，完成不同会议场景下的即兴发言。

3. 素养目标

(1) 理解局部与整体、个体与集体的辩证思维，懂得“合作共赢”发展之道，培养团队成员之间相互帮助、相互支持、团结友爱、通力合作的职业品质。

(2) 通过对即兴发言的实践练习，理解小与大相互转化的辩证思维，培养随机应变、善于人际沟通的职业品质，加强平时学习，注意点滴积累。

基本知识与技能

一、即兴发言无处不在

(一) 即兴发言的定义

即兴发言，是一种在特定情景下实现没有事先准备的临场说话的口头表达样式。如果说大庭广众下的演讲是大兵团作战，即席发言则是战地轻骑，它精悍、灵活，故不应等闲视之。正像打仗前定要厉兵秣马一样，即兴发言也有方法可以练习，有技巧可以应对。

(二) 即兴发言三大原则

1. 言之有物

即使是即兴发言，也不能缺乏事实依据，发言中需要立刻举例，用数据说话，言之有物才能让人信服。

2. 言之有理

即兴发言既要扣题，又要讲出道理，有实际的理论支撑，话语中不要有漏洞。

3. 言之有方

这是即兴发言的重点，即兴发言也是有方法的。在面对一些难度较大的话题时，如果方法得当，就可以在最短时间内作出一个简洁明了、扣题恰当的即兴发言。

二、即兴发言的基本方法和技巧

(一) 大话题，由大转小

在即兴发言的过程中，如果遇到比较大或者比较宽泛的话题，发言者会感觉一时难以说清楚，或者不知从何开始讲起。这样的情况，发言者可以采取限制的方法将大话题缩小的方式加以发挥。比如遇到描述空间的话题，可以把“大空间”概念限制为“教室空间”这样的小范围概念；又如在表述关于对“全球经济”这样较大的抽象概念的理解时，不妨选几个具有代表性的国家举例，如“中国经济”和“美国经济”。

(二) 小话题，由小转大

在即兴发言的过程中，如果遇到的话题是一个比较狭隘或者非常细化的话题，感觉较难发挥的情况下，可以采取概括的方法，将小话题适当扩展后再发挥。比如遇到“部门的经济增长点”这样的话题，发言者如果并不了解实际的数据和内容，可以由小转大到整个公司或者企业的经济增长模式、特点等。再比如讲对某项运动的看法，若发言者对这项运动并不是特别熟悉，可以从运动经济这个大话题入手加以阐述。

（三）尴尬话题，引例说明

在即兴发言的过程中，如果遇到比较尴尬的话题，应避免讲述现场人员的亲身经历，可讲述与在场人员无关的他人案例。比如遇到说团队关系不和导致合作失败的案例，在同事都在场的情况下，可以讲述其他公司的案例，以免引发团队内部的矛盾。

课程思政案例 3－4

某公司销售部组建了一支共有7人的"最强团队"，在组成团队前每个人都是公司很厉害的销售。但是成为一个团队以后，公司的销售业绩不但没增长反而大不如前。公司总经理王明在主持某次销售会议时，总结发言说："听说我们的竞争对手也组建了一支销售团队，刚开始大家互看不惯，谁也不服谁，结果导致'1＋1小于2'，公司的产品因销量不好而受到严重挤压，整个团队差点被解散。后来他们认识到自己的问题，也明白了只有互相尊重、互相帮助才能使利益最大化，最终实现了'1＋1大于2'的团队成果，每个人的奖金也都上涨了30%，可见好团队更懂得彼此成就啊！这下我们的压力更大了！"说完后，7个人互相看看对方，相视一笑，似乎明白了总经理的用意。

启示：会议发言人在遇到难以直接挑明的话题时，可以通过引述他人案例，婉转地表明用意。

（四）遇到盲区，直接表明

如果遇到完全不明白的盲区内容，比如完全没有听过的话题，或者是一些最新的网络用词等，可以直接表明自己对这个方面的内容确实不了解。坦诚胜过胡编乱造。

思考与练习

一、不定项选择题

1. 即兴发言的三大原则是（　　　）。

A. 言之有理　　　　B. 言之有物

C. 言之有方　　　　D. 言之有因

2. 即兴发言的特点有（　　　）。

A. 在特定情景下实现没有事先准备的临场说话的口头表达样式

B. 与准备好的演讲不同，即兴发言更加精悍、灵活

C. 不能缺乏事实依据，发言中需要立刻举例，用数据说话

D. 既要扣题，又要讲出道理

3. 即兴发言的基本方法和技巧有（　　　）。

A. 话题由大转小　　B. 话题由小转大
C. 尴尬话题谈别人　　D. 盲区如实告知

3-2思考与练习答案

二、简答题

即兴演讲中有哪三大原则？分别是什么意思？

任务三 会议类文书的拟写

核心概念

1. 会议通知：一般由标题和正文两个部分组成。

2. 开幕词和闭幕词：开幕词由标题、称谓、正文引导语、会议主要内容、对与会人员提出要求和希望五个部分组成；闭幕词由标题、称谓、正文引导语、主体内容和结语五个部分组成。

3. 会议记录：主要包括会议名称、会议时间、会议地点、参会人员、主持人、记录人、会议议题、正文、备注和结尾。

4. 会议简报：由报头、报身和报尾三个部分组成。

5. 会议纪要：由标题、正文和成文日期三个部分组成。

学习目标

1. 知识目标

(1) 了解会议通知、开幕词和闭幕词、会议记录、会议简报、会议纪要的概念和特点。

(2) 理解会议通知、开幕词和闭幕词、会议记录、会议简报、会议纪要之间的区别。

(3) 掌握会议通知、开幕词和闭幕词、会议记录、会议简报、会议纪要的写作结构和写作要求。

2. 能力目标

能运用相关知识，根据特定情景拟写会议通知、开幕词和闭幕词、会议记录、会议简报、会议纪要。

3. 素养目标

(1) 通过对北京冬奥相关文书的学习，了解中国在举办国际冬奥盛会中所展现的大国形象、中国精神和取得的重大成绩，弘扬“胸怀大局、自信开放、迎难而上、追求卓越、共创未来”的北京冬奥精神。

(2) 树立工作方法论意识，提高职场领悟能力，培养专业细致、精准高效的职业品质。

基本知识与技能

一、会议通知的拟写

(一) 会议通知的概念

会议通知属于通知的一种，是专门用于告知会议相关事项的文书。

(二) 会议通知的结构和写作要求

会议通知一般由两部分构成，一是标题，二是正文。

1. 标题

一般由“发文机关名称＋关于召开××会议＋通知”构成，如《国家安全监管总局关于召开全国安全生产工作会议的通知》。

2. 正文

会议通知在写作上具有要素化的特点，内容要素包括会议名称、发文目的、会议议题、会议时间、会议地点、参会人员、会前准备及其他事项等。

例文 3-1

公司关于召开中层干部培训会议的通知	【标题】
各部(室)：	
根据工作需要，经公司研究，决定召开中层干部培训会议。现将有关事宜通知如下：	【正文】
一、会议时间 2023 年 5 月 20 日—5 月 22 日。 二、会议地点 大都国际 20 楼会议室。 三、参会人员 项目总监(负责人)、各部总监代表等。 四、会议内容及安排 1. 中层干部业务培训(5 月 20 日 10:00—17:00)。 2. 团队建设活动 (5 月 21 日、22 日)。 五、参会要求 1. 请参会人员安排好项目工作，按要求准时参会，不得无故缺席。 2. 服从会议组委会的安排，遵守会场纪律，不得中途退场。 3. 要求与会人员 5 月 20 日 9:30 到达会场，综合办公室组织签到。	(内容包括会议时间、会议地点、参会人员、会议内容、参会要求这几个事项)
××有限公司 2023 年 4 月 20 日	

二、开幕词和闭幕词的拟写

（一）开幕词的概念和种类

1. 开幕词的概念

开幕词是在大型会议开始时，由会议组织方主要领导就会议指导思想、宗旨、意义，向大会全体代表提出的会议相关要求，或对会议成功举行致以美好的祝愿。

2. 开幕词的种类

根据会议内容和性质的不同，开幕词可分为两大类。

（1）侧重性开幕词。侧重性开幕词往往侧重对会议背景、目的、意义及会议议题进行阐述，一般用于重大会议。

（2）一般性开幕词。一般性开幕词仅对会议目的、议程及会议精神做简单介绍，并对会议寄予美好的祝愿，主要适用于一般性的活动和晚会等。

课程思政案例 3-5

北京冬奥组委主席蔡奇在冬奥盛典开幕式上的致辞

尊敬的习近平主席和夫人彭丽媛女士，尊敬的巴赫主席，各位运动员，各位来宾，女士们，先生们，朋友们：

正值中国农历虎年新春之际，来自世界各地的运动员、教练员和嘉宾相聚在北京，共享冬奥盛会，中国传统春节文化与现代奥林匹克文化美丽相遇，期待为大家带来文明融合互鉴的多彩体验。在此，我代表北京冬奥组委向大家表示热烈的欢迎！

14 年前，我们曾在这里点燃北京奥运会的熊熊火炬，实现了中华民族的百年奥运梦。7 年前，我们与世界定下了一场冰雪之约，踏上了新的奥运之旅。今天，我们在这里见证北京成为全球首个“双奥之城”，见证中国为奥林匹克运动续写新的传奇。

中国人历来讲究一诺千金，在习近平主席亲自推动和中国政府坚强领导下，我们践行绿色、共享、开放、廉洁的办奥理念，与国际奥委会等方面通力合作，全力克服新冠肺炎疫情影响，精心做好筹办工作。此时此刻，北京冬奥会如期开幕，冬奥梦在这一刻晶莹绽放，真诚祝福大家在北京收获友谊，在赛场突破自我，在纯洁的冰雪中展现风采，尽情享受这段美好的冬奥旅程。这是人类团结协作追逐梦想的胜利，也是奥林匹克精神的胜利。

朋友们，新冠肺炎疫情还在影响着每个人的生活，我们始终把全部参与者的健康放在第一位，希望大家团结起来，相互理解支持，共同办成一届简约、安全、精彩的奥运盛会。朋友们，奥林匹克运动不仅追求更快、更高、更强，还倡导更加团结，其魅力就是跨越差异，促进相互包容和理解。北京冬奥会将向全世界展现人类面对困境时战胜挑战、共创未来的坚韧之姿，让我们携手同行，一起向未来，谱写构建人类命运共同体的崭新篇章。

启示：这份开幕词振奋人心，简明扼要地说明了北京承办冬奥会的背景、宗旨，以及真诚祝愿。

（二）开幕词的结构与写作要求

开幕词主要包括标题、称谓、正文引导语、会议的主要内容、对与会人员提出要求和希望等五个部分的内容。

1. 标题

开幕词的标题位于开幕词的第一行居中。其格式主要有三种。

（1）直接由会议名称构成。如：《××公司 2022 年度总结表彰大会开幕词》。

（2）由致辞人姓名、会议名称组成。如：《×××在××会议上的开幕词》。

（3）将“开幕词”换一种说法，写作“致辞”。如：《×××在××会议开幕式上的致辞》。

开幕词都是为特定会议“量身定做”的。因此，可以在开幕词标题正下方用括号标注具体时间，也可以不标注。

2. 称谓

开幕词的称谓是指对与会人员的统称。其写法一般根据会议或活动的性质及与会人员的身份确定，且称谓后面要加上冒号。如冬奥组委会主席蔡奇在冬奥会开幕词的称谓表述为“尊敬的习近平主席和夫人彭丽媛女士，尊敬的巴赫主席，各位运动员，各位来宾，女士们，先生们，朋友们”。

3. 正文引导语

开幕词正文的引导语一般包含以下四大部分内容。

（1）宣布大会开幕。宣布大会开幕，可以直截了当地表述，如“我宣布，××会议正式开幕”；也可以适当变通地表述，如“××会议在××隆重召开，很高兴大家能参加这次会议”。

（2）交代会议召开的背景和目的。这部分内容要求详细、明确地交代会议是在什么形势下召开的，其召开的目的是什么。

（3）介绍会议规模及参会人员。该部分内容为可选项，可写可不写。这部分内容主要是介绍会议的规模和重要的参会人员，如“本次大会共有××人参加，主要代表有××人”。

（4）表达祝贺和欢迎。这部分内容主要是对大会的召开表示祝贺，对与会人员表示热烈的欢迎。

4. 会议的主要内容

这部分是开幕词的核心部分，主要包括以下两方面的内容：

（1）阐述会议的重要意义。这部分要求清楚地说明会议要解决什么问题，这个问题是否紧急、有何现实价值，会议最终要达到什么样的目的。

（2）阐述会议的指导思想和主要议程。这部分主要向与会人员介绍会议的指导思想以及会议的主要流程。

写作会议的主要内容时，措辞要得当、简短明快，且篇幅不宜过长；语言表达要求口语化，有感情色彩。

5. 对与会人员提出要求和希望

开幕词的最后可以对与会人员提出要求和希望，如“希望大家认真听会，并积极落实会议精神，也预祝本次大会取得圆满成功”。

例文 3-2

在××会议上的开幕词	【标题】
尊敬的各位领导、各位同事： 大家下午好！	【称谓】
辞旧岁硕果累累，迎新春号角声声，××公司 2022 年总结表彰大会在今天隆重召开。首先我代表公司向本次大会的召开表示热烈的祝贺，向前来参加大会的领导、同事们表示热烈的欢迎和衷心的感谢！	【正文引导语】
这次大会的主要议程有两项：一是全面总结 2022 年工作与布置 2023 年工作，总结过去，展望未来；二是表彰先进，鼓励优秀，鞭策全体。过去的一年，公司在××领导的正确领导下，同舟共济，开拓创新，各项工作都取得了丰硕成果；各级管理水平及经营水平又向前迈进了一大步，整个员工队伍的业务素质、服务意识普遍得到提高。全体员工为公司的发展与壮大做出了积极的贡献。今天，我们召开这次总结表彰大会，就是对过去的一年进行全面总结，以迎接新挑战。 同志们，这次大会既是一个辞旧迎新的总结会，也是一个继往开来的誓师会。通过这次大会，我们全体员工必将团结一致，昂扬上阵，以饱满的热情和旺盛的斗志踏上新的征程，为我们××公司明年的发展做出新的贡献。	【会议的主要内容】
最后预祝大会取得圆满成功！	【对与会人员提出要求和希望】

（三）闭幕词的概念和特点

1. 闭幕词的概念

闭幕词与开幕词是相对的。闭幕词是指在大型会议结束时，由主要领导对会议进行概括性的评价和总结，并向与会人员提出贯彻落实大会精神的要求，向与会人员提出奋斗目标和希望。

2. 闭幕词的特点

（1）概括性。闭幕词是在会议结束时使用的文书，是对会议内容的回顾、总结与评价。因此，闭幕词具有明显的概括性。

（2）号召性。闭幕词是为了让全体与会人员为实现会议提出的任务和目标奋斗而发出的号召,激发与会人员的热情。因此,闭幕词应富有号召性。

(3) 总结性。闭幕词应对会议的进展情况、完成的议题、取得的成果、提出的会议精神、会议的意义和价值进行高度总结。因此,闭幕词具有总结性。

课程思政案例 3-6

巴赫在冬奥会闭幕式上的致辞

尊敬的中华人民共和国主席习近平阁下,北京冬奥组委主席蔡奇先生,奥林匹克运动的朋友们,亲爱的运动员们:

在过去的16天里,我钦佩你们的出色表现,你们每一个人都力争取得最佳成绩,但你们也希望竞争对手取得最佳成绩,并为他们加油,我们为此深受感动。

你们不仅彼此尊重,还相互支持,即使有的地方因为冲突而对立,但你们彼此拥抱。你们克服了这些分歧,证明了无论我们有着怎样的面容,无论我们来自何方,我们在这个奥林匹克大家庭里人人平等。奥运会团结的力量,比那些试图分离我们的力量更加强大。你们给和平提供了一个机会,愿你们树立的团结与和平的榜样鼓舞全世界的政治领导人。

我们与所有因为疫情而无法实现奥运梦想的运动员们分享这份奥林匹克精神,你们的缺席令我们伤心,但是,你们现在是,并且永远都会是我们奥林匹克大家庭的一分子。要最终战胜这次疫情,我们必须追求"更快、更高、更强——更团结"。本着奥林匹克运动的团结、友爱精神,我们呼吁国际社会,请为全世界每个人提供平等的疫苗接种机会。

奥林匹克精神之所以如此闪耀,得益于中国人民为我们出色地搭建了安全的奥运舞台。本届奥运会的奥运村独具匠心,场馆令人叹为观止,组织工作非凡卓越,国际奥委会、国际单项体育联合会、全球合作伙伴、持权转播商对我们的支持坚定不移。

我们要向北京冬奥组委、中国政府部门,以及我们在中国所有的合作伙伴和朋友们致以最诚挚的谢意。我谨代表全球最优秀的冰雪运动员们,向你们表示感谢。谢谢你们,中国朋友!我要对所有的志愿者说,你们眼中的笑意温暖了我们的心田,你们的友好善意将会永驻我们心中。志愿者,谢谢你们!

我们之所以能够有如此难忘的经历,都要归功于我们热情好客的东道主——全体中国人民。目前中国已经有三亿多人参与冰雪运动,中国的冰雪运动员们取得了巨大成功。这是一届真正无与伦比的冬奥会,我们欢迎中国成为冰雪运动大国,祝贺中国!现在,我不得不为这段令人难忘的奥运经历画上句号,我宣布,北京2022年第二十四届冬季奥林匹克运动会闭幕。

按照奥林匹克传统,我号召全世界青年4年之后在意大利米兰-科尔蒂纳丹佩佐相聚,与我们所有的人一起参加第二十五届冬季奥林匹克运动会。

启示:这份闭幕词振奋人心,用简短的篇幅对北京冬奥会进行了高度概括和总结评价,对中国人民的友好善意表示感谢,并向与会人员提出了奋斗的目标和希望。

（四）闭幕词的结构与写作要求

闭幕词的结构主要包括标题、称谓、正文引导语、主体内容和结语五个部分。

1. 标题

闭幕词的标题位于闭幕词的第一行居中。其格式与“开幕词”类似，主要有三种。

（1）直接由会议名称构成。如：××公司 2022 年度总结表彰大会闭幕词。

（2）由致辞人姓名、会议名称组成。如：×××在××会议上的闭幕词。

（3）将“闭幕词”换一种说法，写作“致辞”。如：×××在××会议闭幕式上的致辞。

2. 称谓

闭幕词的称谓与“开幕词”的称谓一致，是指对与会人员的统称，且称谓后面加上冒号。

3. 正文引导语

闭幕词的正文引导语要交代会议在什么情况下圆满结束以及胜利闭幕，对与会人员的努力表示肯定，并对会议的收获、作用、意义等做出评价。

4. 主体内容

这部分是闭幕词的核心部分，篇幅不宜过长，表达要带有情感，能振奋人心，让与会人员充满期待。其主要包括以下两个方面的内容：

（1）对会议进行概括总结。这部分主要是对会议通过的重要决议、完成的主要任务，以及会议精神进行概括与总结。

（2）向与会人员提出要求。这部分主要是指向与会人员提出贯彻会议的决议、精神的要求与号召。

5. 结语

结语是对与会人员表达的祝愿，如“祝大家万事顺利、幸福安康”。

例文 3-3

第×届趣味运动会闭幕词	【标题】
尊敬的各位领导、各位来宾，运动员、裁判员：	【称谓】
大家好！	
经过两天紧张、充满乐趣的激烈角逐，教育系统趣味田径运动会完成了各项比赛任务，即将闭幕。在此，我代表××市教育局向所有参赛运动员表示衷心的祝福！向在本次运动会上取得优异成绩的代表队表示热烈的祝贺！向付出辛勤劳动的各位裁判员和工作人员表示诚挚的谢意！	【正文引导语】
本次运动会组织严密、井然有序；比赛内容丰富多彩、趣味十足；全体工作人员坚守岗位、一丝不苟；各代表队精神抖擞、斗志昂扬；各位运动员奋勇争先、文明参赛，展示了教育系	【主体内容】

统积极向上、团结一心的精神面貌，也达到了强身健体、增进友谊、增强凝聚力的目的。 　　同志们、朋友们，本届趣味运动会就要结束了，但是运动永不休止。希望通过此次运动会，大家能进一步增强健身意识，加强体育锻炼。同时，也希望大家把本次运动会所展现的精神风貌发扬到工作中，推进我市教育事业更上一层楼。	
最后，祝愿各位领导、各位运动员、裁判员、朋友们身体健康，工作顺利！	【结语】

三、会议记录的拟写

（一）会议记录的概念

会议记录是开会时由负责记录的人员当场把会议的基本情况和会议上的报告、讨论的问题、发言、决策等内容记录下来的书面材料，是日后工作中可供查考的凭证。

（二）会议记录的结构和写作要求

会议记录的内容比较丰富，主要包括：

（1）会议名称：会议的完整名称。

（2）会议时间：如某年某月某日，有时候还要包括会议的起止时间。

（3）会议地点：如某会议室、某办公室、某个特定场合等。

（4）参会人员：包括出席人员、缺席人员等，一般人数较少的时候也会列出所有人的名字。而如果人数较多，则写明参会范围、部门及出席人数。

（5）主持人、记录人：要写清楚姓名。

（6）会议议题：会议的主要议题。

（7）正文：发言人的姓名、发言内容，会议上讨论的内容及提议、决议，会议表决情况等。

（8）备注：其他需要说明的情况。

（9）结尾：可以写散会、结束、完毕等。

例文 3-4

关于发展×××同志入党的党内座谈意见会	【会议名称】
会议时间：2022 年 5 月 28 日	【会议时间】
会议地点：村党员活动室	【会议地点】
参加人员：×××（党员）　×××（党员）　×××（党员） ×××（党员）　×××（党员）	【参会人员】
会议主持：×××（写明姓名、职务）	【会议主持人】

会议记录：×××	【会议记录人】
会议发言记录： 主持人×××：今天把大家召集在一起召开一个座谈会，来谈一下×××同志的入党问题。×××同志于2021年1月递交入党申请书，2021年5月列为入党积极分子。一年来，该同志在组织的帮助、教育下，时时严格要求自己，处处以一个党员的标准衡量自己，思想觉悟有很大提高。发展党员是一件非常严肃的事，今天把大家请来，就是想听听大家对这位同志的看法，希望同志们要抱着对组织、对×××同志本人负责的态度，如实地反映情况，既肯定成绩，也指出缺点，以利于×××同志的进步。 ×××(党员)发言：×××同志自2021年5月被作为入党积极分子培养后，工作努力，要求进步，对组织交办的各项任务积极完成，并在工作中虚心学习，团结同志，我认为该同志已具备党员条件，可以发展为党员。缺点是说话不注意场合。 ×××(党员)发言：×××同志能积极学习，认真贯彻党的方针、政策，思想作风正派，工作积极肯干，基本具备党员条件。缺点是有时怕得罪人。 ×××(党员)发言：×××同志能团结同志，乐于助人，和群众打成一片，工作能吃苦耐劳，带头致富，并能带动群众共同致富，群众都很信任他。 主持人总结：刚才，与会同志对×××同志进行了客观公正的评价，既肯定成绩，也指出了不足，使党组织对×××同志有了更全面了解。希望大家对今天座谈会精神要注意保密，不要随意扩散。请大家看一看记录，在记录上签上自己的名字。	【正文】 (发言人的姓名、发言内容，会议上讨论的内容及提议、决议，会议表决情况等)
座谈完毕。 主持人(签字)：××× 记录人(签字)：×××	【结尾】

四、会议简报的拟写

(一) 会议简报的概念、特点和作用

1. 会议简报的概念

简报是党政机关、人民团体、企事业单位广泛使用的一种简短的内部小报。它可以用于汇报工作、反映情况、指导工作、交流经验、传递信息等。

会议简报是简报的一种，是会议期间为反映会议进展情况、会议发言中的意见和建议、会议决议事项等内容而编写的简报。

会议简报属于单位和系统内部的文件，仅限于内部传阅，而且具有固定的格式，一般编辑成册，期数不限，可定期或不定期印发，篇目可多可少。

2. 会议简报的特点

(1) 快。报道要快，要求对会议的进展情况发现快，写作快，印发快。

(2) 新。内容要新，抓住会议中最有新闻价值的事情来报道。

(3) 简。文字要简，简明扼要地反映会议主要内容即可，常见一般在 1 000 字左右。

(4) 实。材料真实，用事实说话，务必准确无误。

3. 会议简报的作用

会议简报在各机关单位的日常工作中起着十分重要的作用。大型会议利用简报来交流会议情况，并向上级领导机关及时反映会议的进程和结果，或者向下属单位传达会议精神和决定事项，以共同推动工作。

课程思政案例 3-7

在某高校的全校开学大会上，几位领导做了精彩而鼓舞人心的发言。会后，新来的秘书小陈每天整理写作，历时一周后完成了一篇长达 4 000 多字会议简报，心满意足地交给了领导，但领导收到后一言不发。小陈后来请教了几位同事才明白了其中缘由。原来，小陈根本没有将会议记录、会议纪要、会议简报等内容区分清楚，而会议简报最基本的要求就是快、简、新、实，这些小陈都没有做到，反而还认为自己工作认真写了这么多字理应得到表扬。

启示：有时候自以为是的努力到头来只能感动自己，在工作中我们应该先了解清楚自己的工作任务是什么，领导需要什么样的东西，否则，不仅事倍功半，更有可能南辕北辙。

(二) 会议简报的结构

会议简报的结构主要包括报头、报身和报尾三个部分。

1. 报头

同其他简报一样，会议简报也有一套专门设计的固定版式。首行居中用醒目大字标明简报名称，报名下要标明期数、编发机关、编印日期，有的简报还要标明密级和编号。简报名称可由会议名称和文种类别(简报)组成，也有的只标“会议简报”字样。期数常用括号标在标题正下方靠近标题的地方。密级在报头左上方，分为绝密、机密、秘密、内部情况等级别，也可写“内部资料，注意保密”或“内部文件”等字样。编号在报头右上方，按印制份数编号。

2. 报身

报身也叫报核，是刊登简报文稿的部分，是会议简报的主体，包括按语、标题、正文、署名四部分内容。

(1) 按语。按语是用来表明办报机关的主张和意图的文字材料，由简报的编辑部门编写，是为引导读者理解所编发文章、了解编者意图而写的提示语。按语的位置在横隔线以下，简报的标题之上，并注明“按语”“按”或“编者按”“编者的话”。印刷时需用与正文不同的字体，以示区别，同时也可使按语更加引人注目。

按语视需要而用，并非每篇必有。会议内容比较重要，意义比较重大的会议简报可以加按语；而一些小型会议内容比较单一，篇幅很短，中心内容一目了然的简报，也可不加按语。

（2）标题。简报的标题在按语下方，如果不加按语，简报的标题写在间隔线以下的居中位置，要求能清楚概括简报文稿的中心内容。可使用单行标题，也可使用双行标题，与消息、通讯的标题用法类似。

（3）正文。正文即会议简报所刊登的文章。一期会议简报，一般刊登一篇或几篇文章或材料。如果刊登的是几篇文章，它们都有各自的标题，正文独立成篇。几篇文章或材料围绕这期会议简报的中心、主题而组合。

会议简报正文的写作与消息的写法有相似之处，一般由导语、主体和结尾三部分构成。导语是文稿的开头，要求用一句话或一段话概括全文主要内容，起到开门见山的作用，给读者留下一个总的印象。主体紧扣导语展开，把导语概括的主要情况、主要事实和基本情况具体化。主体部分的写法根据内容的不同而各异，要根据其材料之间的内在联系来安排一定的逻辑顺序，选材精当，层次合理，结构严谨。结尾根据需要采用，可采用小结式、号召式、激励式、展望式、提问式等方式结尾。

（4）署名。会议简报正文的署名可以是供稿部门的名称，也可以是供稿者的姓名。写在正文的右下方，括上圆括号。如果作者是编发单位，则不必写出。

3. 报尾

会议简报的报尾在最后一页的最下方，用横线间隔，包括发送范围和印发份数两项内容。

（1）发送范围。在报尾的左方，按受文部门不同级别分别写明“报××、××、××”“送××、××、××”“发××、××、××”。

（2）印发份数。在报尾的右方，加括号写明“共印××份”。简报的发送范围和印发份数之间，用间隔线把二者分开。

例文 3-5

内部文件　　　　　　编号：××××	【报头】
政协××市六届×次会议简报	（会议简报名称）
（第 24 期）	
大会秘书处　　　　　　1998 年 3 月 18 日	（编发机关、编发日期）
今年政府应办几件实事	【报身】
××委员说：建议市长要有相应的任期目标，要像××那样一年办几件实事，年终总结，有哪些完成，有哪些没完成，为什么。	（几个独立标题和正文）

改“三公开一监督”为好 ×××、×××委员说：报告在谈到廉政建设时，提出实行“两公开一监督”，我们认为应改为“三公开一监督”，即再增加公开市、县两级主要领导的经济收入，以便接受人民群众的监督。 **不能再走大投入低效益之路** ××委员认为：1998年我市社会总产值为180亿元，国民收入为74亿元，而全市的财政收入只有9.15亿元，很明显，经济效益是很低的。而1998年的计划数字，基本上是按比例同步增长，经济效益无明显提高。这是我市多年来生产发展的一个关键性的问题，即大投入，低效益，致使财政拮据，入不敷出。市领导应着眼长远，从当前入手，立足于大力提高经济效益和增强生产后劲（包括政策、体制、发展规划、产业结构、环境整顿、提高管理水平、提高劳动力的素质、提高劳动生产率、大力发展科技、教育等多方面综合治理）。只有这样，才能使我市的经济进入高一层次的发展，形成良性循环。这才是提高经济效益的真正出路。	
报：××××、××××、×××× 送：××××、××××、×××× 发：××××、××××、××××	【报尾】 （发送范围）
共印××××份	（印发份数）

(三) 会议简报的写作要求

1. 速度快

会议简报，一般是当天会议情况，第二天一早就要印出并发放到与会人员手上。这就要求编写简报必须是“快枪手”，要练就一两小时便能整理出一份简报的功夫。要讲究方法，采写人一边听会，一边分析、归纳，快速整理。

2. 文字简

简报要简，通常是“千字文”。这就要求文字简练，不说废话，要开门见山，直截了当。

3. 材料精

简报内容要紧紧围绕会议的中心议题，把与会者的主要认识、意见和建议反映出来，要扣紧主题，突出重点，抓住典型，提炼概括。非重点的材料可以省略不写。

4. 内容准

会议简报反映情况一定要真实、准确。简报反映的观点材料，必须是与会人员所讲的，要忠实于原意。一些关键的词句，甚至要求应是发言人的原话。

五、会议纪要的拟写

（一）会议纪要的概念

会议纪要用于记载会议主要情况和议定事项。它的主要作用是沟通情况、交流经验、统一认识和指导工作。纪要是根据会议记录、会议文件或其他材料加工整理而成，它是记载会议主要情况和议定事项，并要求有关单位执行的一种纪实性公文。

（二）会议纪要的种类

会议纪要一般分为两类：办公会议纪要和专题会议纪要。

1. 办公会议纪要

记述党政机关、企事业单位在日常办公会议上对重要的工作进行研究讨论的纪要。

2. 专题会议纪要

专门记述专题工作会议、讨论会、座谈会、学术研究会议的纪要。

（三）会议纪要的特点

1. 纪实性

纪实性是纪要的基本特点，要求客观的反映会议内容和观点等，不可胡编乱造会议中没有提及的内容。

课程思政案例 3－8

在一次班会上，班主任王老师要求班长在会后写一份会议纪要，但是班长在班会上因为一些事离开了一段时间，导致错过了班主任的一段讲话。在写会议纪要的时候班长不得不添加一些自己构想的内容来填充这份会议纪要。班主任王老师收到会议纪要后翻看了一会儿，便把班长喊来了。王老师问："班长，为什么这份会议纪要里面有一些内容不是我们本次会议的内容？"班长听完小声回答："王老师，会上我出去了一趟，有些内容没有听到，于是就自己随便编了一些……"王老师听后拍了拍班长的肩膀说："会议纪要最基本特点就是客观反映会议内容，你如果碰到困难应该及时与我沟通而不是自作主张，有了难题并不可怕，但是用错了方法才是你最该引以为戒的地方。我对你的能力从不怀疑，希望这样的错误不会再犯。"

启示：其实在生活和工作中，我们都会遇到各种各样的问题，正视问题并勇于承担并不是可耻的事情。在案例中班长不仅违背了会议纪要最基本的特点，也违背了坦诚诚实的为人准则。

2. 提要性

会议纪要不同于会议记录，纪要是提炼而成，是综合性的、概括性的公文，重点在于介绍会议成果和主要精神等。

3. 指导性

会议纪要集中反映会议的主要内容、成果、精神、决议等，以便要求有关部门或单位执行。

(四)会议纪要的结构和写作要求

会议纪要由标题、成文日期和正文组成，主旨在于反映会议主要成果和主要精神。另外，纪要不需要写明主送机关和落款，也不需要加盖印章。

1. 标题

会议纪要标题基本有“会议名称＋文种”“事由＋文种”“发文机关＋事由＋文种”三种构成方式。

2. 成文日期

有的是纪要形成的时间，有的是会议结束的时间。日期一般置于标题下方且加圆括号。

3. 正文

一般由导言、主体和结尾构成。导言介绍基本信息和情况，简明扼要即可。主体是重点部分，主要写出情况、成果、提议和决策等。结尾一般写对与会者的希望和要求，也可对相关人员或单位提出要求。

例文 3-6

局长办公会议纪要	【标题】
（2022 年 5 月 12 日）	【成文日期】
2022 年 5 月 12 日，市环保局局长×××在五楼会议室主持召开局长办公会，研究近期重点工作。副局长×××、×××，总工程师×××，机关党委专职副书记×××参加会议。	【正文】 （导言）
会议主要研究以下事项： 一、讨论《市环保局统计报表编报及数据使用管理办法》 原则通过《市环保局统计报表编报及数据使用管理办法》，要求由×××副局长牵头，污控处负责按照办法的规定建立相关部门联合会审制度，确保统计数据真实准确。 二、讨论《市环保局环保网站信息管理办法》 原则通过《市环保局环保网站信息管理办法》，由信息中心牵头，加强网站信息管理，使××市环保网站成为宣传××市环保工作的窗口，成为发布招商引资信息的平台。机关党委、人事处、办公室负责把网站信息考核纳入全局目标管理。 三、听取推进国家地质灾害综合治理试点市向上争取资金政策工作汇报 要求，要把地质灾害修复工作作为一项长期任务来抓，借我市被列为国家地质灾害综合治理试点市之机，积极研究政	（主体）

策，争取国家更多支持。 四、听取地质灾害生态修复方案制定工作汇报 要求，从现在开始做好地质灾害基本情况的调研工作，全面收集相关资料，着手制定地质灾害生态修复方案。 五、听取固体废物和危险废物申报登记工作汇报 确定，由固体废物与辐射管理办公室负责与监测站协调人员问题，与规划财务处协调落实资金，确保按照省厅的要求较好完成此项工作。 六、研究城镇污水处理厂运行方案 要求，由办公室求牵头，生态处、污控处配合，代市政府起草向省政府报告污水处理厂运行费用测算情况的文件以及建议提高城市污水处理费和征收上游三县污水处理费的文件，按政府负责运行和市场化运行的不同思路，制订出两套城镇污水处理厂运行方案，提交市政府决策。 抄报：××× 抄送：各县区环保局、市环保局各处室及所属事业单位	

思考与练习

一、不定项选择题

1. 会议通知的结构主要包括(　　　　)。

A. 标题　B. 称谓　C. 正文　D. 结尾

2. 会议纪要的结构主要包括(　　　　)。

A. 标题　B. 称谓　C. 成文日期　D. 正文

E. 落款

3. 会议记录的结构主要包括(　　　　)。

A. 会议时间　B. 会议地点　C. 参会人员　D. 主持人、记录人

E. 会议议题　F. 正文　G. 结尾

4. 会议纪要的特点有(　　　　)。

A. 纪实性　B. 提要性　C. 指导性　D. 真实性

5. 会议纪要主要分成(　　　　)两类。

A. 办公会议纪要　B. 专题会议纪要

C. 党政会议纪要　D. 私人会议纪要

6. 关于会议记录的概念描述正确的是(　　　　)。

A. 开会时由负责记录的人员当场记录的

B. 主要记录会议上的报告、讨论、发言、决策等

C. 以书面材料呈现的

D. 作为日后工作中可供查考的凭证

7. 开幕词的结构主要包括(　　　　)。

A. 标题　B. 称谓

C. 正文引导语　D. 会议主要内容

E. 主体内容　F. 对与会人员提出要求和希望

G. 结语五大部分

8. 闭幕词的结构主要包括(　　　　)。

A. 标题　B. 称谓

C. 正文引导语　D. 会议主要内容

E. 主体内容　F. 对与会人员提出要求和希望

G. 结语五大部分

9. 开幕词的特点主要有(　　　　)。

A. 短小明快　B. 富有鼓励性　C. 概括性　D. 号召性

E. 总结性　F. 口语化

10. 闭幕词的特点主要有(　　　　)。

A. 短小明快　B. 富有鼓励性　C. 概括性　D. 号召性

E. 总结性　F. 口语化

11. 会议简报的结构主要包括(　　　　)。

A. 标题　B. 报头　C. 正文　D. 报身

E. 报尾

12. 会议简报的报身通常包括(　　　　)。

A. 按语　B. 标题　C. 正文　D. 署名

13. 会议简报的特点有(　　　　)。

A. 快　B. 新　C. 简　D. 实

E. 全

14. 申请书的写作要求有(　　　　)。

A. 写作速度要快　B. 文字要简洁明了

C. 材料要精准　D. 内容要真实准确

3-3思考与练习答案

二、简答题

请简述会议纪要的标题有哪三种基本构成。

模块四

商务办公

- 模块四
  - 任务一
    - 与上级沟通
    - 与平级沟通
    - 与下级沟通
    - 团队沟通
  - 任务二
    - 请示的拟写
    - 申请书的拟写
    - 通报的拟写
    - 函的拟写
    - 启事的拟写
    - 条据的拟写
    - 活动策划书的拟写
    - 商业广告文案的拟写
    - 通讯稿的拟写

任务一 职场多向沟通

核心概念

1. 职场中最常见的三类沟通模式：与领导沟通、与同事沟通及与下属沟通。

2. 职场沟通两大公式：JOBS 公式与 BESH 公式。

学习目标

1. 知识目标

(1) 理解职场沟通的目的和意义。

(2) 掌握 JOBS 公式和 BESH 公式的具体话术模型。

(3) 了解儿童派、家长派和成人派沟通形态上的区别。

2. 能力目标

(1) 能运用 JOBS 公式话术向上级申请资源。

(2) 能运用 BESH 公式向下级、平级提出建议，给出鼓励。

3. 素养目标

(1) 学习"闻道有先后，术业有专攻"的古人智慧，培养尊重他人、不卑不亢、坦诚相待、合作共赢的职业品质和态度。

(2) 通过对"从西游记看团队沟通"的学习，从优秀文学作品中吸取职场智慧，激发文化自信，树立自觉传承中华优秀传统文化的责任感和使命感。

基本知识与技能

一、与上级沟通

(一) 向上沟通的重要性

在职场中，向上沟通是非常重要的一个环节。向上沟通的重要性主要体现在以下四个方面。

1. 保障自身的"能见度"

职场中，千万不要成为可有可无的"透明人"，适时地去请教领导或者向领导汇报工作情况，能让领导更快、更容易地记住这个人，有了"能见度"才有更多的机会。

2. 保障上级的知情权、安全感

当在完成一项工作或者一个项目的时候，下级需要及时向上级汇报工作进度、项目进展等，以确保上级领导能够及时了解近况和当前问题、进度等。

3. 信任＝信息

根据约哈里视窗原理(图 4－1)，开放区的象限越大，公开的信息越多，别人对你的信任程度也会越高。所以，有两个方法可以扩大开放区，一是公开隐藏部分；二是通过请教他人，开发盲区。

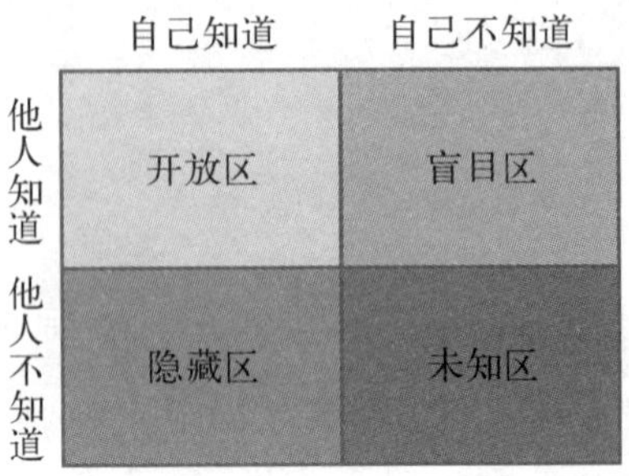

图 4－1 约哈里视窗

4. 主动影响，获取更多资源

当做到前三点之后，获得了上级充分的信任和支持，就有机会去影响上级的一些观点甚至决策。

（二）向上沟通的动力

与上级沟通，都是围绕申请资源和汇报工作两部分进行的。汇报工作将在本书其他模块具体讲解。而想要在职场中顺利完成某项工作则需要更充沛的人员支持、更充足的时间、更充足的预算以及更合理的预期，而以上种种或多或少都需要寻求上级的帮助。因此，向上沟通是解决问题的重要因素之一，是能够在职场中获得更多机会和资源的前提之一，是推动职业发展的一个重要环节。然而，向上沟通也要注重沟通形态。

案例分析 4-1

小王：老板，我想搞一个客户活动，我想请李总他们公司的人吃个饭。

老板：琢磨什么呢？每天就想着请客户吃饭，你看这个月业绩，都成啥样了？今年是特别艰难的一年，别净想那些没用的！

小王：我其实就是想跟客户搞好关系嘛！我还想在饭后把××广告公司的大咖请来跟他们一起交流一下！

老板：请他们来干吗啊！差旅、住宿费用你出啊？行了，出去吧！

分析：这次的向上沟通，小王的问题出在哪里呢？小王一味阐述自己的想法，只站在自己的角度考虑问题而不去了解老板的诉求和观点立场，是很难达到沟通成效的。而老板也是典型的家长派沟通形态，只站在领导的高度看问题，不顾及下属的难处，也是这次沟通失败的重大原因。

（三）三大沟通形态

1. 儿童派、孩子派

此种沟通形态表现为不考虑对方立场和想法，在职场中则表现为情商不高。

2. 家长派、父母派

此种沟通形态表现为用情绪表达观点,“我要我觉得”、必须这样……

3. 成人派

此种沟通形态表现为就事论事,心态平和。

在现实职场中,很容易形成沟通形态的不对称。如案例分析 4 - 1 中,小王属于典型的儿童派,而老板的回答则属于典型的家长派。沟通形态的错位会成为向上沟通的巨大阻碍。

(四) 向上沟通的基本原则

1. 不卑不亢

与上级沟通应采取不卑不亢的态度,既不能唯唯诺诺,一味附和,也不能恃才傲物,盛气凌人。因为沟通只有在公平的原则下进行,才可能坦诚相待,寻求共识。在工作中,需要尊重领导的意见、维护领导的威信、理解领导的难处,即使提出不同的观点,也要讲究适当的时机和合适的话术,选择易于上级接受的方式。然而在现实生活中,却总有人为了达到自己的目的,一味阿谀奉承、讨好领导,这样的做法不仅屏蔽了领导的耳目,降低了领导的威信,也很容易造成同事之间心理上的不和谐。因此,绝大多数有主见的明智的上级,对于那种一味奉承、随声附和的人都是比较反感的。

课程思政案例 4 - 1

王琳是某公司总经理助理,她自认为情商极高,实则一面对总经理曲意逢迎、一味讨好;一面狐假虎威对下级严厉苛责。刚开始总经理并无察觉,觉得助理对自己的工作认可度很高,合作默契,但随着时间的推移,总经理慢慢发现王琳只是说话好听,对自己的观点无论对错一味附和,实际却没有太多自己的观点和认识,工作能力也不强。此外,总经理也从其他下属那儿了解到王琳平时对待下级的态度,最终,王琳被辞退了。当总经理再次准备招新助理的时候,总经理对人事部门再三吩咐道:我不需要一个溜须拍马的人,我要一个真正能干事的人。

启示:职场中,没有真才实干,一味讨好领导,无论领导对与错都只是一味顺从和附和,这样的人最终都很难走得长远。职场中,每一位员工都应该站在平等的立场,学会尊重领导、体谅下属,学会不卑不亢、坦诚相待。只有真诚地对待别人,才有可能被别人以同样的真诚对待。

2. 工作为重

上下级之间的关系主要是工作关系。因此,下属在与领导沟通时,应从工作出发,在任何时候、任何问题上都应该明确是为了工作、为了整支团队的利益,因此要摒弃个人恩怨或者依附关系,要做到作风正派、光明磊落。

3. 服从至上

上级居于领导地位,掌握全盘情况,考虑问题也会比较周全,处理问题能从大局出发。在与上级沟通时应该坚持服从原则,这是组织获得巩固和发展的基本条件。事实证明，如果下属与上级沟通时拒不服从，那么这样的组织就无法形成统一的意志和严密的整体，组织就会像一盘散沙，难以顺利发展。当然，服从不是盲从，下属一旦发现领导某些错误，也应抱着对工作高度负责的态度，及时向领导反映。

4. 非理想化

人无完人，尤其在与领导沟通中，下属不能用自己头脑中形成的理想化模式去要求现实中的领导，从而造成对领导的过分苛求。坚持非理想化原则，必须做到全面地看待领导。既要看到其优点和长处，又要看到其缺点和短处，同时还要能够容纳领导的一般性错误和缺点，克服求全责备的思想。

（五）向上沟通的六大策略

1. 尊重上级，尽职尽责

尊重是人与人沟通的第一步，在职场沟通中，面对上级领导，尊重更是沟通的必备条件。尊重上级，就应做到在各方面维护领导的权威，支持领导的工作。在工作中学会倾听领导讲话，不仅要了解讲话的意思，还要能体会言外之意，学会把握要点。此外，在日常的工作中，也要尽职尽责，良好的工作表现也是对领导、对工作的最基本的尊重。

2. 了解上级，灵活变通

每个人的经历、性格、爱好、风格都不同，因此不同的领导也自然会有不同的思维习惯和工作方式，对于下属的要求也不尽相同。如有的领导注重把握大局，有的领导只看重结果，有的领导则事无巨细面面俱到。作为下属不可能去选择或改变自己的领导，更多的情况下只能要求自己去适应领导，要学会从领导的言谈举止中了解领导的性格，灵活变通，采用相应的沟通方式。

案例分析 4-2

不同的领导，不同的沟通方式

胡文文是某房地产公司的经理秘书，已经工作多年，并且工作一向勤勤恳恳、兢兢业业。原公司领导王经理是个依赖型的领导，胡秘书能把需要为领导安排的事情做得井井有条、细致入微。一些文件、报告经过她的认真处理之后减轻了领导的工作量，领导觉得非常轻松，所以对她也特别满意。

今年公司新换了一位吴经理，性格作风与之前的王经理相差甚远。某日，将要被公司收购的另一家地产公司送来了一份公司经营报告。胡文文接手后，发现报告写得没章法，于是进行了一定的润饰后交给了吴经理。出乎她意料的是，吴经理先是问了胡文文一句：“这份报告是原稿吗？”看她摇头之后又说：“请报告负责人明天来公司口头汇报吧。”虽然吴经理没有多说什么，但是从他不快的表情上胡文文察觉到自己可能做了一件多余的事。她用原来的工作方式处理这件事，却不曾考虑到新领导是否需要。她立刻微笑着对吴经理说：“对不起，吴经理，我修改了原稿。不过我的电脑里有原稿，我马上打印给您。刚才我自作主张，是我的失误，实在对不起！”当她把原稿放到吴经理面前时，她看到吴经理的脸色由阴转晴，心里才稍微放心。从此，对于应该直接交给吴经理的资料，胡秘书再也不敢擅自修改了，而且对一些事情的处理也不再像以前那样主动高调地发表意见，从而获得了吴经理的认可。

分析：不同的领导有不同的思考方式和处事原则，即使再有经验的下属，如果不懂得灵活变通、察言观色，对待所有领导的工作方式都如出一辙，那么必然会引起不满。因此，学会了解领导的工作方法和习惯，是职场中非常重要的一个环节。

3. 理解上级，提供服务

领导在工作中也不能为所欲为，他们同样也有自己的难处和考量。在职场中，想要得到领导的认可，就应该善于观察领导，善于从领导的角度去考虑问题和解决问题，理解他们的难处，为领导提供相应的服务。

4. 主动沟通，及时汇报

与领导沟通，不要总是等着领导来找你，应该学会主动与领导沟通。在工作中，要学会积极请示、及时汇报，确保领导的知情权，更有机会展示自己的才能和踏实严谨的工作态度。

案例分析 4-3

小红的改变

小红在一家化妆品公司工作，自上班第一天起，她就踏踏实实地工作，业务能力也很强。但她一直得到晋升，原因是她不善于主动与上级进行沟通，许多事都等着上级亲自来找她询问。最终，在晋升的时候，业绩不如她的人却都升职了。小红吸取了失败的教训，积极总结经验，以全新面貌到另一家公司上班。一个月后，她接到一份传真，上面说她花了两个星期的一笔业务出现了问题。如果在以前，她会等着老总来找她，再向老总汇报。但现在她明确问题所在后立刻就去找了老总作了汇报，并提出了具体的建议和意见。老总掌握了这些材料后，之后与客户交谈时顺利地解决了问题。此后，她常常主动向老总汇报工作，及时进行了沟通，并在销售和管理方面提出了一些不错的方案，老总非常满意小红的工作，不久，她被提升为业务主管。

分析：小红从职场中吸取经验教训，从刚开始的被动沟通到后来的主动沟通，在不断的沟通中得到了领导的认可和欣赏，也在职业生涯中往前跨了一大步。

5. 找准定位，避免越级

与领导相处，找准自己的定位十分重要。找准位置，把本职工作做好，知道什么事情该做，什么事情不该做，积极主动而不擅权越位，把握好尺度，这是一种智慧，更是一种修养。作为下属，一定要有自知之明，切勿喧宾夺主，避免越级。

6. 学会服从，避免盲从

在职场中，领导都喜欢服从自己的下属，因此在工作中对领导的要求和观点学会服从是非常重要的。但是，服从不等同于盲从，领导也有可能会犯错，因而在领导出现重大错误的时候，也要避免盲从，选择合适的机会和方式与领导沟通。

（六）向上沟通的话术应用

1. JOBS 公式

具体内涵：

（1）judgment，判断（安全感）；

（2）obstruction，障碍（冲突感）；

（3）belief，信念（责任感）；

（4）solution，解决（策略感）。

2. 具体话术

（1）J 判断（安全感）：事情的进展如何，阐述已有的优势条件。

（2）O 障碍（冲突感）：万事俱备，只欠东风；最后的突破点。如："但是……就差……""原本都要（积极结果）……但……"。

（3）B 信念（责任感）：加强信念，传递信心。如："……很重要""只要……做好了就一定可以"。

（4）S 解决（策略感）："为此我想了一个方案……您看看怎么样？"

案例分析 4-4

判断：老板，我们大数据软件业务这块技术优势非常明显，前几个月的业绩一直不错。李总他们公司的订单对我们来说至关重要，我觉得我们的产品就是为他们公司量身定制的！这点在之前跟他们对接的时候他们也非常认可。

障碍：但对方还是有些犹豫。我觉得现在最大的障碍是我司跟客户的关系还不是很紧密。

信念：我去了李总办公室三次，但每次都是在办公室泛泛而谈，但是竞争对手公司的人，私下跟他们联系就比较紧密。李总团队的人比较注重这个关系，因此，我方需要跟对方建立信任关系，这个很重要。

策略：老板，我拟了一个方案，想让您来定夺一下：

1. 我想再去他们公司一次，约李总和他们团队几个重要的负责人一起吃个饭。

2. 饭局上我还约了广告公司的一个总监，这样李总他们一定会出来，他们公司对广告方案一直很头疼。

3. 我想趁着这个机会跟李总他们搞好关系，争取这个月底之前拿下这笔订单，但是还需要一些投入。

分析：本案例中，小王通过运用 JOBS 公式的沟通话术，同样的内容与案例 4-1 相比却有了完全不同的表达方式。在职场中这样的沟通方式更容易被领导接受。

二、与平级沟通

(一) 平级沟通的重要性

职场人士在工作中,更多的时候要面对的是与同事之间的沟通。与同事和睦相处,建立良好的工作关系,有利于提高工作效率。如果与同事关系不好,沟通不畅,工作就不会顺利。沟通技能较差者,就常常会被同事误解,留下不好的印象,甚至无意中对同事造成伤害。这样一来,就难以提高组织的凝聚力,难以发挥团队的合作效应。因此,与同事和睦相处、有效沟通十分重要。

(二) 平级沟通的基本要求

1. 相互尊重

尊重是沟通的需要,也是沟通的前提。职场中的每个成员都希望获得其他成员的尊重和认可,希望自己受到礼遇。职场中要想得到同事的尊重,就必须先尊重同事的人格,尊重他们的工作和劳动,肯定他们在团队中的地位和作用等。

课程思政案例 4-2

不受欢迎的小陈

小陈是毕业于北京某一流大学的研究生,在单位工作几年后,由于业务能力突出被提拔为车间主任。这对他来说是一个施展才华的大好时机。但他在与别的车间主任交流时,总是流露出对这些工人出身的主任的不屑,开口闭口总是“我们研究生如何、你们工人怎样”,很快就把自己陷入与其他车间主任格格不入的境地,成为一个不受欢迎的人,最终不得不调换工作岗位。

启示:沟通最基本的要求就是平等与尊重。学历并不能代表一个人的高低贵贱,古人云“闻道有先后,术业有专攻”。每行每业都有出类拔萃的人,但并非都是学历最高的人。不懂得尊重他人,也必然不被他人尊重。

2. 真诚待人

在职场中,要互相沟通就必须消除不必要的戒备心理,学会以诚相待。因为只有真诚才能打开彼此心灵的窗户,才能激起思想上和情感上的共鸣。反之,如果当面一套,背后一套;或者说一套,做一套,就会失信于人,就难以再进行沟通了。

3. 互谅互让

职场人士都希望有一个平和的、令人心情舒畅的工作环境。但是,不同的人由于思想认知、性格修养、观点立场等方面的差异,看问题的角度难免会有所不同,处理问题的思路与方法也不尽一致。面对这种差异和分歧,一不要过度争论,以免激化矛盾,影响彼此之间的关系;二要通过换位思考充分理解对方,并本着从工作出发、为全局着想的原则,求同存异,互相谦让。

4. 分享成绩

同在职场中,成绩的取得与分享、利益的分配,都是大家十分关注的焦点。对于成绩，如果你在工作上有特别的表现，受到嘉奖时，千万别独享成功的荣耀。因为成绩不是哪一个人能够独自取得的，或多或少都需要同事明里暗里的协助，所谓“一个篱笆三个桩，一个好汉三个帮”。因此，在获得成绩时，应抱着分享、感恩的心态，才能赢得同事的好感与支持。

案例分析 4-5

功劳是大家的

在某单位的一次公开竞聘中，蒋云战胜了其他几位竞争对手，当上了经理。许多同事对他表示祝贺，更有人当众夸他能力非凡。蒋云却坦诚地说：“其实几位候选人各有长处，论管理我不如老刘，论经营我不如老叶，论公关我不如小王。”后来蒋云不但以诚意挽留了这几位竞争者，还根据他们各自的特长做出了相应的安排。他上任没多久，单位就取得了重大的业绩，而蒋云却说“功劳是大家的”。宽厚的气度使他赢得了大家的尊重，也使他在工作中取得了显著的成绩。

分析：蒋云之所以能得到同事的支持，原因就在于他不把功劳全揽在自己一个人身上，一句“功劳是大家的”，温暖的是人心，赢得的是尊重。

5. 大局为重

职场中，不同的人由于工作关系而聚集在一起，就形成了一个利益共同体。因此，其中的每个人，都应有集体意识和大局意识，都不应该为自身小利而害集体大利，更不可对自己的同事品头论足甚至恶意攻击，以损害集体形象及利益。

（三）平级沟通的基本方法

1. 重视团队合作

随着社会分工越来越细，现代企业越来越强调员工之间的沟通协调。作为职场中的个体，无论自己处于什么职位，在保持自己个性特点的同时，都必须很好地融入集体。一个人的努力是加法，一个团队的努力是乘法。因此，在工作中同事之间要同心协力、互相支持、共同合作。

2. 懂得互相欣赏

职场人士都有得到赞许的愿望，都希望自己的工作和努力受到别人的重视，得到恰如其分的评价和鼓励。懂得这些，我们就会在长期共事的过程中，善于发现同事的优点、长处以及工作中取得的成绩和进步，并及时加以肯定和赞美。欣赏是人际关系的润滑剂，一句由衷的赞美，既可以表达对同事的尊重，又可以赢得对方的好感，进而融洽彼此之间的关系。

3. 学会主动沟通

人际关系是在“互动”中发生联系和变化的。想要人际关系密切，就要注重彼此的交往。因此，在紧张的工作之余不妨主动找同事聊聊天或请教一些问题，可以帮助加深印象、增进了解。

4. 保持适当距离

虽同事间应该多主动沟通交流，增进感情，但也应保持适当的距离。好的职场人际关系，并不等于无话不说、亲密无间。在职场中，不要随意翻看同事的东西，不要把家庭琐事随意倾诉，不要打探同事的八卦，更不要对同事品头论足或者搬弄是非。

（四）平级沟通的说话技巧

1. 不随意倾诉

职场中的同事关系与生活中的朋友关系不同，在办公室讲话一定要注意分寸，办公室并不是一个可以随意倾诉的地方。一旦同事间有了利害冲突，你的心直口快就可能成为把柄，从而招来非议和祸患。

案例分析 4-6

小静的困惑

近几天，小静情绪低落，陷入困惑之中。她在一家广告公司工作，与几个同事相处得很好，大家在一起无话不谈，早就成了朋友。可最近发生的事很让她心寒。5 月，公司内部竞聘部门负责人，小静顺利通过并进入聘任公示期，但最后没有顺利被任命。公司人力部门反馈说，同部门的同事对小静升职的意见很大，其中以她的“朋友们”的反对声音最高，说她还不成熟、工作方式不对等。让小静困惑不解的是，她们私下里还表示支持小静竞聘，说如果升职一定要照顾众人。难道职场上就没有真正的朋友吗?

分析：同事间的友谊与生活中朋友的友谊不同。职场中，同事是与自己有着利害关系的群体，也常常会成为竞争对手。因此，在职场中不可在办公室随意倾诉，口无遮拦，殊不知什么时候就引来了祸患。

2. 三思而后行

与平级沟通，也要学会三思而后言。在说话之前，应该认真思考自己想说什么、该说什么，对方是否能够接受。职场中有些人往往心直口快，说话不经过大脑，犀利的言辞稍不注意就会对别人造成伤害。因此，在与同事沟通说话之前，要先换位思考，不要脱口而出。

3. 失言时立即道歉

如果发现自己说话不恰当惹同事不悦，就应坦诚地向对方道歉。说声“对不起”、承认“我错了”，这并不代表真的犯了什么天大的错误，也不代表自己的软弱和退缩。从有效沟通的角度看，道歉的意义在于可以修补关系。道歉是沟通的消毒剂、软化剂，也能体现自身的修养与境界。

4. 学会表达感谢

心存感激是一种积极的生活态度，也是成功的重要因素。在与同事交往的过程中，免不了互帮互助，所以要学会表达感谢。哪怕是一件微不足道的小事，也不要忘记说声“谢谢”。

5. 学会适当赞美

真诚的赞美往往能温暖彼此的心，使沟通和谐而顺畅。赞美不等同于恭维，只要赞美发自内心，始于真诚，就能帮助我们与同事建立起和谐的关系。

三、与下级沟通

(一) 向下沟通的前提

在与下级沟通的过程中，平等是第一位的。在职场中，与下级沟通的前提，最重要的就是学会平等待人，而最忌讳的就是带着情绪去沟通。因为带着情绪的沟通并不能很好的解决当下的问题，即使事情解决了，人也给得罪了。另外，在此类沟通中，也要注意不要经常使用祈使句、责问句，如："怎么这么简单的事情都不会做?""赶紧把这个事情给我去办好!"

课程思政案例 4－3

张敏是某传媒公司的执行总裁，她工作能力很强，但是下属都很害怕她。每次张敏布置工作任务的时候都是用"你赶紧去给我把这个处理好""两天之内必须给我完成"这样的语气。她的下属深感疲惫，每年总有人不堪忍受辞职。终于有一天，张敏最得力的助手陈红不忍再看见有同事离开，就鼓起勇气与张敏说出了一切。张敏听后一脸惊讶，这才恍然大悟：原来一直以来她都只关心工作能不能完成，而从来没有考虑过自己的说话方式是否妥当。仅仅只是说话语气和态度的问题，却让这么多同事难以忍受，即使放弃高薪工作也不愿与她再共事。

启示：业务能力强、专业度高的领导，未必就一定是下属眼中的"好领导"。职场中，有能力的领导很多，但是真正能够站在员工角度考虑问题的、能够与下属共情的领导则不多。学会共情也许就会改变。

(二) 向下沟通的作用

(1) 能够传递有效信息，保持信息上传下达。

(2) 能够准确了解下属的优点与长处，从而有针对性地部署工作，知人善用。

(3) 能够及时了解下属的心理状态和工作压力，从而有针对性地进行指导和缓解。

(4) 能够提高下属的忠诚度，帮助增加部门的凝聚力。

(三) 向下沟通的基本方法

1. 以身作则

在职场中，向下沟通的最基本的方法就是以身作则。一方面，领导应具有宽广的心胸，能够从下属的角度考虑问题；另一方面，领导自身应该做好榜样工作，以身作则，用实际行动带动下属。行为具有最大的说服力，只有自己做到了，才更容易让下属去执行。

2. 关心下属

领导应善于倾听和询问，学会向下属伸出援助之手，帮助下属解决难以解决的问题。无论在工作中还是生活中，都要多多关心下属。

案例分析 4-7

帮助新员工走出迷茫

陈小丽是公司的新员工，通过试用期后被安排到了一个自己并不喜欢的部门。半个月后，小丽在思想上产生了动荡，认为公司没有按照自己的特长安排合适的工作，自身也无法在现有的工作中有较好的表现，既找不到目标，也不清楚自己该怎么做摆脱恶性循环。部门领导在感受到小丽的迷茫后，主动找其谈话沟通，以自己的职业生涯经历为例，帮助其重新确立工作目标。小丽在与领导沟通后，思想上不再迷茫，最终在新工作中发掘出兴趣，重拾了信心。

分析：在职场中，领导不能只高高在上。好的领导，不仅业务能力强，也要知人善用，关心下属、理解下属。

3. 鼓励下属

在向下沟通时，无论对下属提意见还是给建议，都应该学会先鼓励下属。鼓励下属可以拉近彼此间的距离。

(四) 向下沟通的话术应用

1. BESH 公式(也称为糖衣公式)

(1) B(Begin with encouragement)，先鼓励，拉近彼此关系。

(2) E(Examples)，客观描述对方有待提高的事情。

(3) S(Solutions and tips)，提出具体解决方案或者分享技巧。

(4) H(Happy ending)，结尾的时候鼓励对方，让对方开心。

2. 具体话术

(1) B：第一句话先肯定对方最近良好的表现或行为。

(2) E：在某些方面你只要稍微注意一点细节就会提升很多。例如："如果要鸡蛋里挑骨头的话/如果要好上加好的话，我看到……"客观事实描述指出问题事件，不要主观评价，不要说诸如"有一些问题……做得不对""虽然……但是……"这类主观评价的话。

(3) S：提出具体可行方案，提前帮对方整理好，让对方觉得从中受益。

(4) H：结尾再次鼓励，让对方脑海中留下愉快的回忆。

案例分析 4-8

背景：某咨询服务公司，团队队长小李对团队员工管理比较严格，而新员工小王刚入职，在电话话术上不是特别标准，因此队长小李对小王的要求相对严格，小王的信心受到一定影响。你作为片区管理领导使用 BESH 公式对小李给出鼓励和建议。

<u>B(鼓励)</u>：小李，我刚看了数据，这个月你带的团队业绩增长了将近一倍，这个业绩增长率在我们片区的团队中是从未有过的，你真的太厉害了！可见你真的是付出了很多！

E(客观描述待提高处)：上周三晚班我还看到你单独跟小王沟通电话话术的问题。那天你走之后，我看到她偷偷抹起了眼泪，看来她真的把你说的话往心里去了，自信心可能都受到了打击。

S(具体解决方案)：小李，我曾经也遇到过类似的事情。我的解决方法是每周让大家抽出半天的时间集体练习电话话术，新老员工都要在，并进行两两一组模拟演练，最后一定要有个复盘环节。对于新员工来说，这个电话模拟最少要训练三个月的时间，这个环节不仅仅可以熟练基本动作，而且新员工可以快速学到老员工的话术技巧，是个很不错的方法！

H(结尾再次鼓励)：小李，我一直非常欣赏你带团队的风格！随着你经验的积累，我相信你带出的团队一定是咱们公司的模范团队！

分析：案例中，片区管理领导运用 BESH 公式对队长小李进行了鼓励、提出建议和给出了解决方案，既解决了问题也没有伤害同事间的友谊，留给对方的都是中肯的建议和愉快的回忆。

四、团队沟通

(一) 团队沟通的要点

1. 分享信息

沟通之前，要了解团队成员的背景与目的，如果大家向同一个目标前进，就容易达成一致。

2. 学会倾听

倾听与表达，是团队沟通中最基本的要求，学会倾听是良好沟通的前提。

3. 共情

在与同级或下级的沟通中，共情一直是成功沟通的前提条件，在团队沟通中亦是如此。

4. 建立渠道

沟通和理解的基础，是建立渠道，即便现在不能相互理解，可是有可以一起交流的渠道。有了渠道才可能会有交流，有了交流才可能实现团队的合作共赢。

(二) 团队沟通的特点

(1) 成员之间的沟通应是开放的，具有相互支持的功能。

课程思政案例 4-4

从《西游记》看团队沟通

《西游记》中取经之前的齐天大圣孙悟空，桀骜不驯，精力充沛，行动果敢，大闹天宫，但最终却逃不出如来的手掌心，被压在五行山下失去了自由。孙悟空的故事可以说是一个由个人奋斗失败后转向团队成功，最终实现个人价值的经典案例。西天取经团队的每个成员一开始来自不同地方，身怀不同技能，互相看不惯，经常闹散伙，到最后能够相互帮助、相互扶持，一同取得真经。团队的成长是一个艰难的过程，孙悟空的故事也告诉我们：所有的困难都源于成员的性格和观念，当我们学会互相体谅、与人为善的时候，就融入了团队，也战胜了自我。

启示：西天取经的师徒四人，每个人物都有自己的特点。当他们成为一个团队以后，他们相互扶持、相互鼓励、相互感染，最终一同到西天取得真经，靠的是优秀的团队合作。

(2) 有效的团队沟通要求具备主动倾听的技能。

(3) 非语言沟通在团队中也非常重要。

(三) 团队沟通的基本方法

1. 倾听

不要急于争论，在不清楚问题之前也少给回答。不要把对事物的看法都直接表达给对方，先学会倾听，多给自己一点思考的时间。

2. 表达自己

学会用合适的语言和方式去沟通，这点可以借鉴 BESH 公式。另外，不要一开始沟通就提问，先了解清楚其他人的想法后再提出自己的观点。

3. 表达自己对对方的期待

当对方不回应时，要表达自己的期待以及对于合作的期待。

思考与练习

一、不定项选择题

1. 三种沟通形态为(　　　　)。

A. 儿童派　　B. 成人派　　C. 教师派　　D. 家长派

2. 不属于 JOBS 公式内容的是(　　　　)。

A. 判断　　B. 障碍　　C. 讨论　　D. 信念

E. 认同　　F. 解决

3. 在 BESH 公式中，第一部分的 B 有什么作用(　　　　)。

A. 客观讲明现在遇到的问题和困难

B. 先说最近的良好表现，以鼓励拉近距离

C. 提出具体的观点和见解

D. 提出具体的几个策略让对方选择

4. 团队沟通的要点是(　　　　)。

A. 分享信息　　B. 理解表达　　C. 共情　　D. 建立链接

5. 团队沟通的特点(　　　　)。

A. 成员之间的沟通应是开放的，具有相互支持的功能

B. 有效的团队沟通要求具备主动倾听的技能

C. 非语言沟通在团队中也非常重要
D. 应该让一个有能力的人主导群体

4-1思考与练习答案

二、简答题

1. 简述 JOBS 公式包括哪四个部分的内容，分别代表什么。
2. 简述 BESH 公式包括哪四个部分的内容，分别代表什么。

任务二 常用职场类文书的拟写

核心概念

1. 请示：由标题、主送机关、正文和落款四个部分组成。
2. 申请书：由标题、称谓、正文、结语、署名和日期五个部分组成。
3. 通报：由标题、主送机关、正文和落款四个部分组成。
4. 函：由标题、发文字号、主送机关、正文、发文机关名称、印章和日期组成。
5. 启事：由标题、主送机关、正文、发文机关署名、印章和成文日期组成。
6. 条据：由标题、称谓、正文、署名和日期四个部分组成。
7. 活动策划书：由标题、正文和落款三个部分组成。
8. 商业广告文案：由标题、正文、标语和随文四个部分组成。
9. 通讯稿：由标题、署名和正文三个部分组成。

学习目标

1. 知识目标

(1) 了解请示、申请书、通报、函、启事、条据、活动策划书、商业广告文案和通讯稿的概念、分类和特点。

(2) 掌握请示、申请书、通报、函、启事、条据、活动策划书、商业广告文案和通讯稿结构和写作要求。

2. 能力目标

能运用相关知识点，根据特定场景拟写请示、申请书、通报、函、启事、条据、活动策划书、商业广告文案和通讯稿。

3. 素养目标

(1) 通过对“冰雪见证，来自冬奥保电最前线的入党申请书”和“吉林省人民政府通报表扬”的学习，向榜样学习，增强爱党、爱国、爱社会主义、爱人民、爱集体的情感，树立正确的世界观、人生观和价值观，增强服务国家服务社会服务人民的责任感和使命感。

(2) 通过对“公益影片《寻人启事》”和“学会分辨善恶”的学习，增强道德与法治意识，明是非，辨善恶，增强社会责任感，提升服务社会、帮助他人的本领和意识。

(3) 通过对“创意好，广告效果就好吗?”和“未雨绸缪”案例的学习，培养职业敬畏感，加强平时的积累与准备，养成认真细致、脚踏实地和未雨绸缪的职业品质。

(4) 通过对《谁是最可爱的人》《伟大的战士——雷锋》和《县委书记的榜样——焦裕禄》这些经典通讯稿的学习，自觉弘扬“抗美援朝精神、雷锋精神、焦裕禄精神”等中国共产党人精神。

基本知识与技能

一、请示的拟写

(一) 请示的含义

请示是适用于向上级机关请求指示、批准的公文。

请示属于上行文，在向上级机关行文时，应当严格遵循上行文的规则，《党政机关公文处理工作条例》中有明确规定。另外，为了提高工作效率，上级机关收到请示后，应当及时予以批复。

(二) 请示的适用范围

1. 无法解决的新问题

下级机关遇到新情况、新问题，因无章可循而没有对策或没有把握，需要上级机关给予指示时，要用请示。

2. 涉及政策的重大事件

下级机关在处理较为重要的事件和问题时，因涉及有关方针政策必须慎重对待，需要报请上级机关批准时，要用请示。

3. 涉及权力范围以外

下级机关在工作中遇到问题，虽有解决办法，但由于职权、条件的限制，没有权力或没有能力实施这些办法，需要上级机关帮助解决时，要用请示。

4. 出现疑问

下级机关对有关方针、政策和上级机关发布的规定、指示有疑问，需要向上级机关给予解答时，要用请示。

5. 出现分歧

下级机关之间在较重要的问题上出现意见分歧，需要上级机关裁决时，要用请示。

(三) 请示的特点

1. 呈批性

请示属于双向对应文种之一，与它相对应的文种是批复。下级机关有一份请示递交上级，上级机关无论同意与否都应回文批复。

2. 针对性

请示是在下级机关在遇到权力范围以外、能力范围以外或者难以理解及执行的事项的时候才需使用的上行公文。

3. 单一性

请示强调“一文一事”的原则，一份请示只能就一项工作、一种情况或一件事情作出请示，若同时有多件事务应呈交多份请示。此外，请示的单一性还体现在主送机关的数量上，请示的主送机关只能有一个，必要时可以抄送另一上级机关。

4. 时效性

请示事项一般都有一定的迫切性，如有问题应及时请示上级。同样，上级在批复请示时，也应该注意时效，及时批复。

（四）请示的分类

求示性请示：是指请求上级给予指示、裁决的请示。

求助性请示：是指请求上级予以支持、帮助的请示。内容多为增补经费、设备等。

求准性请示：是指请求上级批准、允许的请示，多为超出处理范围或因殊需要变通处理的事项。

（五）请示的结构和写作要求

1. 标题

一般采用完全式标题，由发文机关名称、事由和文种三部分构成，不能仅写“请示”两个字作为标题。另外，请示已经含有请求、申请等意思，因此标题中则无需再出现“请求”或“申请”等字样。

2. 主送机关

只能写一个上级机关名称，若还要报其他的，可用“抄送”形式列于版记。

3. 正文

（1）正文缘由部分。这是请示全文的导语，开门见山，文字简洁，直接写明请示的问题及请示的原因。

（2）正文事项及意见部分。这是请示全文的重点，提出具体事项及自己对解决问题的态度或意见。

（3）正文要求部分：这是请示的结语，应明确提出请示要求，一般需另起一行，加上结语规范用语，如：“特此请示，请批复”“以上当否，请批复”等。

4. 落款

请示的落款包括署名和成文时间。

例文 4-1

××齿轮厂关于增加“十四五”期间技术改造项目投资的请示	【标题】
××省机械工业厅：	【主送机关】
我厂经国家批准的“十四五”期间 590 万元技术改造项目，在执行过程中资金额突破了原计划，其原因如下： 一、原计划更新和增加设备 11 台，资金额 130 万元。因一些优质名牌设备提价，致使这项资金额达 150.8 万元，价差 20.8 万元。 二、原计划翻建锻造车间厂房 1 000 平方米，资金额 300	【正文】 （正文缘由部分）

万元。目前,我厂已与市湖西区建筑工程公司签订了施工任务书,经市建行审查定案后,工程预算为 310.2 万元。超出计划的原因是:部分建筑材料现已涨价,价差 10.2 万元。	
上述两项共超出资金 31 万元,由于在 590 万元技术改造项目中,我厂自筹资金已达 450 万元,此次突破计划的资金 31 万元,我厂已无力解决。	(正文事项及意见部分)
为了不影响"十四五"技术改造项目的实施,特请示予以办理调整计划,增加指标 31 万元。	(正文要求部分)
妥否,请批复。	(结束语)
附件:优秀名牌设备价格调整前后对照表	
××齿轮厂 20××年××月××日	【落款】

二、申请书的拟写

(一) 申请书的概念、特点和种类

1. 申请书的概念

申请书是单位或个人因某种愿望或需要,向组织或上级领导提出书面请求时用的专用文书。

2. 申请书的特点

(1) 求批性。申请书所请求的事项是为了能得到组织或上级领导的批准,所以文风要质朴、诚恳。

(2) 单一性。一份申请书只能提出一个请求。

3. 申请书的种类

申请书作为个人与组织、个人与领导、下级与上级间的一种书面沟通手段,使用广泛、种类很多,如入党申请书、转学申请书、调岗申请书等。

课程思政案例 4-5

冰雪见证,来自冬奥保电最前线的入党申请书

河北张家口是冬奥会雪上项目的主赛区,冬奥会保电则是荆门供电公司成立以来承担的级别最高、规模最大、标准最严的任务。刘云飞和张笑尘入职两年,在输电智慧运检班,是锋芒初露的无人机精英飞手。接到公司支援北京冬奥会保电报名通知后,他们主动请缨,申请奔赴冬奥保电的最前线。

在老党员的带领和感染下,两名青年员工郑重递上了自己的入党申请书。"这次参加冬奥会保电,看到了许多老党员积极冲在一线,我申请加入中国共产党,希望能在党组织的教导和培养下,早日成为一名共产党员……"满满当当 7 页

纸里，写满了他们对党的初心和对老党员的敬佩，以及在重要的保电时刻打赢冬奥会保电这场攻坚战的决心和信心。

启示：刘云飞和张笑尘两位年轻人为了纪念自己这段宝贵的冬奥会服务经历，以庄严神圣的行动标注这一难忘的青春时刻，不忘初心，牢记青春担使命，值得我们学习。

（二）申请书的结构与写作要求

申请书的结构主要包括标题、称谓、正文、结语、署名和日期五个部分。

1. 标题

申请书的标题通常只写“申请书”三个字，位于第1行居中。当然，也可以将申请书的类型简明扼要地写在标题上，以便引起相关部门的重视，如“入党申请书”“调岗申请书”“复学申请书”等。

2. 称谓

申请书的称谓是指接受申请书的组织、单位名称或有关负责人的姓名，如“××党支部”“××公司”“××领导”等。

申请书的称谓位于标题下一行，要求顶格书写，且称谓后加冒号。

3. 正文

正文是申请书的主体，主要分为事由和要求两大部分。首先是事由，事由要符合客观事实，遵循实事求是的原则；其次是要求，要求是客观、充分。申请的事由和要求要写得具体、翔实、清楚，使接受者能够清楚了解申请人或申请单位的意愿和要求，以便主管单位能够及时研究处理。如写“入党申请书”，可以先谈自己对中国共产党的认知，再写自己将如何争做一名合格的共产党员，并要求组织在实践中考验自己。

4. 结语

结语位于申请书正文的下一行，一般用惯用语“特此申请”“恳请领导帮助解决”“希望领导研究批准”等，也可用“此致敬礼”等礼貌用语。

5. 署名和日期

署名和日期位于申请书的右下方。个人申请要写清申请者姓名，单位申请写明单位名称并加盖公章，且署名下一行写明年月日。

例文 4-2

入党申请书	【标题】
尊敬的党支部：	【称谓】
当我班的团支书宣布我们可以写入党申请书的消息时，我兴奋不已，因为我渴望加入这一神圣的组织已经许久了。中国共产党，这个光荣、神圣的组织成立于1921年。它，是无	【正文】 （申请理由）

<table>
<tr><td>产阶级的政党，是由工人阶级领导的，以中国农民为天然同盟军的政党。中国共产党以全心全意为人民服务为宗旨，它始终代表中国广大人民的利益，并以实现共产主义为最终目标，它是真正的民主的政党。……是中国共产党领导人民，实行改革开放的政策，促进我国经济的发展，使我国人民的生活水平不断提高。中国共产党，一个全心全意为祖国、全心全意为人民的政党，怎能不令人神往？我渴望加入这一神圣的组织，成为一名共产党员。而我的这种渴望不是因为一时的冲动，是刚开始由于从小对“党”这一称呼的一种神往……</td><td></td></tr>
<tr><td>作为一名渴望为国家的发展作出贡献的一名大学生，在此诚恳地请求党组织能够批准我的入党申请。我在以后的生活中一定会对自己要求更加严格，在学习上更加努力，并在以后的工作中尽职尽责，以国家、人民利益为重，为社会主义事业的发展作贡献。倘若党组织认为我还有不足之处，还不能成为一名合格的共产党员，我也不会因此而灰心丧气，我会诚恳地接受党组织的建议反思自己的不足，并在以后的生活中不断地改进，努力完善自我，使自己能够具备成为中国共产党员的条件，继续向党组织靠拢。</td><td>（要求和愿望）</td></tr>
<tr><td>请党组织在实践中考验我！</td><td>【结语】</td></tr>
<tr><td>申请人：×××
2023年××月××日</td><td>【署名和日期】</td></tr>
</table>

三、通报的拟写

（一）通报的概念、特点和种类

1. 通报的概念

通报是用来表彰先进、批评错误、传达重要指示精神或情况时使用的公务文书。

2. 通报的特点

（1）典型性。通报所涉及的人、事、物必须是具有典型性的，并非一般的人、事、物情况。

（2）叙述性。通报在行文的表达方式上是叙述和议论相结合，既要实事求是地叙述事实，又要用议论来提示事件或情况的意义。

（3）时效性。通报要及时，才能达到批评、表扬、教育和宣传的目的。

（4）教育性。无论是表扬、批评还是反映事实的通报，对于受文对象而言都具有鼓励、教育和示范的作用。

课程思政案例 4-6

吉林省人民政府通报

2022 年 3 月初，吉林省突发新冠肺炎疫情，省委、省政府坚决贯彻习近平总书记重要讲话重要指示批示精神，在党中央、国务院坚强领导下，坚持“人民至上、生命至上”理念和“动态清零”总方针不动摇，打响了疫情防控保卫战、歼灭战、阻击战。在抗疫关键时刻，社会各界心系吉林，第一时间伸出援手、慷慨解囊、捐款捐物，在全社会凝聚起了共同战“疫”的磅礴力量，为我省战胜疫情、实现社会面动态清零作出了突出贡献。日前，吉林省人民政府发布关于对 2022 年吉林省疫情防控期间捐赠工作突出贡献单位和个人给予表扬的通报。

启示：以上这则新闻告诉我们，吉林省政府结合当地实际，对在疫情防控期间捐赠工作突出贡献单位和个人予以及时的表扬通报。其目的一是希望受表扬的单位和个人再接再厉，继续发挥示范带头作用；二是希望社会各界以此为榜样，发扬中华民族扶危济困、团结互助的传统美德，从而推动吉林疫情防控工作取得全面胜利。

3. 通报的种类

根据通报的功能，通报可分为：

(1) 表彰通报。表彰通报主要用于表扬集体或个人的先进事迹，以宣传典型，树立榜样，如《关于表彰 2022 年度先进单位和先进个人的通报》。

(2) 批评通报。批评通报主要用于批评违反政策和纪律的错误行为，以反面典型或重大事故警戒有关人员，教育广大干部群众，如《关于处理周末报餐行为的通报》。

(3) 情况通报。情况通报主要用于传达重要精神、通报重要情况，如《关于 2022 年全区招商引资情况通报》。

(二) 通报的结构与写作要求

通报的结构一般由标题、主送机关、正文和落款四大部分构成。

1. 标题

通报标题的常用构成形式主要有：

(1) 由发文机关、事由和文种构成，如《××职业技术学院关于表彰 2022 年度先进集体的通报》。

(2) 由事由、文种构成，如《××年度第×季度××情况通报》。

2. 主送机关

作为“内部文件”指定下发单位的通报，要写上受文单位；普发性通报或在本单位公开张贴的，可省略受文单位。

3. 正文

通报的正文由情况原因、分析评价、决定事项、希望要求四部分组成，但不同类型的通报，其正文的写作方法也会有所不同。具体内容如表 4-1 所示：

表 4－1　不同类别通报正文部分的构成

通报类别	情况原因	分析评价	决定事项	希望要求
表彰通报	叙述被表彰的主要事实，交代时间、地点、人物、事件等要素	评价意义、重要性、经验等	表彰及奖励决定	号召学习先进榜样，弘扬精神
批评通报	公布错误事实，交代时间、地点、人物、事件等要素	分析原因、危害、教训等	处理、处分决定	要求吸取教训，引以为戒
情况通报	概述情况或传达重要精神	分析其性质与影响	表明意见和态度	努力的方向、应对的措施等

由于通报涉及的内容具有明显的态度，因此在写作时要牢记以下要求：

（1）客观真实。通报的事例必须真实可靠，写作时要对事实材料反复进行核实，务求准确反映，不能对事实夸大或缩小，更不能虚构。

（2）选例典型。通报选取的必须是典型事例，使通报真正起到教育鼓励或引起警诫作用。

（3）把握时机。通报有很强的时效性。应抓住时机，及时将先进典型经验予以宣传推广；对反面典型予以揭露批评；对重要情况予以公布，引起重视。

4. 落款

通报的落款包括发文机关和成文日期两部分。但如果标题已经注明了发文机关，则落款时只写成文日期即可。

例文 4-3

××市人民政府办公厅关于表彰全市土地开发整理工作先进单位和先进个人的通报	【标题】
各区、县（市）人民政府，市政府各部门、各直属单位：	【主送机关】
2022 年，各地各部门认真落实市委市政府决策部署，积极发挥主观能动性，充分挖掘潜力，采取有效措施，超额完成了××市政府下达的土地开发整理工作任务，确保了我市耕地占补平衡。为激励先进，更好地推动我市土地开发整理工作，经推荐审核，市政府决定，对××区江东工业园区管委会等 23 个先进单位和方×琦等 52 名先进个人予以通报表彰。	【正文】 （情况原因） （分析评价） （决定事项）
希望受表彰的单位和个人再接再厉，争取更大成绩。各地、各部门要创新工作机制，深入推进土地开发整理工作，为确保我市耕地占补平衡，促进经济社会持续健康发展做出新的贡献。	（希望要求）

附件：××市土地开发整理工作先进单位和先进个人名单	
2023 年 1 月 17 日 （印章）	【落款】

例文 4-4

关于处理周末报餐行为的通报	【标题】 （主送机关省略）
兹有生产部机修车间针修员工王小丽、崔国庆自公司提供周日用餐福利以来，经核查在 2022 年 7 月 28 日至 9 月 2 日期间，该两名员工均未按照周末报餐和用餐规定进行吃饭和刷卡。	【正文】 （情况原因）
其行为明知故犯，无视公司管理规定，严重影响公司相关管理纪律。鉴于其该规定实施以来首次违反，认识错误态度较好，为严肃周日报餐管理纪律，警诫他人，杜绝类似现象的发生，	（分析评价）
根据周末报餐有关规定，经公司生产部管理层研究决定，现对该两名员工的违规行为在公司范围内予以通报批评。	（决定事项）
希望公司全体人员以此为戒！在周末报餐中严格遵照规定报餐和用餐，如再发生类似现象，公司将给予严肃处理！	（希望要求）
2022 年 10 月 12 日 （印章）	【落款】

例文 4-5

关于“石家庄轨道交通”等 45 款 App 违法违规收集使用个人信息情况的通报	【标题】 （主送机关省略）
近期，针对人民群众反映强烈的 App 非法获取、超范围收集、过度索权等侵害个人信息的现象，河北省互联网信息办公室依据《中华人民共和国网络安全法》《中华人民共和国数据安全法》《中华人民共和国个人信息保护法》《App 违法违规收集使用个人信息行为认定方法》《常见类型移动互联网应	【正文】 （情况原因）

用程序必要个人信息范围规定》等法律法规规定，组织对地图导航类、餐饮外卖类等常见类型且公众大量使用的300余款App个人信息收集使用情况进行检测，发现“石家庄轨道交通”等45款App存在违法违规收集使用个人信息行为，现将有关情况进行通报，详情见附表。	（分析评价）
针对检查发现的问题，相关App运营者应当于本通报发布之日起15个工作日内完成整改，并将整改报告加盖公章发至电子邮箱：jscs@caheb.gov.cn。各地网信办指导督促本地区相关App运营者按要求期限进行整改。逾期未完成整改的，我办将依法依规予以处置。	（决定事项）（希望要求）
联系电话：0311－87909716	
河北省互联网信息办公室 2022年7月18日	【落款】

四、函的拟写

（一）函的含义

《党政机关公文处理工作条例》规定：“函，适用于不相隶属机关之间商洽工作、询问和答复问题、请求批准和答复审批事项。”作为公文中唯一的平行文种，函的适用范围相当广泛。一般来说，向有直接隶属关系的上级机关请求指示用“请示”，而无隶属关系的业务主管部门请求批准则用“函”。

（二）函的特点

1. 适用广泛

函是平行公文，因此使用不受级别高低、单位大小的限制。此外，函除了平行行文以外，也可以向级别高的机关或级别低的机关行文，因而适用较为广泛。

2. 格式灵活

除了国家高级机关的重要函件必须按照公文的格式、行文要求行文，其他的函格式较为灵活，可以没有版头，可以不编发文字号，甚至可以不拟标题。

3. 写法灵活

函的写法可以根据内容而定，如请批函可以按照请示的写法来写，回复请批的复函则可参照批复的写法来写等。

4. 沟通性强

函作为唯一的平行公文，主要运用于不隶属的机关之间的商洽、询问和答复等，具有其他文种不具备的特点，沟通性很强。

（三）函的分类

1. 按内容和用途分

按内容和用途分，函大致可分为商洽函、问答函、批请函、告知函、邀请函、转办函、催办函、报送材料函等。以下简单介绍四种常用类型。

(1) 商洽函。这是不相隶属机关之间商洽工作、联系有关事宜时使用的一种函,多用于无隶属关系的机关之间洽谈业务、商调人员、联系参观学习、请求支援帮助等。

(2) 问答函。问答函可分为询问函和答复函,适用于无隶属关系的机关之间就某些问题进行询问或解答。上下级机关之间问答某个具体问题,联系、告知或处理某项具体工作,而又不宜采用请示、批复、报告等文种时,也可使用函。

(3) 批请函。批请函可分为请批函和批答函。请批函主要用于无隶属关系的机关向业务主管部门请求批准有关事项;批答函则是有关主管部门答复请批事项的函。在实际工作中,请批函和批答函常常被有意无意地误用成请示、批复。

(4) 告知函。告知函主要用于告知不相隶属机关有关事项。告知不相隶属机关有关事项一般不用通知,如果使用通知,则需要使用信函格式。

2. 按性质分

(1) 公函。公函具有较完整的公文格式,属于正式公文(需用带有文头的正式公文用纸),用于商洽、询问、答复工作中比较重要的问题。

(2) 便函。便函不属于正式公文,用于询问、答复、联系、介绍某些一般性的公务事宜。

3. 按行文方向分

(1) 去函。去函是主动提出公务事项所发出的函。

(2) 复函。复函是针对来函所提出的问题或事项答复对方所发出的函。

(四) 函的结构和写作要求

函的写法比较灵活,较为规范的公函主要分为三个部分。

1. 标题

由发文机关(有时可省略)、事由和文种三部分组成,如《国务院办公厅关于同意调整外语中文译写规范部际联席会议制度的函》。

2. 发文字号

函的发文字号与其他党政机关公文的发文字号相似,只需要在机关、单位代字后加上"函"字,如"津人社局函〔2021〕28 号"表示天津市人力资源和社会保障局 2021 年第 28 号函件。

3. 主送机关

主送机关即接受公函的机关,应顶格写明全称,其后用冒号。

4. 正文

一般分为开头、中段、结尾。

(1) 开头。正文的开头应说明发函的缘由,交代发函的原因、目的、依据等内容。

(2) 中段。正文的中段是函的核心部分,主要为说事项、意见或答复对方提出的问题和要求。这部分内容根据实际情况可多可少。

(3) 结尾。结尾部分向对方提出希望或请求,或希望对方给予支持和帮助,或希望对方给予合作,或请求对方提供情况,或请求对方予以批准等。在最后,应另起一行写结束语,若需回复则"敬请函复",若无需回复则"特此函达,即希查照"等。

5. 发文机关名称、印章和日期

平行函要注意措辞，忌用指令性的语言。

例文 4-6

国务院办公厅关于同意 陕西省承办 2021 年第十四届全国运动会的函	【标题】
国办函〔2015〕155 号	【发文字号】
体育总局、财政部：	【主送机关】
你们《关于批准陕西省作为第十四届全国运动会承办单位的请示》（体竞字〔2015〕186 号）收悉。经国务院领导同志批准，现函复如下： 一、同意陕西省承办 2021 年第十四届全国运动会。 二、筹备和举办第十四届全国运动会的经费主要由陕西省人民政府自筹，中央财政给予一次性定额补助；场馆设施建设所需资金由陕西省人民政府自行负担。 三、体育总局和陕西省人民政府要严格按照党中央、国务院有关规定，充分结合当地经济社会发展实际，坚持量力而行、量入为出、节俭高效原则，共同组织好第十四届全国运动会。	【正文】
国务院办公厅 2015 年 12 月 29 日	【发文机关名称和日期】

五、启事的拟写

（一）启事的概念、种类和特点

1. 启事的概念

启事是机关、企事业单位、团体或个人因事向公众说明或希望公众给予帮助和响应，用简明扼要的语言加以表述的公告性应用文体。启事多刊登在报纸杂志上，或张贴在人流较多的公共场所，也可在电视台、广播电台播出。

2. 启事的种类

启事的种类很多，根据事项的不同，启事可以分为：

（1）寻找类启事。这类启事有寻人启事、寻物启事、招领启事等。

（2）征招类启事。这类启事有招生、招考、招聘启事；征婚、征文、征订、征集设计启事等。

（3）周知类启事。这类启事有开业启事、迁址启事、变更启事、婚庆启事等。

（4）声明类启事。这类启事有遗失启事、更正启事和其他声明启事等。

3. 启事的特点

(1) 事项的单一性与公开性。启事事项一般来说具体而单一，往往一事一文，不掺杂其他内容，具有单一性特点；同时，启事是通过各种传媒向社会广泛发布的，它是任何人都可以读的，具有公开性。

(2) 内容的告知性与非法令性、约束性。启事的目的在于告知读者，主要是客观地说明事项，一般不具备法令性，也没有强制性和约束性，对于启事所要求的内容人们有着参与的自主性。

(3) 篇幅的短小性与语言的简明性。

课程思政案例 4-7

公益影片《寻人启事》

2016 中国公益映像节颁奖盛典于 11 月 1 日在深圳隆重举行。这是中国唯一一个国家级的、以公益主题的创新性影像节庆，被誉为“中国公益奥斯卡”。此届集合了国内、外 27 个省市区 284 家社会组织、政府、企业及个人报送的 733 部参选影片，在历时三个月、历经初评、复评、终评，以及大众投票和专家评审的综合评选后，中社儿童安全科技基金联合百比赫广告（上海）有限公司选送的公益影片《寻人启事》，荣获 2016 中国公益映像节基金会类“最佳作品奖”。此届映像节以“看见世界的爱”为主题，面对儿童走失这个意外且痛苦的话题，影片去繁从简、源于生活场景、用最朴素的画面和语言，精准诠释和传导了中国儿童失踪预警平台(CCSER)倡议的“将失踪终止在第一时间”预警理念，再次唤起社会对儿童防走失的关注和守护。“用影像传播公益，让公益融入生活”，这也是中国儿童失踪预警平台尝试用影像传播预防儿童走失主题的新挑战，很高兴的是预警平台得到了很多专业机构和热心人士的支持与合作，首推亦斩获认可和殊荣。CCSER 秘书长张永将在领奖盛典上也呼吁：通过“影像＋公益”的跨界合作，使得公众更好的理解平台倡导的失踪预警之意，用最简单的故事引发共鸣，希望吸引更多爱心人士和社会机构投身到守护孩子的队伍中，共建儿童保护的安全防护网。

启示：每年都能在网络平台上看到无数的寻人启事，尤其是走失儿童的寻人启事总是深深牵动我们的心。每一则启事后面都是一个无助的、破碎的家庭，他们试图通过寻人启事找回自己的儿女。但我们衷心希望，寻人启事可以越来越少，少一些再少一些不幸的家庭，让社会一起共建儿童安全防护网。

(二) 启事的结构

启事的文体格式是：标题＋正文＋署名＋发布时间。

1. 标题

标题写于第一行正中，要用醒目大字写出，一般写清楚启事的名称，如招聘启事、寻物启事、征文启事等。有时只写“启事”二字，也有省略“启事”，直接写“寻人”“招聘”“诚聘”等，还有的启事标题标明性质，如“紧急启事”“重要启事”。

2. 正文

启事正文需要另起一行空两格写，内容一般包括发启事的目的、意义、原因、要求、条件、特征等。不同种类的启事，侧重点也有所不同。

3. 落款

在正文右下方写发启事者的单位或姓名，署名下面写上发启事的年月日。

例文 4-7

××市第一中学 100 周年校庆启事	【标题】
××市第一中学定于 2022 年 6 月 25 日（星期六）上午 9 点整，在本校举行“建校 100 周年”庆典活动，盛邀历届校友、历任教职工以及社会各界朋友届时回校欢聚，重温师生情、同窗谊，共商母校和谐发展大计。敬请相互转告，拨冗准时赴会。 联系人：×老师、×老师 联系电话：×××××××× 传真：×××××××× 网址：××××　邮箱：××××	【正文】 （发启事的目的、原因、要求、条件等）
××市第一中学　敬启 2022 年 3 月 20 日	【落款】

例文 4-8

寻 人 启 事	【标题】
×××，男，×岁，身高 1.2 米。长方脸，皮肤较黑，右眼靠鼻梁处有一颗明显的黑痣。身穿紫色呢绒夹克衫，蓝色牛仔裤，白色运动鞋。20××年×月×日在××走失，有知情者请与王女士联系，定重谢！请各位朋友帮忙转发扩散！ 联系电话：××××××××××× 微信：××××××××	【正文】 （发启事的目的、原因、要求、特征等）
王女士 20××年××月××日	【落款】

(三) 启事的写作要求

(1) 标题应力求简短醒目,能抓住公众的阅读心理。

(2) 内容力求单一,便于公众迅速理解和记忆。内容较多时,条理要清楚,可用序号标出顺序或用条文的形式写。

(3) 语言真挚、诚恳,注意礼貌,可用"请""欢迎""诚聘"等词语,使公众对启事的内容有信任感,对启事的请求有责任感,从而收到预期的效果。

(4) 写清楚联系方式,根据需要写清楚通信地址、邮政编码、电话号码等。

六、条据的拟写

(一) 申请书的概念、分类和特点

1. 条据的概念

条据是作为某种凭据的便条,它是日常生活中最常见而又最简便的应用文。常用的条据有请假条、留言条、收条、借条、领条等。它们都有固定的格式。

2. 条据的分类

条据有多种,基本可分为两大类,即凭证式条据(如借条、欠条、领条、收据)和说明式条据(如请假条、留言条、托人办事条),后者也叫便条。

3. 条据的特点

(1) 应用广泛,日常生活中的一种凭据。

(2) 内容简洁,大多数条据只有寥寥数语。

(3) 信息准确,特别是涉及人名、地点、时间、数字(包括电话号码),一旦错漏,于人于己都会增添麻烦。

(二) 条据的结构

条据的结构主要包括标题、称谓、正文、署名和日期四个部分。

1. 标题

在第一行中间写"收条""领条""欠条""借条""发条""售给"等,表现条据的性质,同时也说明时间。如果是代收或代领等,则在"收到"或"领到"等的前面加上一个"代"字。

2. 称谓

第二行开头写对方(个人或单位)的名字或名称。然后写物件名称、规格、数量或金额。金额应用汉字数字大写,金额到元为止的,后面要写上"整"字,以防添加或涂改。

3. 正文

正文是条据的主体,要求写清楚内容、原因、要求等。正文写完后,另起一行,空两格写"此据"二字,也可省略不写。

4. 署名和日期

在条据的右下方写明所在单位的名称和经手人姓名(盖章)及写条据时的年月日。

例文 4-9

借　　据	【标题】
今借到财务处人民币叁仟元整，定于 2022 年 6 月 30 日前，如数归还。 此据。	【正文】
李小林 2022 年 4 月 5 日	【署名和日期】

例文 4-10

请　假　条	【标题】
××培训中心：	【称谓】
因我于 9 月 15 日晚举行员工大会，任何人不得缺席，所以本人于 9 月 15 日晚不能回校参加培训。特此请假，恳望批准！ 此致 敬礼！	【正文】
××银行××支部营业部　王青 2022 年 9 月 10 日	【署名和日期】

（三）条据的写作要求

（1）对外使用的条据，写对方单位名称要用全称。物品要写明名称、规格、数量；金钱要写明金额，必须用汉字大写，以防涂改。条据中的文字如果确实需要改动，要在涂改处加盖印章，以示负责。

（2）写条据字迹要端正清楚，要用钢笔或毛笔书写。用圆珠笔或其他易褪色的墨水书写条据，倘遇保存不当、受潮或水浸时，字迹会变得模糊不清，并为某些别有用心的人留下可乘之机。

（3）条据日期必须清楚，如不写明日期的条据，一旦发生了纠纷，事实真相常常难以查清，对诉讼时效的确定也容易造成困难。

（4）条据内容必须表述清楚。有的条据将“买”写成“卖”，“收”写成“付”，“借给”写成“借”等，都极易被不法分子颠倒是非。

（5）条据印鉴必须规范。由他人代笔书写或者代笔签名，而本人只在上面按一个手印，发生纠纷时，也很难认定责任。

（6）如遇还款时，记得要回条据。还款还物时，对方若称一时找不到借条，应该让其写一张收据留存，这样才不至于给日后留下隐患。

总之，条据一经签订，一般对签约的各方就有了约束力，特别是经济性质的条据。因此，条据写得是否准确，权利与义务规定得是否严密、完备，关系到当事人的切身利益，影响到发生纠纷时，是非曲直的判断和鉴别。所以，写条据时，必须认真慎重，熟悉各类条据的格式及写法，决不可掉以轻心。

课程思政案例 4－8

学会分辨善恶

每年都会听到很多因为条据等引起的法律纠纷，尤其是欠条、借条等更是不胜枚举。一般类似的案件多是由于钱款追不回或者条据本身存在问题，最终不得不对簿公堂。

要避免类似的问题，一方面要从根本上知人识人，与不熟悉或者不信任之人之间不要签订条据；另一方面则是要规范条据，如真的遇到问题也可以作为凭据维护自己合法的权益。

启示：学习了知识和理论，在生活中也要学会分清善恶黑白，不要随意与他人签订条据，尤其是借条、欠条。一旦签订也要合理合法，确保不出一丝纰漏，依法维护自己的权益。

七、活动策划书的拟写

（一）活动策划书的概念、种类和特点

1. 活动策划书的概念

活动策划书是指为了达到一定的目的，对准备实施的活动事先做出筹划的行动计划书。

2. 活动策划书的种类

根据活动的内容可以分为商业活动策划书、公益慈善活动策划书、节庆活动策划书、体育赛事活动策划书、媒体活动策划书、会议旅游活动策划书等。

3. 活动策划书的特点

（1）具有鲜明的目的性。活动策划是围绕整个组织机构的组织形象策略和近期公关目标而确立的目的。实现此目的的手段应该是被乐于接受、具有吸引力的。

（2）严密的操作性。活动策划要求策划人要有缜密的思维，方方面面的问题都要考虑周详。

（3）良好的社会传播性。活动本身就是一种传播行为。策划书的作用像一个大众传播媒介，只不过这个传播媒介在活动没有组织之前是不发生传播作用的，一旦这个活

动开展起来，就能产生良好的传播效果。

（4）合理的经济性。一项活动往往要投入较大的资金、人员和设备物资。因此科学设计、有效实施，并在活动目的、手段和效果之间充分考虑投入产出比，提高活动的社会效益和经济效益是活动的重要目的。

课程思政案例 4－9

未雨绸缪

“铃……铃……”，下午4点半，秘书小张办公室响起一阵急促的电话铃声。原来是区卫生局打来的。卫生局急需一份本辖区内所有中小学的清单，要选出条件成熟的中小学以迎接省检查小组的检查。

区卫生局的同志告诉小张，这项工作非常紧急，希望给予配合和支持，尽量在五点半前将名单发送给区卫生局。办公室主任知道后，焦头烂额，连忙和小张说：“小张啊，要在半个小时内把全区200多家中小学按区卫生局的要求汇总好打印出来，这几乎是不可能完成的任务，你今天估计要加班了。你赶紧和区卫生局解释下，说明天早上传给他们。”

听完领导的话后，小张不急不慢，信誓旦旦地说：“王主任，放心吧，我能在半小时内把清单按要求列出来，我之前已经做过相关录入工作了。”王主任听完很是诧异，赞赏地看着小张：“小张不错啊！你真的是解决了我的燃眉之急啊！”

启示：小到企业的活动策划，大到国家的活动策划，活动策划书是所有大型活动需要事先做好的行动计划书。仅是G20杭州峰会接待活动策划书就有整整12页的内容，里面详细记载了所有的日常维护方案和应急预案。也正是这一份份的专项的活动策划书，保证了大大小小活动的顺利开展，它是活动得以有序进行的必要条件。想要做好一件事情，就要有万全的准备，无论是政府机关还是企事业单位，都需要在大型活动前提前做好活动策划，这是活动顺利的先决条件之一。

（二）活动策划书的结构

活动策划书的结构主要包括标题、正文和落款三个部分。

1. 标题

标题由“单位名称＋活动内容＋文种”构成。尽可能具体地写出策划活动事项的名称，如“2023年××大学×周年校庆活动策划书”，置于页面首行中央，当然也可以另起主标题后将此作为副标题。

2. 正文

（1）活动背景：基本情况简介、主要执行对象、近期状况、组织部门、活动开展原因、社会影响以及相关目的动机。

（2）活动意义及目的：简述本次活动开展的目的及其产生的经济、社会效益或者重大意义。

（3）活动主题：活动主题是整个策划的灵魂，是统领整个活动、连接各个项目、各个步骤的纽带。专题活动要为广大公众接受，就必须选好主题。

(4) 活动内容：对拟进行的活动项目作出具体、详细的安排，如活动内容、形式、时间、地点、流程、要求、注意事项等，详尽地写出每一点能设想到的安排，没有遗漏。

(5) 经费预算：根据实际情况进行具体、周密的计算后，用清晰明了的形式列出活动的各项费用明细。

(6) 活动中应注意的问题及细节：内外环境的变化，不可避免地会给方案的执行带来一些不确定性因素。因此，当环境变化时是否有应变措施、损失的概率是多少、造成的损失多大、应急措施等也应在策划中加以说明。

(7) 活动负责人及主要参与者：注明组织者、参与者姓名，嘉宾及单位（如果是小组策划应注明小组名称、负责人）。

3. 落款

落款一般署明策划单位名称与成文日期。

活动策划书的参考格式如下：

××活动策划书

活动目的及意义：

活动主题：

主办单位：

承办单位：

赞助商：

活动时间：

活动地点：

活动对象：

活动形式与内容：

活动流程：（如有奖项设置，请写清楚相关奖项的设定，包括奖项的名额、金额、礼品、证书以及评分标准等）

前期工作安排：

活动现场：

活动后期安排：

要求与注意事项：

应急预案：

经费预算：（此项尽量采用表格形式）

预期效果及展望：

附件：

（三）活动策划书的写作要求

1. 目的要明确

明确活动举办的最重要和最终目的。

2. 考虑要周密

要保证活动计划书的周密性，考虑活动中可能发生的突发事件，并拿出后备方案。虽然突发事件的发生是具有不确定性的，但是要事先对所有能够考虑到的突发事件有所准备。

3. 构想要独特

明确地知道活动的独特魅力与亮点。

4. 分工要协调

要在策划中确保相关部门良好协作，要保证活动所涉及部门对于该活动计划的参与性，协作完成活动。

例文 4-11

优秀志愿者表彰大会活动策划书	【标题】
一、活动背景 党的十八大以来，习近平总书记对弘扬雷锋精神、发展志愿服务事业做出了一系列重要指示。习近平总书记强调：社区志愿者是为社会做出贡献的前行者、引领者，志愿服务是社会文明进步的重要标志，是广大志愿者奉献爱心的重要渠道。 二、活动目的 (1) 表彰先进，树立典范。通过表彰先进个人，为社区居民树立优秀典范，积极营造学习先进、争做先锋、文明和谐的社区志愿服务氛围。 (2) 宣传志愿服务活动。通过先进志愿者优秀事迹宣传和表彰，以及志愿者服务队授旗活动，向广大居民宣传志愿者服务队活动，呼吁和鼓励居民积极投身社区志愿服务队伍中来。 (3) 弘扬和传播志愿精神。通过此次活动，向居民弘扬奉献、友爱、互助、进步的志愿精神，传播团结友爱、助人为乐、见义勇为、尊老爱幼、尊师重教的中华民族传统美德。 三、活动主题 为爱聚蜂，蜜润邻里 四、活动时间 2019 年 12 月 15 日（周日），9:30—10:55	【正文】

五、活动地点

天一社区万达中心广场

六、活动组织

主办单位：街道天一社区居民委员会。

承办单位：浙江××职业技术学院青志服务队

七、活动参与成员

天一社区居民，预计150人。

活动进程安排表

八、活动进程安排表

阶段	日　期	事　　项	负责人
前期安排	11月12日—14日	成立活动筹备小组	王×
	11月14日—20日	确定颁奖活动主题	鲁×
		拟写并修改活动策划方案	
	11月21日—30日	确定表彰人员和工作人员	
	12月1日—5日	制作活动海报	周×泓
	12月1日—10日	活动前期宣传	
		购买活动物资	
	12月7日—12日	制作活动宣传材料	李×奇
		确定表演节目单	
	12月14日	舞台搭建、活动场地布置	
		活动彩排	
中期安排	12月15日	颁奖活动	王×
		拍摄活动现场照片	周×
后期安排	12月16日—17日	善后整理工作	李×奇
		后期宣传报道	周×
		经费结算	

九、活动内容及安排表

时　间	具　体　内　容	负责人
9:00—9:30	签到，入场	鲁×
9:30—9:35	开场节目：快板	李×奇

续 表

时 间	具 体 内 容	负责人
9:35—9:40	主持人致辞开场	王×
9:40—9:45	街道领导发言	
9:45—9:50	志愿者誓师活动授旗仪式	李×奇
9:50—9:55	志愿者代表宣言	
9:55—10:00	志愿者代表发言	
10:00—10:20	2019 年度优秀志愿者 优秀个人表彰	董×鑫
10:20—10:40	2019 年度优秀志愿者 优秀团队表彰	
10:40—10:45	表演节目：大合唱	周×泓
10:45—10:50	志愿者誓师活动启动仪式	
10:50—10:55	合影留念	鲁×

十、工作人员安排

1. 秘书组(略)

2. 会务组(略)

3. 宣传组(略)

4. 后勤组(略)

十一、活动经费

此次活动的具体经费预算如下表所示(表略)。

十一、应急预案

1. 活动期间出现天气突然变化，如刮风、下雨现象，应及时更改活动场地或时间进行。

2. 在发放奖品及礼品的时候要注意维护好现场的秩序，不要让人群拥挤，避免秩序混乱。

3. 如果活动现场出现用电隐患或故障时，应及时与电工师傅联系，并确保活动现场的用电安全。

天一社区

2019 年 11 月 10 日

【落款】

八、商业广告文案的拟写

(一) 商业广告文案的概念和种类

1. 商业广告文案的概念

商业广告文案是指广告作品中用以表达广告主题和创意的全部语言文字。在广告创作的各种要素中,语言文字居于主要地位。任何一则广告,都需要借助语言文字来表达其主题,无论是采用哪一种传播媒体,都离不开广告文案,而广告中图画、音乐的创作,往往是在语言文字的基础上进行再创作。一则图画广告中的语言文字能够比广告画等其他要素更准确、更有效地传达企业及商品信息,文案是广告的核心。

2. 商业广告文案的种类

(1) 按广告的内容,可以把广告文案分为销售广告文案、服务广告文案、求购广告文案等。

(2) 按传播媒体的不同,可以把广告文案分为报纸广告文案、杂志广告文案、广播广告文案、电视广告文案、车船广告文案、电光广告文案、售点广告文案,以及信函广告文案、传单广告文案、电话广告文案,等等。

(二) 商业广告文案的特点和作用

1. 商业广告文案的特点

(1) 针对性。广告定位要准确,只有搞清楚诉求对象,才能决定诉求内容,做到有的放矢。

(2) 真实性。一则好的广告总是要有可靠、足够的事实信息,才能赢得消费者的信赖。

(3) 独创性。广告要有新颖的创意和独特新奇的表现手法,才能吸引公众的注意力,激发人们的想象和购买的欲望。

2. 商业广告文案的作用

(1) 倡导消费,方便受众。产品广告不仅提供给消费者相关的产品信息,便于消费者选购称心的产品,也能唤起消费者的消费需求。

(2) 扩大流通,促进生产。广告可以交流信息,企业可以通过广告拓展流通渠道,促进生产。

(3) 促进竞争,提高质量。广告可以加强企业间的竞争,促使企业发现别人长处,找出自己差距,改善产品与服务质量。

课程思政案例 4-10

我们都在说广告创意,创意好了广告效果就好了吗?对于企业来说,要投放一则创意丰富的广告,总是会借鉴一些优秀的广告文案,不过这样也存在一定的弊端,因为你只知道这些比较好的卖点,却不知道哪些卖点是不好的,很容易走进广告误区。在各大网络盘点失败广告文案的案例中,就有这么几则评论:某品牌饮品一直凭借着"无糖、非碳酸饮料"的健康卖点,在饮品市场杀出重围,成为炙手可热的网红饮料品牌。随着大众的进一步认知,揭开了其产品的广告文案的无糖骗局，“0 蔗糖”不等于“0 糖”，该品牌因为涉嫌无糖的虚假宣传陷入了信任危机。随后新华社、人民日报相继评论：玩弄文字游戏，只会带来“怨气”，更会被消费者抛弃。该品牌随后撰文致歉。

启示：商业广告文案创新是很重要的，但是一味只关注文案创新而忽略了产品本身质量、情况等，反而容易出现虚假宣传欺诈消费者。

(三) 商业广告文案的结构

商业广告文案的文体格式大致是：标题＋正文＋标语＋随文。

1. 标题

标题就是广告的题目。标题如同广告的灵魂，在广告中占有重要的位置。广告的标题，按其内容和组合形式的不同，可分直接标题、间接标题和复合标题。

(1) 直接标题。即以简明的文字表明广告的内容，使人们一看就知道广告的信息内涵。如：“××国际旅游服务公司为您提供优质服务”。

(2) 间接标题。这种标题往往不直接说明产品或与产品有关的情况，而是先用富有趣味性和戏剧性的语言抓住人们的好奇心和注意力，使人们非弄明白不可，直到读了广告正文才恍然大悟。如：“车到山前必有路，有路必有丰田车”。

(3) 复合标题。把直接标题和间接标题复合起来，一则广告有两个或三个标题，形成复合标题。如：

引标：四川特产，口味一流

主标：天府花生

副标：越吃越开心

2. 正文

正文是广告的中心和主体，广告主要在正文部分表达其目的和内容。它包括三方面内容：首先，对标题提及的商品或其他方面加以说明或解释；其次，具体说明提供商品或其他方面的细节，让人消除疑虑，这是正文的中心段；最后是结尾，强化印象，鼓励消费者去购买。

3. 标语

广告标语的特点是简洁、整齐、有韵、上口、易记。如某咖啡广告语“滴滴香浓，意犹未尽”。

4. 随文

随文又称附文、落款，对广告正文起补充、说明作用。它包括广告单位名称、地址、邮编、电话号码、负责人或业务联系人姓名等。

(四) 商业广告文案的写作要求

1. 真诚

广告文案写作要真诚。只有对产品、服务进行实事求是的介绍，才能赢得受众的信任。

2. 通俗简明

广告文案写作应该通俗简明。有助于实现广告目标的文字和表述都可以保留，但文案力求简洁明了。应尽量使用短句而不用长句,除非用短句不能确切表达含义。

3. 表现创意

广告文案写作应该表现广告创意,体现广告的主题。广告作品的表达过程是对广告创意的传达和表现的过程。文案人员要对广告创意进行到位的表达,要运用语言文字对广告创意进行表现、深化和展现。

4. 说服力

广告文案写作要立足于说服。不管是何种类型的文案,其目的都是为了说服受众,诱发共鸣,以达到激发受众潜在的需求的目的。

5. 创造性

广告文案要独创。独创才有可能产生魅力。广告文案的写作,只有在借鉴的基础上创新,才能不落窠臼;只有在充分感受社会氛围和时代气息的基础上,运用创造性的语言,才能使文案产生魅力。

例文 4-12

标题:麦斯威尔	【标题】
正文:麦斯威尔咖啡,精选上等的咖啡豆,通过精心烘焙研制成特有的麦氏香醇。	【正文】
广告语:滴滴香浓,意犹未尽	【标语】
随文:源自 100%进口咖啡豆	【随文】

例文 4-13

标题:关注慈善,践行公益	【标题】
正文:当您享受成功时,是否想过帮助家庭贫困的孩子免于辍学? 当您想奉献爱心时,是否有过无处播撒的困扰? 千山万水,有爱就有未来 有爱走遍天下,即刻出发 爱的脚步不会停歇,诚邀您与爱同行	【正文】
广告语:一切为了孩子,有爱走遍天下	【标语】
随文:新华爱心教育基金会,作为教育慈善机构,成立至今得到社会众多爱心人士的支持和捐助,爱的足迹遍布中国。至今,基金会已在全国 63 所学校援助了 7 000 多名成绩特优、家庭特困的高中生。	【随文】

九、通讯稿的拟写

(一) 通讯稿的概念和种类

1. 通讯稿的概念

通讯稿也称为通讯报道，是运用记叙、描写、抒情、议论等多种手法，具体、生动、形象地反映新闻事件或典型人物的一种新闻报道形式。它是记叙文的一种，是报纸、广播电台、通讯社常用的文体。

2. 通讯稿的种类

通讯稿的种类较多。按报道形式分，有访问记、专访、特写、大特写、新闻小故事、集纳、巡礼、侧记、记者来信等；按报道的对象、内容和写作方法，一般可分为人物通讯、事件通讯、工作通讯、风貌通讯等。

课程思政案例 4-11

1942 年 7 月 18 日，延安《解放日报》的社论《把我们的报纸办得更好些》就曾指出："报纸既不是书籍也不是杂志，它的生命主要的就寄托在大大小小的新闻(指消息)和通讯上面。"通讯是一种比消息更深刻、更详尽、更生动的新闻体裁，优秀的通讯作品可以在读者中产生更广泛、更深远的影响。抗美援朝时期，一篇"战地通讯"——《谁是最可爱的人》在全国广为流传，人们从此把志愿军称为"最可爱的人"。直到 1979 年，还把参加对越反击的解放军称为"新一代最可爱的人"。20 世纪 60 年代，《伟大的战士——雷锋》和《县委书记的榜样——焦裕禄》两篇通讯，为中华民族树立了几十年来永不退色的楷模。

启示：通讯稿的意义并不只是简单的文字记录，我们从无数的通讯稿中获得信息，铭记历史，纪念那尊敬的、可爱的人们。历史虽然滚滚向前，但是文字总能将这其中的种种铭记。

(二) 通讯稿与消息的区别

通讯稿是消息的延伸与发展。通讯和消息比较起来，各有特点。

从题材上说，消息选材广泛；通讯一般只报道人们普遍关心的具有较强现实意义的事实。

从内容上说，消息只作概括、简要的报道；通讯不但要告诉读者发生了什么，还要将事情的来龙去脉交代清楚。

从结构形式上看，消息通常要遵守一定的格式；通讯可以灵活自由地采用多种结构形式。

从表达方式上看，消息以叙述为主，较少运用描写、议论、抒情；通讯则可以综合运用各种表达方式。

从语言上看，消息要求简洁明了；通讯要求有一定的生动性和形象性。

从时效上看，消息要争分夺秒，耽误了时间就会失去新闻的价值；通讯相对而言时效要求没有那么严。

（三）通讯稿的结构

通讯稿的结构是：标题＋署名＋正文。

1. 标题

准确地概括出文章内容或点明其主旨、记者的呼吁，以引起读者的兴趣。

2. 署名

署名可写于标题下面，也可写于全文最后。

3. 正文

正文是通讯的主干部分，它是事件或事实报道的核心。它的写作一般可采用以下四种结构方式。

（1）纵式结构。这是以时间推移为顺序，或按作者观察、认识事物的逻辑顺序来组织材料、安排层次的布局方式。

（2）横式结构。这是采用空间转换，或按事物的性质不同来组织材料的布局形式。

（3）纵横式结构。这是以时间和空间的交替变换来组织材料，安排层次的。

（4）悬念式结构。这种结构是在通讯的开头提出问题，摆出矛盾、设置疑团、布下悬念，以引起读者的关注，产生急于想知道的念头，吸引读者往下看，然后依据客观事物的实际发展，消释疑团和悬念。

（四）通讯稿的写作要求

1. 叙述要直接

通讯稿写作中的叙述必须简要明确，直截了当地讲清新闻事件发生、发展、变化过程，或介绍新闻人物所遭遇的种种困难、曲折，直至成功的道路，要求把来龙去脉讲清楚。

2. 描写要直观

通讯稿的写作要有具体的描写，展示生活的画面，让读者从中受到感染和教育。通讯要生动形象地写过程、写情节、写场面、写人物，这就非用描写手法不可。因此，描写是通讯写作的主要表现手法。

3. 议论和抒情要恰当

这里所说的议论和抒情，是指通讯中作者借助对客观事物的描绘和叙述所夹带的感慨。通讯稿中的议论和抒情，要有实实在在的内容，不能空洞无物，泛泛而谈，更不能装腔作势、无病呻吟。

例文 4-14

严师、慈父、名医——吴建平 记酉阳县浪坪乡评议村小学民办教师 喻登智	【标题】 （这是一篇人物通讯稿） 【署名】
采访乡村教师——酉阳县浪坪乡评议村小学民办教师喻登智，乡亲们异口同声地称他：是名医、似慈父、更是严师！	【正文】

1975年，喻登智接过教鞭，在评议村小学的三尺讲台上一站就是20年。如今，他已由血气方刚的毛头小伙变成了鬓角染霜的“小老头”，可他痴心不改，无怨无悔。说他是名医，不是因为他有多高超的医术，而是因为他一直坚持义务为学生和乡亲们治疗疾病。 评议村地处酉阳、黔江、彭水三县结合部，离乡所在地也有近20公里。这里缺医少药。刚当上民办教师时，学生们因营养不良，常生病。喻登智买来一些医学书籍，在认真教书的同时挑灯自学，掌握了儿科推拿术，并学会了用中草药治疗简单的疾病。一次，学生谢光玉在课堂上呕吐不止，当即休克。喻老师用学到的知识紧急施救，使谢光玉终于苏醒过来。家长闻讯赶来后，感激之泪涌出眼眶，连称喻老师“恩人”。为备足常用药品，他用自己微薄的收入在外出开会时尽可能多买些西药，利用星期天和节假日到山里采中草药。 他爱生如子。三年级学生胡世淑学习用功，成绩优良，可连续几天没到校上课了。喻老师在家访中得知，其父病故后家庭难以维持生计，只好不读书了。喻老师鼻头发酸，眼泪禁不住往外流。他当即决定免去胡世淑的学费，并保证供给她课本和学习用品，使即将失学的胡世淑重返校园。问及喻老师20年里究竟为多少学生资助过书费和学费，他说：这点小事不足挂齿。 他抓校风、学风十分严格。有人对坚持升国旗不理解，他认为“可激发学生爱国热情”；有人认为学生搞义务劳动是“不务正业”，他说这是培养“集体主义精神和爱劳动的习惯”。学生的红领巾没戴好，他帮助纠正，甚至脸未洗干净他也帮助洗净。 乡亲们还说喻老师是真正的“以校为家”。学校教学条件差，没有教具，所用的直尺、三角尺、圆规、量角器及体育器材都是他亲手制作的。课桌凳、门窗坏了，他亲手补修。房上的瓦片被大风揭了，他亲自上房检修。他说这样可节约点钱，多资助几个失学儿童。自1983年以来，他所教班级的成绩，在全区的会考中总是名列前茅，其中1983年毕业的40个学生中就有32人升入初中学习。突出的成绩使喻老师多次被乡、区、县、地评为先进教师。他于1994年9月获得中国青少年发展基金会“希望工程”园丁奖，去年夏天又光荣地出席了全省乡村教师“夏令营”活动。	

例文 4-15

八十三天的“打工梦”

——向明春外出沈阳遇难获救备忘录

蒋天兵

【标题】

（这是一篇事件通讯稿）

【署名】

【正文】

天有不测风云，人有旦夕祸福。谁也不会相信，一个身强力壮的男子汉，外出打工归来时，却成了一个失去四肢、生活不能自理的残疾人。眼前的他，年过 40 岁，是四川省广安市石笋镇文昌街居民向明春。提起他的不幸遭遇时，人们议论纷纷：“是沈阳人民救了他的命，外出打工真难啊！”今年 3 月 1 日，向明春带着挣钱的梦想，告别爱妻和两个未成年的女儿，去大连市打工。当他来到广安火车站时，突然改变主意，决定去沈阳。3 月 6 日，当他抵达沈阳下车时，才发现自己那个装有衣服、身份证和 100 多元现金的行李包被扒手洗劫一空。3 月 7 日，向明春拖着疲惫的身体，穿梭于沈阳北站附近，盲目找工无着落。当晚，他蹲在候车室里过夜，晚上没有衣服增添，没有被子盖，又无钱购买所需物品，冷得发抖，只好蜷缩在长条椅上。由于他没有身份证，无处住宿，一连几个晚上都被拒之于候车室和旅馆的大门外。不明真相的值班人员错把他当成流浪汉，他有口难言，欲哭无泪。就这样，他白天走街串巷，寻找四川老乡，晚上露宿沈阳街头。

当时，春寒料峭，沈阳的气温零下 10 多度。日复一日，他忍饥受冻，双手双脚便不知不觉地冻伤了。3 月 13 日，当他路过沈阳钢厂基建处时，这个身高 1.65 米的汉子终于倒下了，他的四肢已经冻僵了。此刻，幸好被队长王宏宽发现，询问情况后，王队长立即给他找住宿，并安排在这里打工的来自四川射洪市的刘博给他端水、喂饭，扶他大小便。他在钢厂住了 7 天，伤情稍好，又回到车站等候家里人来接他。这期间，他靠乞讨度日，每晚躺在售票厅外面的石阶上，导致冻坏的手脚流出血水，周身麻木。一些好心人目睹此情此景，一方面洒下同情之泪，一方面请求新闻界为他呼吁。4 月 7 日，在沈阳电视台记者赵阳、张吉顺等人的帮助下，救护车把向明春送到沈阳市第四人民医院观察治疗，医院还专门雇请了人照顾他。沈阳电视台播放了向明春冻伤住院的新闻，引起当地群众的关注，沈阳市政府很快与广安市政府联系，通知其亲属火速赴沈。向明春之妻柏长余接到电话后，心急如焚，她东拼西凑，好不容易凑齐

500 元钱，汇到向明春所住的医院。接着，柏长余又想方设法筹措路费，她怀揣着镇粮站、医院、学校等单位职工和乡亲们捐助的 1100 多元现金，在广安市石笋司法所律师李正法的陪同下，搭乘了驶向北国的列车，于 4 月 18 日抵达沈阳。

当柏长余见到自己丈夫面黄肌瘦、双手双脚用布包裹着的模样，禁不住泪如泉涌。向明春见到亲人突然出现在病床前，顿时悲喜交加。不一会儿，李正法和柏长余查看了患者的病情，因冻伤严重，导致四肢腐烂，如不及时做四肢截除手术，将直接危及病人的生命安全。医生说："现在，患者臭味熏人，污染了整个病房，住院的病人对此提出抗议。要救向明春的命，必须做截肢手术！"为了救人，李正法和柏长余请求医院立即给病人作截肢手术。然而，当柏长余得知手术、输血等费用大约要用 1 万多元时，急得六神无主。天啦，她哪里交得出这么多钱呢？为难之际，李正法陪他去找时任沈阳市长求援，市长当即表示："先做手术。救人要紧！"沈阳电视台率先捐赠 1 000 元，交给医院为向明春做手术，并拍摄电视新闻播出，再次呼吁各界人士为四川患者奉献爱心。4 月 21 日，沈阳市政府、卫生局、医政处、民政局、红十字会的领导和同志们聚集医院现场办公，分别听取了患者病情、家庭经济状况的汇报，拍板解决了医疗费用。李正法和柏长余才如释重负。4 月 23 日，医生们给向明春冻坏的四肢做了截除手术，当地广播、电视及报社作了报道。手术后，许多人从四面八方涌向医院，有的送来现金，有的送来糖果、馒头和面包……用爱点燃了他的希望之火！

冻伤无情党有情，惨遭不幸遇恩人。经过 43 天的精心治疗和特殊护理，向明春终于痊愈了，1. 5 万多元医疗费，只交了 1 500 元，其余费用全部由医院承担。5 月 20 日，向明春在亲人的护理下出院启程回四川。临走时，辽宁森工地板实业公司余经理给他捐款 1 500 元，沈阳市救助管理站赠给他 500 元……

沈阳电视台记者拍摄下了人们为他送行时那一幕幕感人肺腑的场面。从沈阳到北京直到广安，他沿途受到特殊照顾，一律免费乘车、吃饭。北京到重庆的 9 次特快列车全体乘务员给向明春捐款 445 元，并给他写了一封热情洋溢的慰问信。一路上，不少乘客都给他送钱送物送水果……这一切的一切，向明春看在眼里，记在心上，他不知有多少感激的话儿要说啊！5 月 23 日，向明春终于从遥远的北国回到了生养他的家乡。从出走到归来，整整 83 天，他历尽艰辛，饱受了人间的冷暖。连日来，乡亲们纷纷前去看望他，为他奉献一片爱心；县、

镇、村的干部们也去安慰他，为他排忧解难。夜幕降临，向明春躺在他那睡了多年的床上，百感交集。正欲外出打工的人们，你能从向明春的遭遇中吸取什么教训呢？	

思考与练习

一、不定项选择题

1. 请示的结构主要包括（　　　　）。
A. 标题　B. 主送机关　C. 正文　D. 落款

2. 请示主要分哪三类（　　　　）。
A. 求示性请示　B. 求助性请示　C. 求实性请示　D. 求准性请示

3. 函的结构主要包括（　　　　）。
A. 标题　B. 发文字号　C. 主送机关　D. 正文
E. 发文机关名称、印章和日期

4. 申请书的结构主要包括（　　　　）。
A. 标题　B. 称谓　C. 正文　D. 结语
E. 署名和日期

5. 申请书的正文通常包括（　　　　）。
A. 申请事由　B. 个人或企业介绍
C. 要求和愿望　D. 个人获奖情况

6. 申请书的特点有（　　　　）。
A. 单一性　B. 求批性　C. 证明性　D. 真实性

7. 申请书的写作要求有（　　　　）。
A. 实事求是的呈现　B. 用语得体平实
C. 表述简洁谦和　D. 有鲜明突出的重点

8. 通报的结构主要包括（　　　　）。
A. 标题　B. 发文机关　C. 正文　D. 结语
E. 署名和日期

9. 通报的正文通常包括（　　　　）。
A. 情况原因　B. 分析评价　C. 决定事项　D. 希望要求

10. 通报的特点有（　　　　）。
A. 典型性　B. 叙述性　C. 教育性　D. 时效性

11. 通报的写作要求有（　　　　）。
A. 客观事实的呈现　B. 选例典型
C. 表述简洁谦和　D. 把握时机

12. 启事的结构主要包括（　　　　）。
A. 标题　B. 称谓　C. 正文　D. 结语

E. 落款
13. 启事的种类主要包括（　　）。
A. 寻找类启事　B. 征招类启事　C. 周知类启事　D. 声明类启事
14. 启事的特点有以下（　　）。
A. 事项的单一性　B. 内容的告知性　C. 篇幅长　D. 事项的公开性
E. 内容的非法令性、约束性
15. 启事的写作要求有（　　）。
A. 内容力求单一　B. 语言真挚诚恳
C. 表述简洁明了　D. 写清楚联系方式等
16. 条据的结构主要包括（　　）。
A. 标题　B. 称谓　C. 正文　D. 署名和日期
17. 条据的特点包括（　　）。
A. 应用广泛，日常生活中的一种凭据
B. 内容简洁，大多数条据只有寥寥数语
C. 大小写、日期等信息无需过分注意
D. 信息准确，特别是涉及人名、地点、时间、数字等
18. 条据的写作要求包括（　　）。
A. 字迹要端正　B. 内容要求表述清楚
C. 名字等信息必须写全　D. 印鉴需要规范
19. 活动策划书的结构主要包括（　　）。
A. 标题　B. 称谓　C. 正文　D. 结语
E. 落款
20. 活动策划书的特点包括（　　）。
A. 鲜明目的性　B. 严密的操作性
C. 良好的社会传播性　D. 合理的经济性
21. 活动策划书的写作要求有（　　）。
A. 目标明确　B. 考虑周密　C. 统一性　D. 分工协作
22. 商业广告文案的结构主要包括（　　）。
A. 标题　B. 称谓　C. 正文　D. 标语
E. 随文
23. 商业广告文案的标题通常包括（　　）几类。
A. 直接标题　B. 间接标题　C. 单一标题　D. 复合标题
24. 商业广告文案的特点有（　　）。
A. 针对性　B. 朴实性　C. 真实性　D. 独创性
25. 商业广告文案的作用有（　　）。
A. 独树一帜，另辟蹊径　B. 倡导消费，方便群众
C. 扩大流通，促进生产　D. 促进竞争，提高质量
26. 商业广告文案的写作要求有（　　）。
A. 写作要真诚　B. 写作应该通俗简明

C. 写作要立足于说服　　D. 写作应该表现广告创意

E. 写作要独立

27. 通讯稿的结构主要包括(　　　)。

A. 标题　　B. 称谓　　C. 正文　　D. 署名

28. 通讯稿的正文结构通常有(　　　)。

A. 纵式结构　　B. 横式结构　　C. 纵横式结构　　D. 悬念式结构

29. 通讯稿的写作要求有(　　　)。

A. 叙述要直接　　B. 描写要直观

C. 标题要短而精　　D. 议论和抒情要恰当

二、实务题

请你根据 2023 年国庆放假安排,替学校拟写一份国庆节放假通知。

三、写作题

请将下面通讯改写为通报。

本报讯:5 月 28 日下午,共青团成都铁路局委员会在局工会俱乐部召开大会,宣读共青团全国铁路委员会和共青团四川省委的通报,授予英勇抢救落水同学的李坚同学“优秀少先队员”的光荣称号,并发展他为共青团员。

李坚同学是西昌铁路中学学生,刚满 14 周岁,2021 年 5 月 2 日,李坚和另外四名小朋友在河边玩耍,忽然,张昆同学不慎落入水中,李坚当即跳下水去营救。最终,张昆被救上岸来。

团委副书记等领导在讲话中分别号召全国铁路系统和省内各地的小朋友向李坚同学学习,做一个有理想、有道德、无私无畏的好孩子。

四、病文修改

关于李天的通报

各系、处、室,各班级:

我院 2021 级装潢班学生李天,2022 年 10 月 30 日中午到学院食堂吃饭时,看到排队打饭的人多,就要强行插队打饭。有同学劝他要遵守纪律时,他还大声说:“关你屁事!”一位纠察队员走过来阻止他,他不管三七二十一,拿起饭盆打在那位纠察队员头上,致使那位纠察队员头部受伤。李天的行为引起了在场其他同学的公愤,有人甚至叫嚷要把他送去派出所关起来。据查李天平时学习也不够刻苦,上学期五门考试竟有三门不及格。经学院领导研究决定,给予李天以记一次大过。希望广大同学以此为戒,努力学习,争取在学年考试中取得好成绩。

××职业技术学院

2022 年 11 月 5 日

五、改错题

请 假 条

张老师：

我因感冒发热不能到校上课，请假一天，请予以批准。

此致敬礼！

学生 王明

2022年3月31日

4-2思考与练习答案

模块五

客户关系维护

- 模块五
  - 任务一
    - 电话沟通的基本要求
    - 打电话的沟通技巧
    - 接电话的沟通技巧
    - 移动电话的沟通技巧
  - 任务二
    - 营销与推销
    - 营销沟通的艺术
  - 任务三
    - 请柬的拟写
    - 邀请函的拟写
    - 贺信的拟写
    - 感谢信的拟写

任务一　电话沟通技巧

核心概念

电话沟通技巧包括拨打电话和接听电话时的语气、内容、态度、表情、举止、时间感等要素的合理运用。

学习目标

1. 知识目标

(1) 了解电话沟通技巧的重要性。

(2) 理解电话沟通技巧的主旨和内涵。

(3) 掌握打电话、接电话、使用移动电话的礼仪规范。

2. 能力目标

(1) 掌握电话沟通处理问题的步骤和方法。

(2) 熟练运用语气、内容、态度、表情、举止、时间感等要素接打电话。

(3) 正确运用使用各种电话设备，根据不同客户使用电话礼仪规范用语。

3. 素养目标

(1) 通过对“问题出在哪里?”故事的学习，注意人际交往的规则与细节，加强职业道德意识，建立良好的人际关系。

(2) 通过电话沟通实践项目的演练，培养学生的电话形象意识，提高对客服务意识，践行敬业、诚信、友善的社会主义核心价值观，培养恭敬有礼的职业品质。

基本知识与技能

电话可以及时、便捷地沟通信息，具有与交往对象沟通感情、保持联络的功能。正确使用电话是指要掌握电话沟通的技巧，自觉维护“电话形象”。“电话形象”是电话礼仪的主旨，其内涵是指人们在使用电话时所表现出的职业形象，会使通话对象“如见其人”，给对方以及其他人，留下的完整、深刻的印象。“电话形象”主要由个人在使用电话时的语言、内容、态度、表情、举止、时间感等几方面构成。

一、电话沟通的基本要求

1. 重要的第一声

接打电话时，应有“我代表单位形象”的意识，给对方以亲切、优美的招呼声，树立良好的第一印象，开启良好的沟通氛围。

2. 要有喜悦的心情

面部表情和心情会影响声音的变化，因此接打电话时要抱着“对方正看着我”的心态去应对，让自己保持良好的心情。这样即使对方没看见你，也仍被你令人愉悦的语调感染，从而给对方留下深刻的印象。

3. 清晰明朗的声音

接打电话时，即使看不见对方，也要当作对方就在眼前。通话时应保持精神抖擞、坐姿端正，不喝水、不吃食，保持自身声音的亲切悦耳，充满活力。

4. 迅速准确地接听

听到电话铃声，应准确迅速地拿起听筒，最好在 3 声之内或者 10 秒之内接听。若电话铃声响很久之后才接听，应礼貌向对方道歉。

5. 认真清楚地记录

电话记录既要简洁又要完备，有赖于“5W1H”技巧。所谓 5W1H 是指：① 何时(when)；② 何人(who)；③ 何地(where)；④ 何事(what)；⑤ 为什么(why)；⑥ 如何进行(how)。在工作中，电话记录十分重要，它关系到能否准确传达、转达，同时它也是备查资料。

6.了解来电话的目的

工作时间的电话几乎都与工作有关，公司的每个电话都十分重要，不可敷衍，即使对方要找的人不在，也要尽可能问清来电人姓名、来电事由以及是否需要转达，避免误事。

7. 挂电话前的礼貌

一般应当由打电话的一方提出结束电话交谈，然后彼此客气地道别，说一声“再见”，再挂电话，不可只顾自己讲完就挂断电话。

二、打电话的沟通技巧

通常在整个通话过程中，打电话者即发起通话一方，居于主动、支配的地位。作为主动发起通话的一方，在整个通话过程中要注意以下沟通技巧。

1. 时间适宜

(1) 通话时间适宜。因工作事宜与客户沟通应尽量选择双方预先约定的时间或对方方便的时间，尽量避免在对方休息时间（如上午 7 点之前、晚上 10 点之后及午休时间、用餐时间等）拨打电话；若与海外客户联系，还需注意时差；工作电话尽量不选择非工作时间，尤其是节、假日这样的私人时间。

(2) 通话时长适宜。拨打者应自觉控制好通话时间，以短为佳，宁短勿长，坚持“三分钟原则”。接通电话后需注意受话人的反应，如接通后，先询问对方通话是否方便，若需长时间通话，应征求对方意见，并在结束时表示歉意。

2. 内容简练

通话内容简练，一为限定通话时间提供必要前提，二为礼仪规范要求。为此发话者应做到：

(1) 事先准备：将受话人姓名、电话号码、通话要点等通话必不可少的内容列出“清单”。

（2）简明扼要：问候完毕，直奔主题，少讲空话、废话，忌吞吞吐吐、含糊不清，不逼别人共熬“电话粥”等。

（3）适可而止：控制时间，讲完话就应结束通话，一般由发话人终止电话。若长辈、上级，应让对方先挂电话。

3. 表现文明

（1）语言文明。接通电话说“您好”，问候完毕自报家门，结束通话说“再见”。通话中不用不文明的语言。

（2）态度文明。态度文明主要表现在：通话时不厉声呵斥、不粗暴无礼、不低三下四、不阿谀奉承；请人转接电话、代为转告、留言时应主动问好，说话有礼；若遇电话忽然中断，按礼应由发话人再拨，并说明原因；打错电话时，应及时向对方致歉。

（3）举止文明。通话举止是指发话者在通话过程中的行为表现，举止文明体现在：手握话筒，不把话筒夹在脖子下，或抱着电话机随意走动，或趴着、仰着、坐在桌角上或高架双腿与人通话，拨号时不以笔代手；忌边吃边打，通话声音宁小勿大，使话筒与口部保持3厘米左右的距离；终止电话双手轻放；如遇占线耐心礼貌等待。

三、接电话的沟通技巧

1. 本人受话

本人受话是指受话者即为发话者的通话对象，本人受话需做到：

（1）及时接听。电话铃响，应立即暂停自己手头工作，尽快予以接听，力求“铃响不过三”；电话尽量自己接听，不要轻易让别人代接；如有特殊原因，铃响久了才接，应表达歉意。

（2）应对谦和。受话者在电话接通后，需自报家门，向发话人问好；通话时，应聚精会神，态度谦恭友好；通话结束，道“再见”。若因故中断，应耐心等对方再拨进来，不走开、不责怪；接到误拨电话，应耐心解释，主动提供帮助。

（3）主次分明。主次分明是指接听电话与其他工作发生冲突时，应根据实际情况分清主次，判断是否接听或如何处理来电。接通电话后应专心通话，不干其他事情；若在会晤重要客人或会议期间有人来电，接通后不宜深谈，可向其说明原因，表示歉意，并另约时间打给对方；在接听电话时，另有电话进来，切忌置之不理，先向通话者说明原因、致歉、请其稍候，再接另一通电话，先请对方稍候，或过一会再打来，再继续方才正打的电话。

2. 代接电话

代接电话是指受话者接到了别人的电话，即受话者不是发话者想要通话的对象。代接电话者在遇到不是找自己的电话时，首先应明白，同事之间相互代接电话是互利互助。其次，代接电话时，不可充当包打听，对对方所托传达之事要严守口风，即使发话人要找的人就在附近，也不要大吼大叫，以尊重别人的隐私。再次，若对方找的人不在，应主动询问是否需要代为转达。对方要求转达的内容，要认真做好记录，在对方讲完后，应重复一次进行核对。最后，做到传达及时。若对方要找的人在附近，马上去找，若答应代为传达，应尽快落实，不到万不得已，不应再托他人转达。

四、移动电话的沟通技巧

在当前职场，使用移动电话进行沟通已成为常态。在使用移动电话与人沟通时，除掌握常规的接打电话沟通技巧外，还需关注以下几点：

（一）时刻注意方便他人为先

移动电话应按时缴纳费用，勿要因忘记缴费而被停机致使他人与自己联络中断；自己改号码了，应及时告知他人；在约定的联络时间内，不要随便关机；因错码、掉线、无电而有碍联络或暂停联络时，应及时说明并道歉；若让对方打过来，在约定的时间内不要见缝插针安排其他电话，使自己的通信工具处于忙线状态而令对方打不进来。

（二）使用移动电话要遵守公共秩序

不可在公共场合，尤其在楼梯、电梯、路口、人行道等人来人往处，旁若无人地使用移动电话。在应"保持安静"的公共场所如音乐厅、美术馆、影剧院等，应关机或静音；不可在上班时间，尤其是办公室、车间，因私使用自己手机；不可在集会期间，如开会、上课、会见时使用手机接听电话，这会分散他人注意力；等等。

（三）使用移动电话要自觉维护安全

不要在驾车时使用。不要在医院、油库等处使用。不要在飞机飞行期间启用等。

课程思政案例 5－1

问题出在哪里？

张华在公司中是一个很热心的人。有一次，旁桌同事李梅的手机铃响而李梅这会儿有事走开了。电话响了一会就自动挂了，但不一会儿又响起，张华担心可能有急事找李梅，于是便接起李梅的电话。来电话的是一位男性，张华向其说明李梅不在，并好心询问了一下对方来电的来意，表示可以转达给李梅。而那位男士只说"李梅不在，稍后再打来"便挂了电话。后来，李梅回来了，张华告知了李梅有电话且自己帮助接听了的事。谁知，李梅听过后脸色非常不好，并且在今后的工作中刻意与张华保持了一定的距离。张华也慢慢意识到这一点，但是却不知道问题出在哪里。

启示：职场同事之间互帮互助代接电话是常见的事，但是这类电话仅限于办公室工作电话。手机属于私人物品，接听别人的手机就是侵犯了别人的隐私。即使在职场，即便是工作来电，也不能随意接听别人的手机，这是对别人的尊重，也是最基本的职业道德。

思考与练习

一、案例分析

有一天，办公室的龙经理收到一留言条，上面是这样写的：龙经理，刚才一位姓陈的先生来电，让你晚上 8:30 在和平桥那里等他。晚上龙经理在约定时间去了和平桥等陈先生，结果一直未等到人。究竟陈先生是谁？有什么事呢？

试分析，如上电话留言有哪些不妥当的地方？

5-1思考与练习答案

二、情景练习

假如你是学校招生就业办的老师，某天你接到一应届高考生的专业招生咨询电话，请与同学配合模拟老师与考生的电话咨询过程，并拍摄沟通过程制作成视频，上传至在线学习平台。

任务二 营销沟通艺术

核心概念

营销与推销：市场营销不同于推销，推销或促销只是一种手段，而营销是一种真正的战略，双方在工作重心、出发点、方法、目标等方面存在区别。

营销沟通艺术：包含接近客户的技巧、与客户洽谈的技巧、处理异议的技巧、说服成交的技巧。

学习目标

1. 知识目标

(1) 了解与客户沟通的原则。

(2) 理解营销与推销的概念和区别。

(3) 掌握营销沟通的步骤及各个环节的沟通技巧。

2. 能力目标

能够根据实际情况灵活地运用营销沟通技巧与客户沟通并促成销售。

3. 素养目标

(1) 通过“何为一名合格保险业务员?”故事的学习，理解“实践出真知”“从量变到质变”的哲学原理，加强实践锻炼，培养严谨细致、诚信待人的职业素养。

(2) 通过文化旅游博览会客户与参展商洽谈的实践项目演练，树立有效沟通意识，增强创新思维，创新工作方式方法。

基本知识与技能

一、营销与推销

(一) 营销与推销的概念

营销是企业以目标市场消费者的需求为出发点，有计划地组织各项经营活动，为消费者提供满意的商品或服务而实现企业目标的过程。

推销是企业推销人员通过传递信息、说服等技巧与手段，确认、激活顾客需求，并用适宜的产品满足顾客需求，以实现双方利益交换的过程。

（二）营销与推销的区别

营销不同于推销。营销是企业的一种经营战略，由产品、价格、渠道、促销等构成的营销组合策略，而推销主要指企业营销组合策略中的人员推销，只是一种手段。营销和推销具体来说，存在四个方面的不同。

1. 重心不同

推销的重心在于产品，是为现有产品找到消费者，会较少考虑消费者是否需要这些产品；营销的重心在于创造消费者，是为满足消费者的某种需要而提供所需的产品。

2. 出发点不同

推销的出发点是企业，营销的出发点是市场。

3. 方法不同

推销的方法是指通过某种方式把产品或服务直接推向消费者，从而完成销售的行为，如搞倾力推销、强力推销等；营销是指采用最佳的要素组合的方式形成市场占有的行为，即产品、定价、渠道、促销等要素的整合营销。

4. 目标不同

推销是通过一定的刺激促进产品销售量提升从而获取盈利，是企业的短期行为；营销的目标是通过满足消费需求来取得盈利，是企业的长期行为。

二、营销沟通的艺术

营销的核心是发现客户现实或潜在的消费需求，因此在与客户沟通的过程中，工作人员需要了解客户，善于观察，分析其心理特征，把握其需求点，找到适合他的产品，采用合适的沟通方法，促成产品的销售，让客户满意，让企业获利。

在营销活动中，与客户的沟通过程可以大致分为四个步骤，如图 5－1 所示。

图 5－1 营销活动中的客户沟通过程

（一）接近客户的沟通技巧

“接近客户的 30 秒，决定了营销的成败”。这是营销成功的法则。“接近客户”在专业沟通技巧上，可定义为由接触准客户至切入主题的阶段。

1. 如何使用接近语言

（1）明确主题。在接近客户前，首先要明确你的主题是什么，然后再根据你的主题选择适当的接近方法，每次接近客户应有不同的主题。例如，主题是想和未曾碰过面的准客户约时间见面，那么你可以选用电话约见的方法；想约客户参观展示，可以采用邮件的方法；想向客户介绍某种新产品，那么直接拜访客户就比较适合。

(2) 迅速打开准客户的“心防”。人们对不太熟悉的人都会产生一种本能的防备心理，这无形中就在准客户和业务员之间筑起了一道防卫的墙。因此，只有在你能迅速地打开准客户的心防后，才能让客户敞开心胸。打开客户心防的基本途径是：① 让客户产生信任；② 引起客户的注意；③ 引起客户的兴趣。

(3) 学会营销商品前，先营销自己。接近客户技巧的第二个注意点就是在推销商品前先将自己推销出去。“客户不是购买商品，而是购买推销商品的人”，这句名言流传已久。说服力不是仅靠强而有力的说辞，而是仰仗着推销人举止言谈中散发出来的个性与人格魅力。

案例分析 5-1

两种接近顾客的方法

方法一：

业务代表 A：您好，我是大明公司的业务代表周黎明。在百忙中打扰您，想要向您请教有关贵商店目前使用收银机的事情。

商店老板：您认为我店里的收银机有什么毛病吗？

业务代表 A：并不是有什么毛病，我是想是否已经到了需要换新的时候。

商店老板：对不起，我们暂时不想考虑换新的。

业务代表 A：不会吧！对面李老板已更换了新的收银机。

商店老板：我们目前没有这方面的预算，将来再说吧！

方法二：

业务代表 B：刘老板在吗？我是大明公司业务代表李大明，经常经过贵店。看到贵店一直生意都是那么好，实在不简单。

商店老板：您过奖了，生意并不是那么好。

业务代表 B：贵店对客户的态度非常的亲切，刘老板对贵店员工的教育训练一定非常用心，对街的张老板，对您的经营管理也相当钦佩。

商店老板：张老板是这样说的吗？张老板经营的店也是非常的好，事实上，他也是我一直作为目标的学习对象。

业务代表 B：不瞒您说，张老板昨天换了一台新功能的收银机，非常好用，才提及刘老板的事情，因此，今天我才来打扰您！

商店老板：喔？他换了一台新的收银机？

业务代表 B：是的。刘老板是否也考虑更换新的收银机呢？目前您的收银机虽然也不错，但是新的收银机有更多的功能，速度也较快，能有效减少客户排队等候的时间。刘老板要不要考虑这台新的收银机呢？

分析：比较业务代表 A 和 B 的接近客户的方法，很容易发现业务代表 A 在初次接近客户时，直接地询问对方收银机的事情，让人有突兀的感觉，遭到商店老板反问“店里的收银机有什么毛病？”然后该业务代表又不知轻重地反问，就更激发了刘老板的逆反心理。

反观业务代表B，却能把握接近客户的原则，和客户以共同对话的方式，在打开客户的“心防”后，才自然地进入推销商品的主题。B业务代表在接近客户前能先做好准备的工作，能立刻称呼刘老板、知晓刘老板店内的经营状况、清楚对面张老板以他为学习目标等，这些细节能令双方的对话顺利推进下去。

（4）注意接近用语

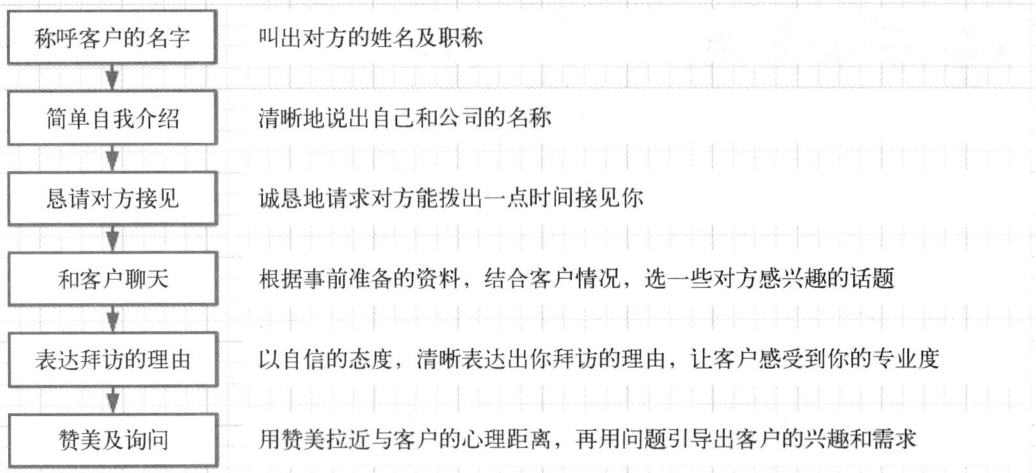

图5－2 接近客户用语

2. 如何获取客户好感

（1）给客户良好的外表印象。人的外表会给人暗示的效果，因此，你要尽量使自己的外表给初次会面的客户一个好印象。一个人面部上的眼、鼻、嘴，以及头发都会给人深刻的印象。虽然每个人的长相是天生的，但是你也能经由你自己的修饰而获得相当程度的改观。

（2）要记住并能准确称呼客户。名字的魅力非常奇妙，每个人都希望别人重视自己，重视别人的名字，就如同看重他一样。

（3）赞美你的客户。让人产生好感最有效的方法是对他自傲的事情加以赞美。若是客户讲究穿着，你可向他请教如何搭配衣服；若客户是知名公司的员工，你可称赞其工作能力。

（4）替客户解决问题。在与准客户见面前，若是能事先了解客户面临着哪些困难，有哪些因素困扰着他；见面时以关切的态度站在客户的立场上表达你的关心，让客户能感受到你释放的善意，对方必定会对你产生好感。

（5）自己保持快乐开朗。快乐是会传染的，没有一个人会对一位终日愁眉苦脸、深锁眉头的人产生好感。能以微笑迎人，能让别人也产生愉快情绪的人，也是最容易争取别人的好感。

（6）利用小赠品赢得准客户的好感。小赠品的价值不高，却能发挥很大的效力，不管拿到赠品的客户是否需要，收到赠品的当下，惊喜之情必然会油然而生。

（二）与客户洽谈的技巧

洽谈的技巧有很多，对不同的商品、不同的顾客可以采用不同的技巧。但所有技巧都是围绕着激发顾客的购买欲望而展开的。因此，营销人员应根据具体情况具体分析，灵活机动地运用已掌握的洽谈技巧去做好洽谈工作。

1. 开谈技巧

（1）营造和谐的气氛。为正式洽谈奠定良好基础、铺平道路。和谐的气氛中，双方才能开诚布公地谈。

（2）适时提出问题。在自我介绍和通过其他一些表现取得客户的初步信任后，营销员就应巧妙把话题转入正题。提出问题就是切入正题的一种有效方法。应确保陈述明确，防止对方误解，不要含糊其词，表述应力求新颖、出其不意，能促使对方深思。

2. 洽谈中的倾听技巧

（1）要心胸开阔，抛弃那些先入为主的观念。在洽谈中，听取对方的发言时，不要为自己的好恶左右，也不要先入为主地听，而是要有鉴别、有重点地听。只有这样，才能正确地理解对方所传递的信息，准确把握讲话者的重点。

（2）要全神贯注，集中注意力。倾听对方讲话，必须集中注意力，同时，还要开动脑筋进行分析思考。由于人的注意力并不总是稳定、持久的，受到各种因素的干扰，因此，要认真倾听对方讲话，必须善于控制自己的注意力，克服各种干扰，始终保持自己的思维跟上讲话者的思路。

（3）倾听客户讲话，还要学会约束自己、控制自己的言行。不要轻易插话，不打断对方的讲话，也不要自作聪明地妄加评论。过多地讲话或打断别人讲话，不仅会影响自己的倾听效果，也会影响对方对你的印象。

3. 洽谈中的提问与答复技巧

（1）洽谈中的提问技巧。在提问时，提出的问题最好是范围界限比较清楚的，使客户的回答能有具体内容；要提能够促进洽谈成功的关键性问题；提问时切忌提出令人难堪和不快，甚至产生敌意的问题，以免伤害客户感情，使洽谈陷入僵局；提问态度要谦和友好，用词要恰当、婉转，注意提问的时机，不要随便打断客户的讲话，要耐心听完对方的讲话再提问。

（2）洽谈中的答复技巧。回答时要有条有理，言简意赅，通俗易懂。对于一些不便回答的问题，应使用模糊语言，回避问话中的关键问题或者向对方透露一些不太确切的信息，转移话题，也可采取反攻法，要求对方先回答自己的问题，或者直接阐明无法或暂时无法回答对方的问题。倘若对方明确反对己方的观点，甚至言辞过激、情绪激昂，为避免直接的冲突，可以采用幽默的语言委婉含蓄地表达，避免出现僵局，迫使洽谈破裂。

4. 洽谈中的拒绝技巧

（1）拒绝对方时应注意：拒绝的态度要诚恳，措辞要委婉，不伤感情；拒绝的内容要明确，应尽可能地用提出建议来代替拒绝；应讲明处境，引起同情，说明拒绝是不得已的；应从对方的角度来说明拒绝的利害关系。

（2）拒绝技巧：把问题不断抽象化，可以达到含蓄拒绝的效果；笼统地答复对方的要求；学会说“是，是，不过……”，以使对方的说明欲望丧失；把对方的话题分段，然后逐句不漏地否定，就能达到拒绝的效果。

（三）处理异议的技巧

从接近客户到最后签约，客户都会提出异议。懂得异议处理的技巧，销售人员就能冷静、坦然地化解客户的异议，每化解一个异议，就破除了销售人员与客户之间的一个障碍。

1. 忽视法（冷处理）

所谓“忽视法”，顾名思义，就是当客户提出一些反对意见，并不是真的想要获得解决时，只要面带笑容地同意客户就好了。

对于一些“为反对而反对”或“只是想表现自己的看法高人一等”的客户意见，若是认真地处理，不但费时，还有旁生枝节的可能，因此，只要满足了客户表达的欲望，就可采用忽视法，迅速地引开话题。

例如，顾客说：“啊，你原来是××公司的推销员，你们公司周围的环境可真差，交通也不方便呀！”尽管事实未必如此，也不要争辩。你可以说：“先生，请您看看产品……”

当销售人员拜访经销店老板时，老板一见到你就抱怨说：“这次空调机的广告为什么不找某演员拍？若是找某演员的话，我保证早就向你进货了。”碰到诸如此类的意见，没必要详细告诉他为什么不找某演员而找别人的理由，因为经销店老板真正的异议恐怕是别的方面，销售人员只需面带笑容，同意他就好。

忽视法常用的方法如：① 微笑点头，表示“同意”。②“您真幽默！”“嗯！真是高见！”

2. 补偿法

当客户提出的异议有事实依据时，应该承认并欣然接受，强力否认事实是不明智的举动。但应记得给客户一些补偿，让其取得心理的平衡，也就是让他产生两种认识：① 产品的价格与售价一致。② 产品具备的优点对客户是重要的，产品没有的优点对客户而言是不太重要的。

例如，客户说：“这个皮包的设计、颜色都非常棒，令人耳目一新，可惜皮质不是最好的。”销售人员：“您真是好眼力，这个皮料的确不是最好的，若选用最好的皮料，价格恐怕要高出现在的五成以上。”

客户嫌车身过短时，销售员可以告诉客户：“车身短能让您停车非常方便，若您家是大型停车位，可同时停两部车。”

3. 太极法

太极法是指当客户提出某些不购买的异议时，销售人员能立即将客户的反对意见，直接转换成必须购买的理由。

太极法能处理的异议多半是客户并不十分坚持的异议，特别是客户的一些借口。太极法的目的，是让销售人员能借处理异议迅速地陈述能带给客户的利益，以引起客户的注意。例如，客户：“收入少，没有钱买保险。”销售人员：“就是收入少，才更需要购买保险，以获得保障。”

4. 询问法

询问法在处理异议中扮演着两个角色：① 透过询问，把握住客户真正的异议点；② 未经询问，没有确认客户反对意见重点及程度前，直接回答客户的反对意见，往往可能会引出更多的异议。

销售人员的词典中，有一个非常珍贵、价值无穷的字眼“为什么?”不要轻易地放弃了这个利器，也不要过于自信，认为自己可以不经询问就能猜出客户为什么会这样或为什么会那样，应设法让客户自己说出来。

当你问为什么的时候，客户必然会做出以下反应：① 他必须回答自己提出反对意见的理由，说出自己内心的真实想法。② 他必须再次检视他提出的反对意见是否妥当。

此时，销售人员能听到客户真实的反对原因及明确地把握住客户反对的项目，就能有较多的时间思考如何处理客户的反对意见。

例如，客户：“我希望您价格再降 10%!”销售员：“××经理，我相信您一定希望我们给您百分之百的服务，难道您希望我们给的服务也打折吗?”

5.“是的……如果”法

当自己的意见被别人直接反驳时，人的第一感觉总是不愉快，甚至会被激怒，尤其是遭到一位素昧平生的销售人员的正面反驳。屡次正面反驳客户，会让客户恼羞成怒，就算说得都对，也没有恶意，还是会引起客户的反感。因此，销售人员最好不要开门见山地直接提出反对意见。在表达不同意见时，尽量利用“是的……如果”的句法，软化不同意见。用“是的”同意客户部分意见，用“如果”表达另外一种状况是否比较好。

请比较下面的两种方法，感觉是否天壤之别。

业务员 A:“您根本没了解我的意见，因为状况是这样的……”

业务员 B:“平心而论，在一般的状况下，您说的都非常正确，如果状况变成这样，您看我们是不是应该……”

业务员 A:“您的想法不正确，因为……”

业务员 B:“您有这样的想法，一点也没错，当我第一次听到时，我的想法和您完全一样，可是如果我们做进一步的了解后……”

“是的……如果……”，是源自“是的……但是……”的句法。但“但是”的字眼在转折时过于强烈，很容易让客户感觉到业务员在说“是的”时并没有多大诚意，强调的还是“但是”后面的诉求。因此，要谨慎使用“但是”来表达反对意见，以免失去了处理客户异议的初衷。

6. 直接反驳法

在“是的……如果……”法的说明中，强调不要直接反驳客户。直接反驳客户容易陷于与客户争辩而不自觉，往往事后懊恼，但已很难挽回。但有些情况必须直接反驳以纠正客户不正确的观点。如客户对业务员的服务、企业的诚信有所怀疑时；客户引用的资料不正确时。出现这两种状况时，必须直接反驳。因为客户若对业务员的服务、企业的诚信有所怀疑，合作成功的机会几乎为零。如果客户引用的资料不正确，业务员能以正确的资料佐证自己的说法，客户会很容易接受，反而产生信任。

使用直接反驳技巧时，在遣词用语方面要特别留意，态度要诚恳、对事不对人，切勿伤害了客户的自尊心，要让客户感受到业务员的专业与敬业。

案例分析 5-2

有什么不同?

情景一:

客户:“这台复印机的功能,好像比别的牌子要差。”

销售人员:“这台复印机是我们最新推出的产品,它具有放大缩小的功能、纸张尺寸从 B5 到 A3;有三个按键用来调整浓度;每分钟能印 20 张,复印品质非常清晰……”

客户:“每分钟 20 张实在不快,别的牌子复印速度每分钟可达 25 张,有 6 个按键能调整墨色浓度,操作起来好像也没那么困难,副本品质比您的要清楚多了……”

情景二:

客户:“这台复印机的功能,好像比别的牌子要差。”

销售人员:“请问您是觉得哪个功能比哪一家的复印机要差?”

客户:“××牌的复印机,具有 6 个刻度调整复印的浓度。”

销售人员:“××企业的复印机非由专人操作,任何员工都会去复印,因此调整墨色浓度的刻度过多,员工往往不知如何选择,常常造成误印。我们的复印机浓度调整按键设计有 3 个,一个适合一般的原稿,一个专印颜色较淡的原稿,另一个专印颜色较深的原稿。”

分析:以上两位销售员在面对客户相同的异议时应对是不一样的。第一个销售员没有去深入了解客户真正的异议点在哪,而是直接回答了客户的反对意见,强调自己产品的强大功能,结果引出更多的异议;而第二个销售员并不立即正面回答客户异议,而是通过询问法,把握住客户真正的异议点,通过与其他品牌对比,突出自家产品优势。

(四) 说服成交的技巧

1. 请求成交法

请求成交法又称为直接成交法,这是销售人员向客户主动地提出成交的要求,直接要求客户购买销售的商品的一种方法。

(1) 使用请求成交法的时机。① 销售人员与老客户。销售人员了解老客户的需要,而老客户也曾接受过推销的产品,因此老客户一般不会反感推销人员的直接请求。② 若顾客对推销的产品有好感,流露出购买的意向,发出购买信号,可又一时拿不定主意,或不愿主动提出成交的要求,推销人员就可以用请求成交法来促成客户购买。③ 有时候客户对推销的产品表示兴趣,但思想上还没有意识到成交的问题,这时销售人员在回答了客户的提问或详细地介绍产品之后,就可以提出请求,让客户意识到该考虑购买的问题了。

(2) 使用请求成交法的优点。① 快速地促成交易;② 充分利用了各种的成交机会;③ 可以节省销售的时间,提高工作效率;④ 可以体现一个销售人员灵活、机动、主动进取的销售精神。

(3) 请求成交法的局限性。请求成交法如果应用的时机不当,可能给客户造成压力,破坏成交的气氛,使客户产生一种抵触成交的情绪,还有可能使销售人员失去了成交的主动权。

2. 假定成交法

假定成交法也可以称为假设成交法,是指销售人员在假定客户已经接受销售建议,同意购买的基础上,通过提出一些具体的成交问题,直接要求客户购买销售品的一种方法。例如:“张总您看,假设贵司有了这样的设备以后,是不是省了很多电,成本也会有所降低,效率也提高了,不是很好吗?”把交易成交之后的视觉现象描述出来。

假定成交法的主要优点是节省时间,提高销售效率,可以适当地减轻客户的成交压力。

3. 选择成交法

选择成交法,就是直接向客户提出若干购买的方案,并要求客户选择一种购买方法。如“豆浆您是加两根油条呢,还是加一根油条?”“我们周二见还是周三见?”这都是选择成交法。

销售人员在销售过程中应该看准顾客的购买信号,先假定成交,后选择成交,并把选择的范围局限在成交的范围。选择成交法的要点就是使客户回避要还是不要的问题。

(1) 选择成交法的注意事项。销售人员所提供的选择事项应让客户从中做出一种肯定的回答,而不要给客户拒绝的机会。向客户提出选择时,尽量避免向客户提出太多的方案,最好的方案就是两项,最多不要超过三项,否则你不能够达到尽快成交的目的。

(2) 选择成交法的优点。可以减轻客户的心理压力,制造良好的成交气氛。从表面上看来,选择成交法似乎把成交的主动权交给了客户,而事实上就是让客户在一定的范围内进行选择,可以有效地促成交易。

4. 小点成交法

小点成交法又叫次要问题成交法,或者叫避重就轻成交法,是销售人员利用成交的小点间接地促成交易的方法。

小点成交法的优点是可以减轻客户成交的心理压力。保留一定的成交余地,有利于销售人员合理地利用各种成交信号有效地促成交易。

5. 优惠成交法

优惠成交法又称让步成交法,是指销售人员通过提供一定的优惠条件促使客户购买的一种方法。例如,“张总,我们这一段时间有一个促销活动,如果您现在购买我们的产品,我们可以给您提供免费培训,还有三年免费维修。”优惠条件是附加价值,而附加价值是价值的一种提升。

6. 保证成交法

保证成交法是指销售人员直接向客户提出成交保证,促使客户立即成交的一种方法。所谓成交保证就是指销售人员对客户所允诺担负交易后的某种行为,如:“您放心,这个机器我们3月4号给您送到,全程的安装由我亲自来监督。等没有问题以后,我再向总经理报告。”“您放心,您这个服务完全是由我负责,我在公司已经有5年的时间了。

我们有很多客户，他们都是接受我的服务。”

（1）使用保证成交法的时机。产品的单价过高，缴纳的金额比较大，风险比较大，客户对此种产品并不是十分了解，对其特性质量也没有把握，产生心理障碍成交犹豫不决时，销售人员应该向顾客提出保证，以增强信心。

（2）保证成交法的优点。可以消除客户成交的心理障碍，增强成交信心，同时可以增强说服力以及感染力，有利于妥善处理有关成交的异议。

（3）使用保证成交法的注意事项。应该看准客户的成交心理障碍，针对客户所担心的几个主要问题直接提示有效的成交保证的条件，解除客户的后顾之忧，增强成交的信心，促使进一步成交。根据事实、需要和可能，向客户提供可以实现的成交保证，切实地体恤对方，维护企业信誉的同时，还要不断观察客户有没有心理障碍。

7. 从众成交法

从众成交法也叫排队成交法，是利用顾客的从众心理，促成交易的一种简单方法。从众成交法可以减轻顾客的担忧，尤其是新顾客，大家都买可以增加顾客的信心。但是从众成交法有一个缺点，即可能引起顾客的反从众的心理。别人都买，我选择不买。

8. 机会成交法

机会成交法也叫无选择成交法、唯一成交法、现在成交法、最后机会成交法。例如：“我们这个机器只剩下三台了，我们最后的优惠时间只有一个星期了……”这类话术就是机会成交法。

9. 异议成交法

异议成交法就是销售人员利用处理顾客的异议的机会直接要求客户成交的方法，也可称为大点成交法。因为凡是客户提出了异议，大多是购买的主要障碍，异议处理完毕如果立即请求成交，往往能收到趁热打铁的效果。

10. 小狗成交法

小狗成交法来源于一个小故事：一位妈妈带着小男孩来到一家宠物商店，小男孩非常喜欢一只小狗，但是妈妈拒绝给他买，小男孩又哭又闹。店主发现后就说：“如果你喜欢的话，就把这个小狗带回去吧，相处两三天再决定。如果你不喜欢，再把它带回来吧。”几天之后全家人都喜欢上了这只小狗，妈妈来到宠物商店买下了这只小狗。

这就是先使用、后付款的小狗成交法。有统计表明，如果准客户能够在实际承诺购买之前，先行拥有或体验产品，交易的成功率将会大大增加。

课程思政案例 5-2

何为一名合格保险业务员？

小萍已经从事保险业务 10 多年了，如今已经成为一名非常优秀的保险业务员，并且还担任了公司的培训师。有一次在对新进业务员开展培训时，一名新员工问她：“萍姐，做保险业务是不是一定要像您这样能说会道？”小萍听了后神秘一笑，然后答道：“其实，这是现在的我，以前的我并没有这样的口才，只是对保险业务熟悉了，与顾客交流沟通多了，我自然而然就练就了这样一项本领。表达能力是可以通过反复练习、不断积累经验提高的，但是我想说，一名合格的保险业务员最重要的品质不是口才，而是诚信，这是我 10 多年来的经验总结。我对每一个用户都很用心，在向顾客推荐产品时会根据顾客的情况给予合理的建议，对于保险的条款我也会事先与顾客讲得很清楚，理赔的条件我也会事先跟顾客分析清楚。这点在一开始的时候让我失去了一些客户，因为很多客户觉得这也不能赔那也不能赔我还买保险干什么。也有同事劝我不要这么老实，但是我一直相信保险不是仅为了自己的业绩，更重要的是能真正带给客户有效的保障。所以我一直坚持诚信待人。事实也证明，虽然一开始我损失了一些客户，但凡是购买我推荐的产品的顾客都很信任我，即使我换了公司，他们还是认准我，愿意一直跟我买产品，也愿意介绍他们的亲朋好友给我。所以我认为一名合格的保险业务员首要的品质就是诚信。”

启示：有这样一句话“推销产品，首先要推销自己”。这句话说明了销售员在客户心中树立的形象对产品销售的重要性。很多时候，客户觉得你诚信可靠，就愿意相信你从而相信你介绍的产品，只有建立在信任基础上的买卖关系才是长久的。因此，不管是保险业务员，还是其他行业的销售员，诚信始终应该是秉持的一种职业品质。

思考与练习

一、问答题

请指出以下三种情景各采用的是什么成交法？

情景一：一位化妆品推销员对一位正在比较各种口红颜色的顾客说：“您手上的这支口红适合您的年龄和肤色。来，我帮您试下色。”

情景二：一位面馆的老板问顾客：“先生，是要一个荷包蛋还是两个荷包蛋？”

情景三：“请您现在多进一些货，我们保证这只产品很快就会售完。如果存货变质，我们保证调换新货。如果卖不掉，我们全部收回，保证贵公司没有任何损失。”

二、案例分析

某服装推销员小李为接近一家大商场的采购经理，进行了多次拜访，但都被拒绝了。原因是该商场多年来主要经销另一家公司的服装，认为没有必要改变原有的合作关系。这一次，小李在商场又“巧遇”这位采购经理，他说：“可否给我 10 分钟就一个业务问题提一点建议？”采购经理感到新奇，请小李进他的办公室坐下。小李拿出一种新式领带，请采购经理鉴赏，要求他为这种产品报一个公道的价格。采购经理仔细地检查了每一条领带，然后做出认真的答复。接着，小李又进行了一番讲解。眼看 10 分钟快到了，小李拎起皮包便要走，然而采购经理却留住了小李，开始洽谈，最终以略低于小李

5-2思考与练习答案

的报价订购了一大批领带。

思考：1. 推销员小李在多次拒绝后采用了什么样的方法接近顾客？

2. 小李本次接近后能洽谈成交的关键因素是什么？

任务三 礼仪类文书的拟写

核心概念

请柬和邀请函：两种文书均用于邀约，一般由标题、称谓、正文、结尾、落款组成。

贺信：贺信是在各种喜庆仪式中表示庆贺的书信，一般由标题、称谓、正文、落款组成。

感谢信：感谢信是某人或某单位得到对方的帮助、支持或关怀后公开传播的答谢书信，一般由标题、称谓、正文、落款组成。

学习目标

1. 知识目标

(1) 了解各类礼仪文书的概念。

(2) 了解礼仪文书各文种的特点和适用范围。

(3) 掌握请柬、邀请函、贺信、感谢信的写作结构与写作要求。

2. 能力目标

能运用相关知识，根据实际情况撰写请柬、邀请函、贺信和感谢信。

3. 素养目标

(1) 通过对课程思政案例的学习，理解“请柬”和“邀请函”所蕴含的中华优秀传统礼仪文化，增强文化自信，弘扬中华优秀传统文化，培养守正创新的精神。

(2) 通过“习近平向世界青年发展论坛致贺信”的学习，理解国家对青年的关爱、祝福和期待，理解“推动构建人类命运共同体”的中国智慧，激发努力学习报效祖国的家国情怀，坚定“强国有我”的理想信念，自觉做堪当民族复兴大任的时代新人。

(3) 礼敬中国传统文明礼仪，自愿传承中国礼仪文化，激发明礼、守礼的礼仪意识。

基本知识与技能

一、请柬的拟写

(一) 请柬的概念和特点

1. 请柬的概念

请柬又称请帖，是举办较为隆重的集会或活动时，为了表示对活动的重视和对客人的尊重而专门制发的一种邀请性质的礼仪文书。

2. 请柬的特点

请柬篇幅有限，撰写时应根据集会或活动的性质、内容、对象，措辞严谨，行文应达、雅兼备。一般情况下，请柬具有四个特点：① 礼节性；② 庄重性；③ 公开性；④ 精美性。

课程思政案例 5－3

请柬体现的传统文化

请柬在古时候又称“帖子”，据说早在夏、商、周时期就有类似请柬的“帖子”。“柬”在古代和“简”同义，就是刻在用竹子加工后制成的狭长的片上的书信。在古代，也有用木头写（刻）的请柬，称为“牍”。正因为古人的请柬是刻在竹子或木头上的，刻字不易，所以古代早期请柬的文字非常简洁，只写明活动内容和时间、地点，最后是两句敬语。后来的请柬也延续了这种行文简洁的传统，以至形成了一种文体。

在古代传统中，递送请柬一般是两种方式，一是让人代送，二是本人亲自递送。若是请的人多，通常是让人代送，但是重要的宾客则必须得本人亲自登门递送。对重要的客人亲自送请柬，除了是一种礼节，表示对客人的敬重，还可以当场确认客人能否出席。

启示：请柬作为流传千年的礼仪文书，从它的用材、设计、行文到递送方式，无一不凝结着中华传统文化的精髓。作为中华文化的传承者，在每一次邀约中，写好一份“信、雅、达”的请柬，既体现了对受邀者的尊重，也展现了礼仪之邦的深厚底蕴。

（二）请柬的结构和写作要求

请柬的结构模式：标题＋称谓＋正文＋结尾＋落款。

1. 标题

在封面上写“请柬”（请帖）二字，一般要做一些艺术加工，例如采用美术字体、烫金印制、图案装饰等。

2. 称谓

内页顶格写上被邀请者的姓名（或单位名称），个人的姓名之后要注明对方的职务、职称或“先生”“女士”等称谓，并在称谓后加上冒号。

3. 正文

请柬的正文位于称谓下一行，空两格开始书写，写明活动的内容、时间、地点和其他相关事项。

4. 结尾

请柬的结尾位于正文下一行，空两格开始书写。这部分主要是敬祝语，一般多以“此致敬礼”“敬候光临”“请届时光临”等敬语作结。

5. 落款

请柬的落款位于全文的右下方。落款部分包括邀请单位或个人的名称，并注明发柬日期。必要时可附上联系人、联系电话、地址等。

例文 5-1

××展览会开幕仪式请柬	【标题】
尊敬的×××女士/先生：	【称谓】
××展览会开幕仪式将于 2022 年 3 月 24 日(星期四)上午 9:30 在杭州国际博览中心(浙江省杭州市萧山区奔竞大道 353 号)举行。	【正文】 (概括活动时间、地点和具体内容)
届时敬请光临。	【结尾】
××展览会组委会 2022 年 2 月 8 日	【落款】

二、邀请函的拟写

(一) 邀请函的概念和特点

1. 邀请函的概念

邀请函，也叫邀请信、邀请书，是为了增进友谊、发展业务，邀请客人参加会议及各类活动时所使用的一种礼仪书信。与请柬相比，邀请函除了邀约的功能外，还有向被邀请者交代有关事宜的作用。

2. 邀请函的特点

(1) 礼仪性。邀请函要体现出对被邀请者的礼貌和尊重。虽不像请柬那么庄重严肃，但也必须礼仪周到。

(2) 书信体格式。邀请函在用语上比请柬更质朴，要求有较详细的邀约内容，故采用书信体格式。

课程思政案例 5-4

应用文写作不应生搬硬套

邀请函是日常工作中常用的礼仪文书，一份好的邀请函，可以提高邀请人或单位在被邀请人心目中的地位。很多人在邀请函的写作中存在误区，认为邀请函是最为简单易写的一种应用文书，要么是硬套现成模板，要么全盘借鉴。实际上，套用模式化语言写就的文本已经背离了邀请函礼貌性强、感情真挚、用语典雅的基本原则，且毫无文化意蕴，读来干涩生硬。

启示：《左传》有言："礼，经国家，定社稷，序民人，利后嗣者也。"邀请函作为礼仪文书，既要体现邀约方的友好盛情，也应体现礼仪大国的雅言风采。作为专业写作者，我们不能投机取巧，更不能全盘照搬文书模板，而要扎实自己的文字功底，勤学多练；牢记"博大精深的中华优秀传统文化是我们在世界文化激荡中站稳脚跟的根基"的讲话精神，将传统雅言与现代应用文写作相结合，在继承中发展，在发展中继承，最终形成富于中国特色的应用文书。

(二) 邀请函的结构和写作要求

邀请函的结构模式：标题＋称谓＋正文＋结尾＋落款。

1. 标题

邀请函的标题一般有两种形式：以文种名称作标题，如"邀请函""邀请书"；由发文事由和文种名称共同组成，如《2022碳达峰碳中和路径研讨会邀请函》。

2. 称谓

第二行顶格写出被邀请者的姓名(或单位名称)、职务、职称或"先生""女士"等称谓。如"××大学""××主任"等，并在称谓后加上冒号。

3. 正文

邀请函的正文位于称谓下一行，空两格开始书写，一般包括以下内容：

(1) 说明邀请对方参加什么活动、邀请的原因是什么。

(2) 活动安排的细节和注意事项。例如活动时间、地点、参加人员、人数、活动内容、日程安排、联系方式，若有票、券等物也应同邀请函一并送给对方。

(3) 若相距较远，则应写明交通线路以及来回接送的方式等。

(4) 其他差旅费和活动经费的开销来源等。

(5) 需要受邀者做什么样的准备，如服饰要求、受邀者应准备的文件材料、节目发言等。

(6) 如有必要，可注明请对方予以回复是否出席或其他要求。

4. 结尾

邀请函的结尾位于正文下一行，空两格开始书写。一般写上礼节性的问候语，如"敬候光临""请届时光临"等敬语。有些邀请函不加结尾，干净利落。

5. 落款

邀请函的落款位于全文的右下方。

落款部分应署上邀请单位或个人的名称，并注明发函日期，邀请单位还应加盖公章，以示慎重。必要时可附上联系人、联系电话、地址、E-mail等。

例文 5-2

2022年中国××行业发展研讨会邀请函	【标题】
尊敬的××女士/先生：	【称谓】
您好！为了认真贯彻党的十九届四中全会精神，推进中国××行业发展，建立中国××行业话语体系，深化××行业	【正文】

的内涵建设，中国××行业指导委员会特举办“2022 年中国××行业发展研讨会”。本次研讨会定于 2022 年 3 月 17 日至 20 日在浙江省杭州市举行，会议由中国××行业指导委员会主办，由××有限公司承办。鉴于您在本行业中的重要影响，我们诚邀您参加本次研讨会，共同商议相关问题。 现将会议有关事项函告如下： 一、会议主题 ×××× 二、会议时间 2022 年 3 月 17 日—20 日(3 月 17 日全天报到) 三、报到地点 浙江省杭州市西湖区××大酒店一楼 四、会议地点 浙江省杭州市西湖区××大酒店 五、研讨的基本形式 1. 会员分场：会员单位围绕议题，分场研讨。 2. 专场论坛：根据提交的问题，专场研讨(限 20 人)。 六、会议费用 本次研讨会收取会务费，常务理事、理事及其他参会者标准为 800 元/人，收取的会务费用于本次会议的餐费、资料费、场地费、市内交通费等项支出，不足部分由主办单位补贴。城际交通、住宿等费用一律由参会代表自理。 七、参会办法 1. 网上申请：http://www.job××××.com。 2. 填写《会议回执》，于 2022 年 3 月 10 日之前提交会务组邮箱×××××××@163. com，会务组将根据《会议回执》发送正式邀请函。 八、联系方式 地址：××××××××××××× 邮编：×××××× 联系人：××× 电话：××××-×××××××× 电子邮箱：×××××××@163. com 附件：1. 会议回执(略) 中国××行业指导委员会(章)　××有限公司(章) 2022 年 2 月 10 日　2022 年 2 月 10 日	(分条列项地说明活动的主要信息和情况，语言精练，条理清晰) 【落款】 署上邀请单位的名称，并注明发函日期，邀请单位还应加盖公章

(三) 请柬与邀请函的异同

请柬和邀请函都属于礼仪文书，二者有某些相似相通之处，也有许多不同之处，如表 5 - 1 所示。

表 5 - 1 请柬与邀请函的异同

项目		请柬	邀请函
相同点	功能	都是邀请对方参加某项活动的书面信件，可直接散发或间接传送，也可作为入场的券证或报到的凭证	
	特点	都必须体现庄重性、明达性和美观性的特点	
	写作要点	两者在标题、称谓、结尾、落款上有相似之处	
不同点	使用人和使用范围	单位、个人都适用，偏重用于礼节性活动	多为单位发出，侧重邀请参加大型公务活动
	正文内容	内容较为精简，结构单一，篇幅短小	内容更详细，多采用条款式、分段式结构。
	落款	多数不盖公章	单位发送的邀请函必须加盖公章
	语言特征	更讲究文字的达雅兼备，语言简洁、庄重、文雅，以文言词语为佳，但忌晦涩难懂	用词准确平实，表意周全，敬语有度，语气得体

三、贺信的拟写

(一) 贺信的概念和特点

1. 贺信的概念

贺信是向取得重大成绩、做出卓越贡献的有关单位或人员表示祝贺或庆贺，或者对重要的会议、节日、喜庆仪式等表示祝贺的一种礼仪文书。

2. 贺信的特点

(1) 祝贺性。发出贺信的目的是恭贺对方，为对方取得成就增加喜庆气氛，增进相互间的感情。语言应简洁明快，感情要真挚饱满。

(2) 信电性。庆贺者发出贺信是由于不能当场向受贺者表示祝贺。贺信通过人工投递或电子邮件送抵受贺者手中。同时，发出贺信需要把握祝贺的时机。

课程思政案例 5 - 5

习近平向世界青年发展论坛致贺信

“希望世界青年发展论坛成为世界青年助力全球发展、全球共促青年发展的重要平台，为世界人民团结发出青年之声，为全球发展进步注入青春之力。”2022

年7月21日，国家主席习近平向当天在北京隆重开幕的世界青年发展论坛专门发来贺信，对论坛的开幕表示热烈的祝贺，并向参加论坛的各国嘉宾和青年朋友们表示诚挚的欢迎。习近平主席的贺信立即在海内外广大青年中引发热烈反响。大家纷纷表示，要为推动构建人类命运共同体贡献青春力量，共同谱写世界青年团结合作的时代新篇章。

启示：习近平总书记向世界青年发展论坛致贺信，引发了海内外广大青年的热烈反响，可见贺信不仅可以表达庆贺，也可以起到促进交流、传达祝福、寄托希望等作用。习近平总书记在贺信中指出“青年代表希望，青年创造明天”，传达了对世界青年发展的关心和支持，表达了对世界青年参与全球治理、促进自身发展、创造共同未来的殷切期待。

(二) 贺信的结构和写作要求

贺信的结构模式：标题＋称谓＋正文＋落款。

1. 标题

贺信的标题用较大的字体写在第一行居中位置，一般有以下几种形式：

(1) 发信者＋受信者＋文种，如《××省教育厅致全省教师的贺信》。

(2) 发信者＋事由＋文种，如《××省教育厅教师节贺信》。

(3) 发信者＋文种，如《××公司贺信》。

(4) 直接由文种“贺信”构成。

2. 称谓

称谓写在标题下方左侧顶格位置，写明受信者的单位全称或个人姓名。个人姓名后可加上“女生”“先生”“同志”等尊称以示礼貌。称谓后加上冒号。

3. 正文

称谓下另起一行空两格开始写。开头先阐明祝贺的缘由，表示热烈祝贺，如“值此……之际，谨代表……向……表示热烈祝贺”；主体结合形势，概括分析所祝贺事项的重大意义，肯定成绩；结尾通常采用祝愿、鼓励的话语作结，如“祝取得辉煌的成绩”。

4. 落款

落款包括署名和日期。在正文的右下方写明发信者的单位名称或个人姓名；署名之下写明成文日期。

例文 5-3

泰州市委、市政府贺信	【标题】 （“发信者＋文种”）
中国国家女子足球队张峻教练并王晓雪队员：	【称谓】
新春佳节，捷报传来。在刚刚结束的2022年女足亚洲杯	【正文】

上，中国女足敢打敢拼、连克强敌，时隔 16 年，铿锵玫瑰在绿茵场上绚丽绽放，重回亚洲巅峰。在此，我们谨代表 500 万家乡人民，向你们表示热烈的祝贺，致以诚挚的问候！ 从逆转，到绝杀！中国女足以惊艳的表现和史诗般的胜利，完美诠释了坚韧不拔、永不言败的女足精神，传递着震撼人心的中国力量。张峻教练多年来默默付出、辛勤耕耘，为女足发展培养了一批又一批优秀队员，为此次夺冠立下汗马功劳。王晓雪队员在决赛中首发出场，关键时刻用身体“堵枪眼”，力保球门不失，生动展现了泰州人“三个不相信”的精神特质。我们相信，进入新时代，女足精神还会历久弥新、不断丰富，鼓舞足球之外的更多勇于拼搏、敢于追梦的奋斗者！ 衷心希望你们继续保持斗志、接续奋斗，为中国女足冲击更高荣誉贡献更多力量，在更高水平的舞台上绽放更加夺目的光彩！衷心祝愿你们万事如意、事业辉煌、阖家幸福！	（突出三方面：一是表达热烈祝贺之情；二是充分肯定受信者的重要贡献；三是提出鼓励、希望）
中共泰州市委（章）　　泰州市人民政府（章） 2022 年 2 月 7 日　　2022 年 2 月 7 日	【落款】

四、感谢信的拟写

（一）感谢信的概念和特点

1. 感谢信的概念

感谢信是对关心、帮助、支持本单位或个人的单位或个人表示衷心感谢的礼仪文书。感谢信同时具有感谢和表扬两种功能，但更侧重感谢。

感谢信可以分为三种形式传播：一是直接寄送给对方本人或其所在单位；二是在对方单位或所在地的特定场所公开张贴；三是寄送给媒体公开传播。

2. 感谢信的特点

（1）公开感谢和表扬。

（2）感情真挚热烈。

（3）内容具体真实。

课程思政案例 5-6

写感谢信比你认为的更有力量

《心理科学》杂志在 2018 年 9 月曾发表一项研究表明，感谢信对发送者和接收者都有很强的心理效应。虽然大多数人都了解表达感谢是一种友好的姿态，但许多人却很难做到。为了研究感谢信对写信、收信双方的影响，某大学的研究人员让334位受调研者给帮助过他们的人写一封感谢信，然后在几个方面猜测收信人的反应。例如：阅读感谢信会让他们感到尴尬吗？这个做法会影响他们的情绪吗？研究人员随后跟踪研究了发出和接受感谢信的人，以确定他们的实际反应。不出所料，写信的人感觉更积极了，而收信人收到这封信时不仅不会感到尴尬，反而受到了很多积极影响。研究人员称，了解了感谢信的积极影响可以让人们更愿意去写感谢信。所以，花点时间写封感谢信，这对大家都有好处。

启示：感谢信是表示谢意的礼仪文书。一方受惠于另一方，应及时地表达感激，既表达出受惠方“知恩图报”的积极姿态，又使对方在付出相应的劳动后得到心理上的慰藉，进而形成良性互动，增进彼此的友谊。一封好的感谢信，不仅要表达出真切的谢意，而且要起到表扬先进、弘扬正气的作用。

（二）感谢信的结构和写作要求

感谢信的结构模式：标题＋称谓＋正文＋落款。

1. 标题

感谢信的标题用较大的字体写在第一行居中位置，一般有以下三种形式：

（1）感谢者＋感谢对象＋文种，如《×××致××公司的感谢信》。

（2）感谢对象＋文种，如《致××同志的感谢信》。

（3）直接由文种“感谢信”构成。

2. 称谓

称谓写在标题下方左侧顶格位置，写明感谢对象的单位全称或个人姓名，个人姓名后可加上“女士”“先生”“同志”等尊称以示礼貌。称谓后加上冒号。

3. 正文

称谓下另起一行空两格开始写。正文的主要内容包括：

（1）感谢的缘由。用简练的语言交代事由，陈述事实，准确交代清楚人物、时间、地点、过程、结果等基本情况以及对方的帮助。

（2）对对方帮助的诚恳评价。肯定对方的行为，表达对方的帮助对整个事件成功的重要性以及体现出的重要意义和可贵精神。

（3）表达感谢。在行文过程中直接向对方表达感谢之意，同时表现出向对方学习的决心。结尾处写上表示感谢、感激的话语，一般可用“再次表示诚挚的敬意”“表示由衷的感谢和无限的敬意”等，也可另起一行用“此致 敬礼”结束全文。

4. 落款

落款包括署名和成文日期。

在正文右下方写明致谢者的单位全称或个人姓名，并加盖单位公章或个人签章，署名之下写明成文日期。

例文 5-4

感谢信	【标题】
中共××区委、区人民政府：	【称谓】
春风无限潇湘意，欲采蘋花不自由。 面对突如其来的新一轮疫情，你们主动扛起责任、勇挑重担，向“疫”而行、迎“疫”而进、冒“疫”而忙。在你们的统一指挥、全面部署下，立体、精准的防控工作体系迅速形成，有效阻断疫情传播，共筑疫情防控的铜墙铁壁。 面对骤然降临的封控、隔离，××街道及××社区的广大党员干部带头拼搏、冲锋陷阵，“天使白”“守护蓝”“志愿红”迅速集结，誓言铿锵、丹心闪耀。“我是党员我先上”“疫情不退我不退”。一食一饭、一清一扫，是你们对××巷×号的特殊守望，更是伟大抗疫精神的生动诠释。 等闲识得东风面，万紫千红总是春。 全面服务和参与驻地的经济社会建设，我们责无旁贷、义不容辞。打造现代化新××建设标杆区，与最“优”者对标、与最“强”者比拼、与最“快”者赛跑，我们定当与你们乘此春风，“芙”摇直上，“蓉”耀与共，共同为“首善之区”的高质量发展、高品质生活、高效能治理极尽智慧、竭尽力量。 衷心感谢和衷共济、同心战“疫”！ 衷心祝福××区里尽朝晖、更美好！	【正文】 （感谢信要先“感”后“谢”） （先交代事由，再对方陈述事迹，之后做出评价，最后表达谢意）
××省××厅（盖章） 2022年×月×日	【落款】

思考与练习

一、不定项选择题

1. 请柬的结构主要包括（　　　　）。

A. 标题　　B. 称谓　　C. 正文　　D. 结尾

E. 落款

2. 邀请函的结构主要包括（　　　　）。

A. 标题　　B. 称谓　　C. 正文　　D. 结尾

E. 落款

3. 请柬的特点有（　　　　）。

A. 礼节性　　B. 庄重性　　C. 公开性　　D. 精美性

E. 复杂性

4. 邀请函的特点由(　　)。

A. 礼仪性　　B. 简洁性　　C. 书信体格式　　D. 文雅性

5. 下面关于感谢信的说法正确的是(　　)。

A. 感谢信以感谢为主,兼有表扬,所以表达谢意时要真诚得体。

B. 感谢信的内容要真实,评誉得当。

C. 感谢信的语言要辞藻华丽、极尽雕饰。

D. 感谢信的语言应精练、简明,不必过分雕饰。

6.下面关于贺信的说法正确的是(　　)。

A. 贺信是一种礼仪文书。

B. 贺信可以由上级写给下级,也可以由下级写给上级。

C. 贺信的语言要求简洁明快、言简意赅。

D. 贺信应表达真挚、饱满、充沛的感情。

二、病文修改

邀 请 函

亲爱的刘女士:

为了弘扬杭州茶文化,凸显文化韵味,提高广大群众对茶历史的认知,进一步提升杭州西湖龙井的茶文化品牌形象。因此,我院决定于 2022 年 5 月举办××大学新闻与文化传播学院 2022 年文化创意产品设计大赛。为此,特邀请您作为大赛评委参加本次活动。

特此通知。

××大学新闻与文化传播学院

2022 年 5 月 5 日

三、简答题

请简要说明请柬和邀请函的异同点。

5-3思考与练习答案

模块六

工作汇报

- 模块六
  - 任务一
    - 做好汇报准备工作
    - 工作汇报的基本结构和写作要求
  - 任务二
    - 工作计划的拟写
    - 工作总结的拟写
  - 任务三
    - 工作报告的拟写
    - 调查报告的拟写
    - 可行性研究报告的拟写

任务一　工作汇报的技巧

核心概念

工作汇报：包括开头、主体和结尾三大部分。

学习目标

1. 知识目标

（1）了解工作汇报的作用。

（2）理解工作汇报的重要性。

（3）掌握汇报准备工作的要点，以及工作汇报的基本框架和主要内容。

2. 能力目标

能运用相关知识，完成模拟工作汇报的全过程。

3. 素养目标

通过对汇报时长和汇报内容的案例分析，提升说话艺术，培养严谨的逻辑思维以及追求卓越、精益求精的职业品质。

基本知识与技能

一、做好汇报准备工作

工作汇报是基于前期了解、调研或实践，向上级正式陈述有关工作的进展或结果，以争取获得上级认可、支持、批准或授权，进而推进下一阶段的工作的口头表达形式或书面材料。在工作汇报前要想清楚关键要点，并在关键要点的基础上做精心准备。

（一）思路清晰、讲述到位

1. 思路清晰

在工作汇报之前，汇报者一定要思考清楚要汇报的内容。只有思路清晰，才能讲得明白。很多时候，我们之所以汇报不到位，就是因为没有事先思考清楚。对一个问题的思考至少包括主体目标、主要内容、关键环节、核心问题、具体诉求等。

2. 表述到位

在汇报时，汇报者要围绕主体目标、主要内容、关键环节、核心问题、具体诉求一一讲述，力求清楚、明确。

（二）“五类”问题，提前预热

1. 注意调整心态

兵法云：“战略上藐视敌人，战术上重视敌人”。战略上要藐视，要有一颗平常心，让自己淡定从容，心态良好；战术上重视，指的是要做好充分准备，不打无准备之战。所以，对于工作汇报不能过于随意，只有做好充分准备，保持好良好的心态，才能在汇报中发挥出正常水平。

2. 选择汇报时机

(1) 汇报程序化。给领导汇报时应尽量能做到程序化。比如：固定每周一上午上班1小时后，给领导汇报本周的工作计划。

(2) “3个数字”原则，即1%、50%、100%法则。1%是指事先汇报，让领导确认。工作汇报时要充分了解企业、部门的整体布局和领导要求的基础上明确任务要点，听取领导意见和建议，待领导确认；50%是指事中汇报，让领导有底。例如，某项工作任务重、时间长，当工作完成到50%的时候，我们应该向领导汇报工作进度，以便领导能及时掌握工作进程。此时若遇到困难，也可以及时得到领导的支持和帮助。100%是指件件有回应，事事有着落。每项工作无论大小，只要是领导交办的事，不管是成绩经验还是失败教训，都应该事事有回应，让领导放心。

3. 熟悉领导类型

领导的工作风格有多种类型，孰优孰劣并没有统一标准，懂得根据领导的不同工作风格来汇报工作，定能起到事半功倍的效果。如对于注重细节的领导，汇报者要有条理、按顺序铺开，每个具体过程和细节汇报都不能漏掉；对于注重整体的领导，汇报者要选择要点，简明扼要地汇报，要让对方能直接抓住要害；对于注重控制的领导，汇报的频率就要高些，要经常请示汇报；对于放任风格的领导，汇报的次数要少一些，只在重要节点汇报即可。所以，平时在汇报时，汇报者要多留心留意，了解不同领导不同的个性特点和工作风格，因人而异，才能有的放矢。

4. 掌握汇报时长

汇报在讲清楚工作的前提下，删繁就简，言简意赅。日常在向领导汇报工作时，一定要控制好自己的汇报时间，突出重点，提升效率。

案例分析 6-1

最近，某商业综合体床上用品区的销售业绩不理想。领导让该区域市场部负责人顾叶做好调研，近日向其汇报下一步市场拓展思路。

三天后，顾叶向领导汇报：“我们的床上用品市场拓展可以从以下几点着手。一是走环保路线。低碳环保是当下的流行趋势，也是顺应我们提升生活品质的要求。我们在床上用品面料选择上要坚持和突显‘低碳环保’的理念。二是床上用品应该突出销售主题，如温馨型、季节限定型、浪漫型、简约型等。三是要准确掌握市场动态，如流行款式、色系等。四是要加大资金投入，用于搞市场调研、邀请高级设计师、开展直播电商营销……”

领导听完顾叶的汇报后，说：“好，你讲得很好，接下去你写一个详细的计划书吧。”

分析：顾叶在汇报前做好了充足的准备，她的语言很简洁，逻辑性清晰，有很强的说服力。

案例分析 6-2

贾红是某商业综合体实体店的市场部经理。这天，领导把他叫到办公室，问："目前，电商对我们实体店的冲击非常大。作为市场部经理，你对我们店的市场拓展有何想法，说来听听。"

贾红回答说："我觉得我们店的纯实体销售模式已经过时了。所以，我们应该引进直播电商技术，并加大资金投入。我相信不出几年，我们店的销售额一定会直线上升……"

贾红侃侃而谈讲了10多分钟，但全是一堆大道理，没有实质性的改进措施。领导听得不耐烦了，打断他说："好啦，你不用再说了。"

分析：贾红没有把握好汇报时长，而且说话过于空洞，没有明确的目标，没有具体详细的实施方案，所以他的汇报是失败的。应该引进怎样的直播电商技术？哪些产品引进直播电商技术？投入多少资金？预计多久达到多少市场占有额？……这些具体改进措施在汇报前都应该明确，而且应该抓住重点汇报，并把握好汇报时长。

5. 明确汇报内容

一次成功的工作汇报，至少包括"观点鲜明、事实明确、建议可操作"三点模式。观点鲜明是汇报工作的核心思想；事实是证明观点的论据；建议是基于观点、事实的，建议是对对方要采取的行动。

案例分析 6-3

董事长问总经理："最近公司的整体情况怎么样？"

总经理说："最近我们研发部的表现不错，新研发的两款床上用品面料得到了权威部门的认证和认可。还有，我们这个月的销售额也较上一季度有较大幅度增长。"

董事长满意地点了点头，说："很好！大家辛苦了！"

"但是，最近我们广告部的表现不怎么理想"，总经理接着说："主要是因为宣传渠道太窄。传统的线下宣传模式已不能满足当前产品推广的需求，我们应该开拓一些线上宣传渠道，比如利用社交平台进行推广，开发新客户群体。"

"好的，那你回去与广告部沟通下，写个详细的解决方案吧。"董事长说道。

分析：总经理的汇报目的很明确，他先汇报了做得好的方面，然后汇报有待改进的方面，并且找出了原因，提出了相应的解决方案。从心理学的角度来看，当人们先听到好消息后，会产生一种良好、积极的心理，进而更容易接受坏消息。所以，当领导听完好消息后，对后面需要改进的消息也就更加容易接受了。

二、工作汇报的基本结构和写作要求

工作汇报的基本结构包括开头、主体和结尾三大部分。

(一) 开头

向领导汇报工作,往往以领导的要求开头,帮助领导回忆工作项目。例如:"罗处长,上次您要求从学院和分院两方面分析本次全省教师职业技能比赛取得成绩进行总结,您说需要形成书面的材料,我已经写完了,现在想给您汇报一下。"上述开头,既快速帮助领导回忆工作项目,体现对领导要求的重视,快速引入汇报内容,又能满足领导的时间预期。

(二) 主体

汇报的主体部分,讲求"观点、事实、建议"六字法则。

1. 讲好观点

讲好观点有两个要求:一是观点要简明扼要;二是在汇报时,要观点先行,也就是先说结论,再展开论证。

案例分析 6-4

小安要就延迟召开教师职业技能比赛座谈会向处长汇报。小安说:"罗处长,因为过几天就是国庆长假了,我和各位参加竞赛的教师对接了,他们说长假前课程比较多,没有时间准备,而且其中有1位老师外出参加专业建设会议了,还有座谈会材料我也没有准备完善。此外,您上次说10月初要出台新的教师职业技能比赛的文件……"小安滔滔不绝,罗处长听得紧皱眉头。

分析:小安逻辑不清,表述啰唆,让人不知道她要说什么。其实,小安的目的是建议推迟会议召开时间,这个主要观点应该在最开始时就提出来,再一一说明理由。

案例分析 6-5

小安正在和处长汇报工作:"罗处长,关于教师职业技能比赛座谈会,我建议推迟到十月中旬再召开。原因有三点:一是部分教师没有时间……;二是准备工作还没有到位……;三是学院计划出台新的比赛文件,将在十月初出台,可能会有一些新的激励措施。您看怎么样?"

分析:小安一开始就说明其汇报主要观点——推迟会议召开时间,然后分点叙述理由,逻辑和表述都非常清晰。

2. 事实清晰

没有论据,可能会造成领导的不信任。因此,汇报的事实内容翔实,要有详细数据、有案例支撑、有细节展示。此外,汇报工作的过程中不要使用"大概、可能、估计、差不多、我以为”等不确定的或主观的词语，要用肯定的语气。

3. 建议可操作

建议是体现汇报者能力和水平的关键。汇报时只有把建议说明白，并被领导采纳，汇报才算完成。可操作体现在：提出的建议是针对前面事实、观点的，是结合实际问题而提出的；建议应该是可行的，是能实际操作的，否则建议就失去了本质意义。

（三）结尾

1. 要有请示和表态

汇报者征求领导的意见与要求，并当场表态目的是让领导放心、满意。例如：“王院长，您看这篇材料还有什么地方需要改进或完善吗？如需修改，我明天再进行修改，后天上午九点前交给您！”

2. 替领导做好总结

汇报者汇报结束后，应快速做一番总结，将领导的要求、意见进行归纳。例如：“罗处长，刚才您提到的关于课程改革的三点建议，回去我立即执行，您看我理解得对不对，还需要做什么？”

思考与练习

一、不定项选择题

1. 工作汇报的基本框架包括（　　）。

A. 开头　　B. 主体　　C. 结尾　　D. 告别

2. 下列有关工作汇报的说法，正确的是（　　）。

A. 注意调整心态　　B. 选择汇报时机

C. 熟悉领导类型　　D. 掌握汇报时长

E. 明确汇报内容

3. 工作汇报的六字法则是（　　）。

A. 观点　　B. 事实　　C. 简明　　D. 建议

二、判断题

1. 3个数字法则的1%是指汇报时只能有一个主题观点。（　　）

2. 3个数字法则中的50%是指工作进行到一半时，汇报者要主动向领导汇报工作进展。（　　）

3. 3个数字法则中的100%是指工作汇报中要件件有回应，事事有着落。（　　）

4. 对于注意细节的领导，汇报者要事无巨细，把每个环节都详细展开汇报。（　　）

5. 对于放任风格的领导，汇报的次数要少一些，只在重要节点汇报。（　　）

三、案例分析题

案例1：“王总，我感觉最近公司同事的工作状态不如以前，迟到早退现象时有发生，您看我该怎么办？”

案例 2:“王总,我感觉最近公司同事的工作状态不如以前,迟到早退现象时有发生。我这几天也私下和大家了解了一些:主要是因为受疫情影响,公司业绩有所下降,大家担心公司的生存问题。我觉得我们是时候提高团队士气了。我有两个方案:一是搞一个户外团建活动,鼓舞士气,加强团队凝聚力;二是搞个团队座谈会,让大家总结和交流业绩提升的做法和经验,相互学习,形成良好的竞争氛围。您看哪个方案比较好?如果可以,我今晚再把具体的活动方案写出来,明天给您看。”

请问:以上案例中两个汇报形式,你觉得哪个比较好?请说明理由。

6-1思考与练习答案

四、实务题

学期末,你需要向任课老师汇报你对本课程的学习情况。请你制做 PPT,并向任课老师进行汇报。

任务二 计划、总结类文书的拟写

核心概念

1. 工作计划的基本结构:包括标题、正文和落款三个部分。

2. 工作总结的基本结构:包括标题、正文和落款三个部分。

学习目标

1. 知识目标

(1) 了解计划、总结类文书的概念和分类。

(2) 掌握工作计划和总结的写作结构与写作要求。

2. 能力目标

(1) 能运用相关知识,根据实际情况拟写工作计划和总结。

(2) 能运用相关知识,进一步提高自己发现问题、分析问题、解决问题的能力,提升职场竞争力。

3. 素养目标

(1) 通过对“历史典故”的学习,领悟“凡事豫则立,不豫则废”的古人智慧,加强对中华优秀传统文化的学习,坚定文化自信。

(2) 通过对“最牛校长”故事的学习,理解“以人民为中心”的发展理念在校园安全建设中的具体应用,向榜样学习,养成“早谋划,早准备”“服务社会、服务人民”的良好工作习惯和正确的职业价值取向。

(3) 通过对“善于总结历史经验是中国共产党的制胜法宝”资料的学习,理解“从感性认识上升到理性认识”的重要性,理解“重视并善于总结,明确前进的正确方向和正确道路”是中国共产党百年奋斗形成的优良传统，也是中国共产党在领导中国革命、建设、改革中取得一个又一个胜利的制胜法宝，自觉传承、弘扬中国共产党的优良传统和意志品质。

基本知识与技能

一、工作计划的拟写

（一）工作计划的概念

工作计划是对一定时期的工作预先做出的安排和打算。工作计划不仅有利于组织更高效地运营，有利于员工更加明确、高效地工作，更为管理者将来对员工实施绩效考核提供了考核目标和考核标准，使考核更加科学化、规范化，更能保证考核的公正、公开与公平。

课程思政案例 6－1

名言：

子曰：“人无远虑，必有近忧。”——《论语·卫灵公》

凡事豫则立，不豫则废。——《礼记·中庸》

一个人不能没有生活，而生活，也不能没有意义。做一件事，说一句话，无论事情的大小，话语的多少，你都得自己先有了计划，先问问自己做这件事、说这句话有没有意义，这是你开始奋斗的基础。——戴尔·卡耐基

蜜蜂建造蜂房的本领使人间的许多建筑师感到惭愧。但是，最蹩脚的建筑师从一开始就比最灵巧的蜜蜂高明的地方，是他在用蜂蜡建筑蜂房以前，已经在自己的头脑中把它建成了。——卡尔·马克思

虽然计划不能完全准确地预测将来，但如果没有计划，组织的工作往往陷入盲目，或者碰运气。——哈罗德·孔茨

历史典故：

未 雨 绸 缪

周武王灭纣后，封管叔、蔡叔及霍叔于商都近郊，以监视殷遗民，号三监。武王薨，成王年幼继位，由叔父周公辅政，致三监不满。管叔等散布流言，谓周公将不利于成王。周公为避嫌疑，远离京城，迁居洛邑。不久，管叔等人与殷纣王之子武庚勾结行叛。周公乃奉成王命，兴师东伐，诛管叔、杀武庚、放蔡叔，收殷余民。周公平乱后，遂写一首《鸱鸮》诗与成王。诗中有一句说：“迨天之未阴雨，彻彼桑土，绸缪牖户。今女下民，或敢侮予？”这也是成语“未雨绸缪”的出处，意思是趁着天晴未下雨，修补窝巢，才不怕侵害。比喻事先准备，防患于未然。周公的诗有劝诫讽谏之意，望成王及时制定措施，以止叛乱阴谋。

启示：做任何情都应该事先做好准备，做好计划，以免临阵手忙脚乱。

课程思政案例 6-2

“最牛校长”的故事

叶志平是四川省绵阳市安县桑枣中学的校长。在汶川大地震发生以前，有不少学生家长都叫他“不务正业”的校长。这个称呼的来源于他担任校长期间除了严抓教学工作，还执着于校内安全工作、执着于加固校舍、执着于校内安全应急训练。不少学生家长说他“不务正业”！

叶志平为什么要经常性举行安全演练，跟学校的教学楼问题有关。叶志平担任校长期间，学校有的教学楼已经属于危房了，容易发生坍塌事故，且四川又属于地震多发地带。一旦发生坍塌或者地震很容易造成师生的伤亡，所以他一边找教育局要经费来加固老旧教学楼，一边组织全校师生进行安全演练！这样的安全演练在桑枣中学基本上一两年就有一次，到了 2005 年以后，学校每年都要组织全校师生进行安全演练！

在平时的安全演练中，叶志平认为有三点是最为关键的。一是每个年级、班级到达操场后都有固定的位置。方便老师清点人数和相互照应；二是学生出教室的规矩是前面四排从前门出，后面四排从后门出，因为每个教室刚好是八排。三楼以下的学生跑出教室门要以最快的速度到达操场。三楼以上的教室学生可稍微放慢脚步，以防止楼道拥挤；三是每个楼道的转角处都有一个指挥的老师，可以很好地保护学生，一旦发现学生拥挤或倒地现象，可以第一时间把学生扶起来，防止踩踏事件的发生。

“5·12”汶川特大地震来袭时，该校 2 200 余名师生全部冲到操场，创造了“零伤亡”的奇迹。汶川地震发生以后，叶志平的事迹经过众多的报道，他本人被网友、国民、家长称为“最牛校长”。

启示：这既是汶川大地震时发生的一个奇迹，也是叶志平校长对学生的一份责任心。正是这份责任心，救下了这 2 000 多名师生，并直接影响了全国人大对《防震减灾法》的修改。以桑枣中学为代表的学校安全教育成果得到了社会的广泛关注和借鉴。如果没有叶校长的未雨绸缪和坚持不懈的安全演练，就不会有全校师生“零伤亡”的奇迹。因此，计划是做好任何工作的前提。

（二）工作计划的分类

在工作中，计划有许多不同种类，它们不仅有时间长短之分，而且有范围大小之别。从计划的具体分类来讲，比较长远、宏观的为“规划”，比较切近、具体的为“安排”，比较繁杂、全面的为“方案”，比较简明、概括的为“要点”，比较深入、细致的为“计划”，比较初步、粗略的为“设想”。无论何种名称，都属计划的范畴。

根据不同的角度，工作计划可以分为以下类型。

按时间的长短来分，计划可分为长期工作计划、中期工作计划和短期工作计划。

按紧急程度来分，计划可分为普通的、紧急的、非常紧急的工作计划。

按制订计划的主体来分，计划可以分为自己制订的工作计划、上司下达的工作计划，以及同等职位请求协助完成的工作计划。

按任务的类型来分，计划可分为日常的工作计划的和临时的工作计划。

（三）工作计划的结构和写作要求

工作计划的范围一般都是一个单位或部门的工作，写作内容比较正规、具体、深入。工作计划的基本结构包括标题、正文和落款三个部分。

1. 标题

工作计划的标题包括单位名称、时限、内容范围和计划种类等，如《××公司 2023 年度工作计划》。

2. 正文

工作计划正文包括开头、主体和结尾三个部分。

（1）开头。开头主要用于说明制订工作计划的依据，以及上级的指示精神，然后根据当前面临的形势，分析主客观条件，说明总体目标和完成计划指标的意义。

（2）主体。主体即工作计划的主要内容，主要阐述三方面内容。一是“做什么”，即目标是什么、任务是什么。二是“做到什么程度”，即过程中的工作要求是什么。三是“怎么做”，即工作的主要措施与途径是什么。主体内容既要写得具体，又要重点突出。具体要求如下：

① 注重预见性、导向性、可行性。一是预见性。工作计划是对将要开展工作的相关任务、目标、方法、措施等，按照客观事物发展规律，做出的预见性安排。因此，在写作之前一定要把预见性问题搞得清清楚楚、明明白白。二是导向性。工作计划是具体工作的行动书、路线图、指南针，具有明确工作方向、指导工作推进的重要用途。三是可行性。“行”指的是切实可行。工作计划只有切实可行，才有意义和价值。好的工作计划，要根据新情况、新变化、新问题等进行谋划，并能见之于行动。

② 明确五个具体事项。一要明确目标内容。工作计划是对未来工作的一种设想。因此，写作时必须描绘出一定时间内所要完成的目标、任务和应该达到的要求，并且要具体明确、指向清楚。二要明确方式方法。主要是指工作计划要实现既定目标想采取哪些手段、动用哪些资源、创造哪些条件。要根据客观情况和工作实际，将“如何做”写得明白具体、切实可行。三要明确任务分工。就是要解决“谁来做”的问题。工作计划中哪些由谁负责、如何分配等，行文时一定要分清楚。四要明确工作进度。工作有缓急、主次、先后之分，工作计划也要把有关的进度要求写明白。要明确各项工作完成的时间节点和主要步骤，确保各项任务有条不紊地完成。五要明确责任考核。工作计划中要把责任人、考核办法、奖惩措施等内容写具体，以便为日后检验工作落实情况提供重要依据。

③ 制订卓越计划的原则。SMART 原则是管理学大师彼得·德鲁克提出的卓越计划的原则。其内容包括：

S：(specific)，即明确性。计划的目标要清晰明确，要让考核者与被考核者能够准确理解目标；计划越大越复杂，可能遇到的问题就会越多越复杂。在制订计划前，需要预估可能遇到的问题，为可能出现的问题做好准备。要写好预案，做好充分的思想准备。要相信组织有能力一步一个脚印地去实现计划中的一个又一个目标。

M：(measurable)，即可衡量性。计划指标要量化，考核时可以采用相同的标准准确衡量。在绩效计划中制订的考核指标，一定是在工作结束后可以明确的、可衡量的、无争议的。“可测即可得”，如果指标不是量化的数字而是形容词“更好”“更快”“更努力”，则计划的执行肯定会打折扣。每一项工作计划都要制定阶段性的指标，这样才能实现对过程的管理，及时发现问题和差距。

A：(attainable)，即可实现性。计划的目标是通过努力可以实现的。目标不能过低或偏高，偏低了无意义，偏高了实现不了，绩效指标在付出努力的情况下应该是可以实现的目标。如某公司在 2021 年制订销售计划时提出了销售额 8 000 万元的目标，而 2022 年却提出销售额要达到 2.2 亿元的目标，这个目标一般情况下是很难实现的。制订不切合实际的目标只能让团队失去信心和勇气。计划的工作目标和绩效指标，一定是员工能够控制的，要界定在员工职责和权利控制的范围之内。也就是说要与员工的工作职责和权利相一致，否则就难以实现绩效计划所要求的目标任务。同时，确定的目标要有挑战性，有一定难度，但又可实现。目标过高，无法实现，不具有激励性；目标过低，不利于公司绩效成长。

R：(relevant)，即相关性。计划的组织目标与相应的资源要和个人工作能力相结合。如果团队的能力跟不上企业战略，就会出现真空地带和断层，这对组织是致命的伤害。

T：(time-based)，即时限性。计划要在规定的时间内完成。大多数工作都是团队合作完成的，如果你在规定时间内没有完成自己的任务，那么别人的任务甚至整个团队的任务都会受到影响。所以，你必须提前完成任务，永远跑在最后期限之前。

(3) 结尾。结尾可以展望计划实现的情景，提出希望、发出号召。工作计划的结尾内容要写得简短而又富有号召力。

3. 落款

如果是单位的工作计划，落款写单位的名称和日期。如果是个人工作计划，落款写个人的姓名和日期。

例文 6-1

××专业 2022—2023 学年第一学期工作计划	【标题】
为做好 2022—2023 学年第一学期××专业教研室工作，特制订如下计划：	【正文】
一、指导思想 按学院 2022 年党政工作要点和教务处、××分院工作要求，继续以专业建设为重点，以师生竞技比赛和社区服务为切入口，全面落实学院、分院 2022 年下半年工作要点所规定的各项工作。	（开头） 说明制订计划的依据

二、主要工作目标 （一）主要工作目标 1. 全面承接分院下达的各项工作指标和工作任务，争取全面达标。 2. 做好师生竞技比赛相关准备工作。 3. 做好各校企合作项目工作。 （二）工作重点 1. 两个重点 一是做好学生竞技比赛分工、组队和备赛计划工作，并落实到人。 二是以学校“优质课堂”比赛、省高校教师教学技能大赛等大赛为契机，做好教师竞技比赛工作。 2. 两个基本点 一是2022级新生的入学始业教育工作。 二是2021级学生的综合实训工作。 3. 三个关键点 一是做好各校企合作项目对接工作，深入挖掘合作点。 二是做好2022届学生毕业综合实践环节的动员和实施工作。 三是全面落实××专业线上教学资源建设工作。	（主体） 明确具体目标 突出工作重点
三、主要工作任务 （一）加强日常教学工作管理 …… （二）制订专业课程标准 …… （三）完善实践教学基地建设 …… （四）做好毕业综合实践指导工作 …… （五）做好新生入学教育工作 …… （六）提高教师教育教学能力 …… （七）做好学生竞技大赛团队建设 …… （八）深化社区服务项目改革 …… （九）提升专业教学质量	明确各项工作要求和做法

<table>
<tr><td>

……

附：教研活动计划安排表

序号	时间	活动主题	主要内容	责任人	参加人
1	……	……	……	……	……
2	……	……	……	……	……
3	……	……	……	……	……
……	……	……	……	……	……

××教研室
2021 年××月××日

</td><td>

明细计划时间、项目和责任人

【落款】

</td></tr>
</table>

二、工作总结的拟写

(一) 工作总结的概念和特点

1. 工作总结的概念

工作总结是对已经完成的工作进行理性思考并做出回顾和分析的应用文。总结与计划是相辅相成的，总结要以工作计划为依据，计划是在总结经验的基础上制订的。其规律是：计划—实践—总结—再计划—再实践—再总结。

工作总结，以年终总结、半年度总结和季度总结最为常见。就其内容而言，工作总结就是把一个阶段的工作进行一次全面系统的检查、评价、分析和研究，并分析成绩和不足，从而得出经验和教训。

课程思政案例 6-3

善于总结历史经验是中国共产党的制胜法宝

毛泽东同志曾形象地指出，“我是靠总结经验吃饭的”。习近平总书记指出：“我们党一步步走过来，很重要的一条就是不断总结经验、提高本领，不断提高应对风险、迎接挑战、化险为夷的能力水平。”中国共产党的百年奋斗历史，就是一部在应对各类风险挑战中，总结经验、吸取教训、改进工作，不断从胜利走向胜利的历史。在革命、建设、改革各个历史时期，中国共产党都自觉运用马克思主义的立场、观点和方法，及时总结经验，正确的坚持，失误的纠正，不足的加强，在认识世界、改造世界的过程中不断认识真理、总结真理、实践真理。纵观中国共产党百年光辉历史，我们党进行的经验总结主要包括三个层次：微观层面，对具体工作技巧和方法的总结；中观层面，对重点工作原则、策略和精神的总结；宏观层面，对全局工作指导思想和理论的总结。

2020年，面对突如其来的新冠肺炎疫情，中国共产党充分发挥在具体工作中重视并善于总结经验的优良传统，系统梳理中国历史上的疫情防控做法，继承发展新中国成立以来党和政府在传染病防治上的工作机制，在战疫初期就成功总结出了“四早”“四集中”和中西医结合等行之有效的工作方法，采取了快速建成专科医院、方舱医院、千里驰援对口帮扶等做法。这些经验做法的总结和推广，为及时发现、快速处置、精准管控、有效救治病例，有效遏制疫情大面积蔓延，打赢疫情防控的人民战争、总体战、阻击战起到了非常重要的作用。可以说，对具体工作经验教训、方法技巧的总结，是战胜新冠肺炎疫情的制胜关键。在应对诸如新冠肺炎疫情等具体工作任务中，中国共产党正是通过不断总结具体实践中的经验教训和方法技巧，才能战胜无数困难和挑战，历经艰难险阻而始终昂扬向前、立于不败之地。

启示：“万物得其本者生，百事得其道者成。”重视并善于总结，从总结工作、总结经验、总结历史中找到工作方法、实践原则、指导思想，明确前进的正确方向和正确道路，是中国共产党在百年奋斗中形成的优良传统，也是中国共产党在领导中国革命、建设、改革中取得一个又一个胜利的制胜法宝。因此，在日常工作中我们要进一步秉持和发扬光大这一优良传统，不断总结工作经验，并将经验总结运用到实际工作中去。

2. 工作总结的特点

(1) 自我性。工作总结是对自身社会实践进行回顾的产物，它以自身工作实践为材料，采用的是第一人称写法，其中的成绩、做法、经验、教训等，都有自指性的特征。

(2) 回顾性。工作总结和工作计划这两种文体的关系是十分密切的，一方面，总结是计划的标准和依据；另一方面，总结也是制订下一步工作计划的重要参考。

(3) 客观性。工作总结是以自身的实践活动为依据的，所列举的事例和数据都必须完全可靠、确凿无误，任何夸大、缩小、随意杜撰、歪曲事实的做法都会使总结失去应有的价值。

(4) 经验性。工作总结必须从理论的高度概括经验教训。这一特性要求工作总结必须按照“实践是检验真理的唯一标准”的原则，要正确地反映客观事物的本来面目，找出正反两方面的经验，得出规律性的认识，才能达到总结的目的。

(二) 工作总结的结构和写作要求

工作总结的基本结构包括标题、正文和落款三个部分。

1. 标题

工作总结的标题可以分为公文式标题、文章式标题和正副标题三种类型。

(1) 公文式标题。标题有单位名称、时限、主要内容、文种名称构成，如《××公司2022年度××工作总结》。

(2) 文章式标题。标题以概括主要内容或基本观点的两三个词语组成，如《不忘初心 艰苦奋斗 用心用情用爱打造学生优势品质》。

（3）正副标题。一般用文章式标题和公文式标题组成正副标题，正标题可以概括为主要内容，副标题写明总结名称、时限、事由和文种，如《关爱、引导、转化、激活——××学院2022年度工作总结》。

2. 正文

工作总结的正文包括前言、主体和结尾三部分。

（1）前言。前言一般介绍工作背景、工作任务完成情况等，并作出基本评价。其目的在于阅读者对总结的全貌有一个概括的了解，文字力求简洁，开宗明义。

（2）主体。主体包括主要工作内容、成绩与评价、经验与体会、问题与改进措施等。要求在全面回顾工作情况的基础上，深刻、透彻地分析取得成绩的原因、条件、做法以及存在的问题。工作总结质量的高低在于是否能全面分析取得的成绩以及取得成绩的原因和做法，是否能够总结出带有规律性和理论性的工作经验。

（3）结尾。该部分可以概述全文，可以说明工作取得的成绩和经验，也可以对今后工作提出努力方向、打算或改进意见。

3. 落款

工作总结的落款包括总结部门的名称或个人姓名，以及成文日期。

三、拟写工作总结的具体方法与创新

（一）具体方法

1. 要"纵、横、大、新"四遍梳理

"纵"是从时间上梳理，"横"是从事件上梳理，"大"是从大事上梳理，"新"是从创新（亮点）上梳理。"纵""横"梳理是基础梳理，"大""新"梳理是上层梳理。真正要写进总结报告的事情，主要是指大的事情和富有创新亮点的事情，例如：今年参与了哪些项目，今年完成了哪些课题，今年组织了哪些活动，今年取得了怎样的业绩。再如：工作内容即做了什么，哪些是琐事，哪些是里程碑事件。琐事用统计概括而过，里程碑事件则重点描述。工作方法是什么——通过怎样的方法提升了工作效率。如何整合资源——实现了哪些跨部门、跨公司资源的协同。如何团队协作——在事件中扮演的是什么角色，领导者还是参与者，提供了怎样的贡献。特殊技能——是否有意识地提升自己，不足之处是什么，针对以上有哪些不足。我们去进行对标，找到解决方案。建议平时养成记录的习惯，如果平时的工作笔记做得很完善，年底写总结则会更省事。学会用数据说话，尽量将每项工作的完成情况用数据确切表达出来。

2. 要跳出局外对照比较

所谓"当局者迷，旁观者清"，我们有必要跳出来看一看、请别人说一说、和外面比一比，这样才能就更清楚哪些是真正成绩，哪些是主要问题，哪些事大哪些事小，哪些当写或不当写。尤其是先进材料和经验总结，一定要比较，找出"个性事""特色事""独立事""亮点事"。

3. 要弄清"陌生"情况

年终总结有时是"替人总结"，当我们受命去总结某个地方或某个部门的工作，要在很短的时间内把一片从未接触过的领域摸清楚，才能变"陌生"为"熟悉"，变"外行"为"内行"。

4. 要学会“六听”

“六听”是指听主要领导宏观讲、听中层干部中观讲、听职工和群众微观讲、听正面的了解成绩、听中间的了解情况和听反面的了解问题。

5. 要学会“三看”

一看材料。我们要学会看综合性材料、看业务性材料、看方方面面的材料，有时不妨再看看举报材料。看材料其实是走捷径，写得好的材料是可以为己所用的，但也容易被牵着走，所以我们要有自己的判断。二看数据。我们要学会看年度月度的报表、看原始数据、看一个阶段的数据变化。当前经济社会，各方面的总结越来越重视对数据的统计。三看现场。现场是最具真实性和生命力的，我们要学会看准备好的现场、看随机抽样的现场，有时也要看负面的现场。

6. 要做到“三查”

一查上情，了解上一级直至中央的精神；二查外情，了解外地经验甚至外国经验；三查史情，了解历史状况和发展的变化情况。

（二）学会创新

1. 主题上要创新

工作总结时要做到“三切合”，即切合时代大主题、切合全局工作大主题、切合各部门工作大主题。切合大主题，才有大创新，才有大作为。我们围绕这样的大主题、新主题，从实处着力，从小处开口，从新处落笔，才能起到更好的效果。

2. 题材上要创新

工作总结时要做到“三贴近”，即贴近全局工作中心、贴近基层员工、贴近社会需求。不仅重大题材的总结要做到“三贴近”，而且个人学习与工作的小题材总结也要尽量做到这“三贴近”。

3. 思想上要创新

主题思想如皓月一轮，支点思想如繁星点点，支点思想与主题思想的关系可以用“众星捧月”四个字来形容。支点思想一般表现在经验和体会里，也可表现在做法与成绩里，更可表现在问题和教训里。

4. 材料选择上要创新

工作总结对材料选择上有“两大需要”。一是需要“大量的占有材料”，二是需要“围绕主题的精选材料”。总结的选材标准是，适量、准确，具有典型性，且最突出、最鲜亮、最有特色。

5. 结构上要创新

工作总结的格式大都是两段式或三段式，常规结构是成绩一段，经验体会一段，最后再写点问题和打算。但这种常规做法也可以打破，写作时可以从时间上布局，或是从空间上调度，或是从逻辑上安排，甚至顺着写或倒着写都可以。

6. 标题上要创新

工作总结的标题有一个基本固定的“三加”格式，那就是“总结单位＋时间＋内容＋总结”。这种标题让人一目了然，但千篇一律地使用，就显得刻板、枯燥、机械。要让标题吸引人，在标题写作时可以采用正副标题，尽可能把正标题写好、写活、写美。

7. 语言上要创新

工作总结的语言特色应该追求平实、简洁、生动、深刻、精辟、有力。其表述手法多用叙述、议论。工作总结写作中要有妙语，一篇好的工作总结材料让人看过听完后，能记住一两个好句子。

例文 6-2

××专业 2022—2023 学年第一学期工作总结	【标题】
本学期，××专业教研室按学院 2022 年党政工作要点和教务处、××分院工作要求，继续以专业建设为重点，以师生竞技比赛和社会服务为切入口，全面落实学院、分院 2022 年下半年工作要点所规定的各项工作。现将本学期主要工作总结如下：	【正文】 （前言） 说简明概述基本情况，交代背景
一、加强教研室管理，有效落实教学常规工作 1. …… 2. …… 3. …… 4. …… 二、深化校企产教融合，做好专业社群服务工作 1. …… 2. …… 3. …… 三、突出教学改革为重点，提升教师教育教学能力 1. …… 2. …… 3. …… 四、实抓以赛促教工作，专业赛事再创佳绩 1. …… 2. ……	（主体） 具体做法和取得的成绩
五、本学期工作不足及分析 1. …… 2. …… 3. ……	（结尾） 存在的问题和下一步打算
××教研室 2022 年××月××日	【落款】

思考与练习

一、不定项选择题

1. 工作计划的结构主要包括（　　　　）。

A. 标题　　B. 称谓　　C. 正文　　D. 结尾

E. 落款

2. 工作计划的标题包括（　　　　）。

A. 单位名称　　B. 时限　　C. 内容范围　　D. 计划种类

3. 工作计划主体部分写作要明确（　　　　）。

A. 明确目标内容　　B. 明确方式方法

C. 明确任务分工　　D. 明确工作进度

E. 明确工作范围　　F. 明确责任考核

4. 工作总结的结构主要包括（　　　　）。

A. 标题　　B. 称谓　　C. 正文　　D. 结尾

E. 落款

5. 工作总结的标题格式有（　　　　）。

A. 公文式标题　　B. 通用式标题　　C. 文章式标题　　D. 正副标题

6. 工作总结的正文部分包括（　　　　）。

A. 主送机关　　B. 前言　　C. 主体　　D. 结尾

二、病文修改

××部门工作总结

尊敬的领导：

××部门在整个的工作中，为我公司的发展做出了积极的贡献。现总结如下：

一、明确年度目标，责任落实到人

……

二、开展各项培训，提高业务能力

……

三、加强监督检查，激励措施有力

……

四、存在的问题和困难

……

五、下一步打算

××部门：×××

20××年×月

6-2思考与练习答案

任务三 报告类文书的拟写

核心概念

1. 工作报告的结构：由标题、正文和结语三个部分构成。

2. 调查报告的结构：由标题、正文和结尾三个部分构成。

3. 可行性研究报告的结构：由封面和标题、正文、落款和附件四个部分构成。

学习目标

1. 知识目标

(1) 了解报告的概念、特点和分类。

(2) 掌握工作报告、调查报告和可行性研究报告的写作结构与写作要求。

2. 能力目标

能运用相关知识，根据要求拟写工作报告、调查报告和可行性研究报告。

3. 素养目标

(1) 通过对课程思政案例的学习，理解纪检监察工作在加强党风建设和反腐败中的重要作用，增进政治认同，培养爱党爱国家国情怀。

(2) 通过对“历史文化村居保护的调查报告”的学习，理解“历史文化古村落”的保护对于弘扬中华优秀传统文化、增强中华文明传播力影响力的重要意义，努力学习，为传承中华优秀传统文化和乡村振兴贡献力量。

(3) 通过对各类报告类文书写作的学习和实践练习，培养学思结合、知行统一，增强勇于探索的创新精神、善于解决问题的实践能力，以及严谨细致、求真务实、精准高效的职业素养。

基本知识与技能

一、工作报告的拟写

(一) 工作报告的概念和特点

1. 工作报告的概念

工作报告是党政机关、企事业单位和社会团体，定期或不定期向上级汇报工作，以反映近期工作情况和部署下一段工作的文书。

2. 工作报告的特点

(1) 语言的陈述性。工作报告的内容主要是向上级汇报工作、反映情况、答复上级机关的询问等，其表达方式以叙述、说明为主，在语言运用上主要是把事情交代清楚，要突出陈述性。

(2) 行文的单向性。工作报告是下级向上级的行文，主要是为上级机关进行宏观领导提供依据，属于单向行文。

(3) 成文的事后性。工作报告是在事情做完或发生后，向上级作出的汇报。

课程思政案例 6－4

中国共产党第十九届中央纪律检查委员会第六次全体会议工作报告

中国共产党第十九届中央纪律检查委员会第六次全会的主要任务是：以习近平新时代中国特色社会主义思想为指导，全面贯彻落实党的十九大和十九届历次全会精神，总结2021年纪检监察工作，部署2022年任务。现报告如下：

一、2021年工作回顾

2021年是党和国家历史上具有里程碑意义的一年。以习近平同志为核心的党中央团结带领全党全国各族人民，隆重庆祝中国共产党成立一百周年，胜利召开党的十九届六中全会、制定党的第三个历史决议、全面总结党的百年奋斗重大成就和历史经验，开展党史学习教育，如期打赢脱贫攻坚战，如期全面建成小康社会、实现第一个百年奋斗目标，开启全面建设社会主义现代化国家、向第二个百年奋斗目标进军新征程，党和国家各项事业取得新的重大成就，"十四五"实现良好开局。在党中央坚强领导下，中央纪委国家监委和各级纪检监察机关坚持以习近平新时代中国特色社会主义思想为指导，增强"四个意识"、坚定"四个自信"、做到"两个维护"，坚持稳中求进、坚定稳妥，实事求是、守正创新，保持全面从严治党永远在路上的清醒坚定，保持正风肃纪、反腐惩恶的战略定力，围绕现代化建设大局发挥监督保障执行、促进完善发展作用，纪检监察工作高质量发展取得新成效。

(一) 深入学习领悟习近平新时代中国特色社会主义思想，增强全面从严治党的政治自觉和历史主动

……

(二) 紧紧围绕"两个维护"强化政治监督，为"十四五"开好局提供坚强保障

……

(三) 一体推进不敢腐、不能腐、不想腐，取得更多制度性成果和更大治理成效

……

(四) 一刻不停歇推动落实中央八项规定精神，深化纠治"四风"顽瘴痼疾

……

(五) 持续深化政治巡视，充分发挥巡视巡察综合监督作用

……

(六) 坚持依规依纪依法开展工作，拓展监督执纪执法成效

……

二、2022年主要工作

（一）深入学习贯彻党的十九届六中全会精神，聚焦“国之大者”推动政治监督具体化常态化。深化政治监督，根本的是围绕党的理论和路线方针政策强化监督、保障落实。……

（二）保持反对和惩治腐败的强大力量常在，坚定不移把反腐败斗争推向纵深。……

（三）持续加固中央八项规定堤坝，坚持不懈整治群众身边腐败和不正之风。……

（四）健全巡视巡察上下联动格局，实现高质量全覆盖目标任务。……

（五）促进纪检监察体制改革系统集成、协同高效，推动制度优势转化为治理效能。……

（六）落实政治过硬、本领高强要求，努力做党和人民的忠诚卫士。……

……

踏上新的赶考之路，纪检监察工作责任重大、使命光荣。我们要更加紧密地团结在以习近平同志为核心的党中央周围，坚决响应党中央号召，大力弘扬伟大建党精神，永葆自我革命精神，忠诚履职、团结奋斗，坚定信心、勇毅前行，推动全面从严治党、党风廉政建设和反腐败斗争向纵深发展，以实际行动迎接党的二十大胜利召开！

启示：以上工作报告，以“运用党的百年奋斗历史经验推动纪检监察工作高质量发展，迎接党的二十大胜利召开”为主题，对深入学习贯彻习近平新时代中国特色社会主义思想，深化运用党的自我革命历史经验，持续推动新时代纪检监察工作高质量发展提出明确要求，作出了具体部署。让我们进一步学习习近平新时代中国特色社会主义思想，督促推动全党增强“四个意识”、坚定“四个自信”、做到“两个维护”，贯彻落实全面从严治党战略方针，以实际行动迎接党的二十大胜利召开。

（二）工作报告的结构与写作要求

工作报告的结构主要包括标题、正文和结语三个部分。

1. 标题

工作报告的标题一般由发文机关、事由和文种构成。如《浙江××科技有限公司2021年工作报告》。

2. 正文

工作报告的正文一般由报告缘由和报告事项组成。

（1）报告缘由。报告缘由通常是交代报告的目的、主旨或基本情况，并用“报告如下”等惯用语引起下文。

（2）报告事项。报告事项通常由工作情况（成绩及经验）、存在问题和今后打算三部分构成。在写作过程中，可以根据工作实际情况，或侧重于工作成绩，或侧重于工作失误和问题，并对其产生问题的原因做出分析。

在报告事项的写作过程中，既要实事求是地全面反映问题，又要注意在全面的基础上突出重点、详略得当；既要陈述有序、又要有分析与议论。

3. 结语

工作报告的结语通常可采用上行文的惯用语，如“特此报告”“特此报告，请审阅”。等。有时，工作报告的结语也可以省略。

例文 6-3

××职业技术学院 关于 2022 年上半年学生实习管理工作的报告	【标题】
根据《浙江省教育厅办公室关于开展职业院校学生实习管理工作核查的通知》要求，我院对上半年实习管理工作进行了自查，现将有关管理工作情况汇报如下：	【正文】 （报告理由）
一、当前实习管理情况 （一）强化保障机制，确保实习管理有序进行 …… （二）推行系统管理，夯实实习过程管理 …… （三）完善指标评价，切实提升实习质量 …… 二、现存的主要问题 …… 三、下一步改进措施 ……	（报告事项）
特此报告，请审阅。	【结语】
2022 年××月××日	【落款日期】

二、调查报告的拟写

（一）调查报告的概念、特点和种类

1. 调查报告的概念

调查报告是对客观事物进行调查研究后，根据所获得的成果写成的反映客观实际、揭示事物本质和规律的书面报告。

2. 调查报告的特点

（1）针对性强。调查报告是通过对客观实际的调查，以揭示事物的本质和规律的

书面报告，故其目的性、针对性强。

（2）材料丰富翔实。调查报告在反映客观事实的同时，也注重对材料的分析、探索和研究，以揭示其客观规律。因此，调查报告需要列举大量的相关事例、统计数字和各方意见，在此基础上提出作者自己的见解，这使调查报告具有“事实胜于雄辩”的强大说服力。

（3）提供规律性认识。调查报告是建立在对客观实际的调查、分析和研究的基础上得出规律性认识，并把这些规律性认识提供给读者。

3. 调查报告的种类

从内容，调查报告可分为：

（1）总结经验的调查报告。总结经验的调查报告有两种：一种是总结、推广某一地区、某一单位或部门先进典型经验的调查报告，如《树立典型案例，狠抓思想作风——××分院教工支部加强党性建设的调查》；一种是介绍、宣传成长中的新生事物的调查报告，如《以实践教学为突破口，挖掘社群服务特色——××专业加强实践教学建设的调查》。

（2）揭露问题的调查报告。揭露问题的调查报告有两种：一种是总结、分析后进单位的问题和教训的调查报告，如《关于××门店长期亏损情况的调查报告》；一种是揭露某一问题真相的调查报告，如《关于××同志违法执法事件的调查报告》。

（3）反映情况的调查报告。反映情况的调查报告有两种，一种是反映现存情况的调查报告，如《关于农民看病难问题的调查报告》；一种是反映历史事实的调查报告，如《关于××同志历史问题的调查报告》。

课程思政案例 6－5

关于历史文化村居保护的调研报告

根据市政协2021年度重点议题安排，市政协文化文史和学习委对我市历史文化村居保护工作开展了专题调研。调研组先后实地走访暨南、应店街等镇街，听取了市文广旅游局、市农业农村局、市建设局等部门的情况介绍和相关人员的意见建议，形成了专题调查报告。

一、现状

从调研情况看，我市历史文化村居保护工作主要包括建设局负责的传统村落和历史文化名镇名村保护、农业农村局负责的历史文化村落保护和文广旅游局负责的不可移动文物的修缮保护等。全市现已建成中国传统村落4个（东白湖镇斯宅村、璜山镇溪北村、五泄镇十四都村、次坞镇次坞村）、浙江省传统村落17个，省级历史文化名村25个、省级3A景区村庄6个。共有古建筑文物702处，建筑种类主要有古民宅、古祠堂、古戏台等，呈现分布集中、门类齐全、特色鲜明等特点。总体而言，近几年我市的历史文化村居保护工作取得了长足进展。

二、问题

调研中也发现了一些问题，主要表现在以下三个方面。一是机制合力有待进一步形成。建设局、农业农村局、文广旅游局等部门对古建筑保护都有相应职责，但又各有侧重，保护资金投入分散、统筹不够、"聚焦"不足。二是保护和利用意识有待进一步加强。民众个体层面对自家老房子、古建筑重视不够，养护修缮不到位；政府部门层面存在保护利用中过分依赖相关设计单位，对古村落自身特色和亮点挖掘不多，与旅游融合度不够，修复后闲置现象较突出，作用和价值发挥不明显。三是技术保障有待进一步优化。目前，我市实施的是部门指导、镇乡实施、村居自理的保护模式，部门中懂专业保护利用的专门人才不多，镇村更是缺乏。数字化新技术在历史文化村居保护利用中的应用缺乏。

三、建议

(一)处理好现代生活与传统形态的关系。

……

(二)处理好资金投入少与保护对象多的关系。

……

(三)处理好保护和利用的关系。

……

启示：以上调查报告通过对诸暨历史文化村居现状和存在问题的调研，提出了合理的建设意见，让读者对这种原生态的民俗文化有了更深入的认识。保护历史文化村居对于展现中华民族多样的历史文化成就和人类文明的演进都具有重要的作用。

(二) 调查报告的结构

调查报告的结构主要包括标题、正文和结尾三个部分。

1. 标题

调查报告的标题既要揭示文章的中心，又要有调查报告的特色。其标题主要有两种形式：

(1) 公文式标题。公文式标题常用于说明调查内容的范围，如《关于××仓库失窃事件的调查报告》。

(2) 新闻式标题。新闻式标题可采用单标题的形式来说明调查内容的范围，如《家庭养老面临挑战》；也可以采用双标题的形式，用正标题说明中心、揭示主旨，副标题说明调查地点、范围或事由，如《我们渴望亲情——对 1 000 名留守儿童的调查》。其中，双标题的写法较为普遍。

2. 正文

调查报告的正文包括开头和主体两个部分。

(1) 开头。开头即导语或前言，主要介绍基本情况，提出问题。其主要包括以下方面的内容。

① 调查工作基本情况。如调查的起因、目的、时间、地点、对象和范围，以及调查方法和步骤等。

② 调查对象基本情况。如组织规模与沿革、有关背景、历史与现状等。如“本次调研报告就我校大学生兼职现状的调查研究。我们主要针对学生兼职情况和对于兼职的看法进行数据分析。另外，我们参照教师与企业一些相关人士对大学生的兼职态度总结出大学生兼职现状，提出一些关于大学生兼职工作中遇到的问题，并给出一些意见与措施。我们主要采用网上和校园内发放调查问卷的方式获得数据与现状，并运用采访教师与企业人员的方式获得较为准确的想法与建议。对于大学生兼职的利与弊做出全面的分析与总结。”

③ 调查结论或调查报告的基本内容。可以直接说明调查结论，点明报告主旨，也可以提出调查报告所要回答的问题。如“通过实践调查和参与体验的方式对家乡的旅游产业、旅游文化及旅游景点进行调查，加深对家乡的了解和认识。”

不同的调查报告，其开头的内容侧重点也会有所不同，但是内容要求紧扣报告中心，写作要求简明扼要。

(2) 主体。主体是正文的主要部分。这部分写作中要把调查到的基本事实或主要情况、归纳出来的成绩或问题、分析得出的经验或教训等都写清楚。在写作过程中，应以调查得来的事实材料为基础，注意观点和材料的统一。

调查报告的主体通常采用以下两种结构形式：

① 纵式结构。一是可以按照事情发生、发展的先后顺序组织材料，说明和分析问题，适用于事情相对单纯、注重反映事件全貌的调查报告；二是按照提出问题、分析问题、解决问题的认识过程组织材料，由浅入深、层层深入地分析问题、得出结论。

② 横式结构。即把主体内容按照事情内部或外部的联系，进行分类归纳，从不同的角度进行阐述和说明。从内容上看，这些分类归纳的项目可以是各种情况、各项工作、各种问题、各类看法和意见、各方面经验或教训等；从形式上看，这些分类归纳的项目是分条列列项有序横列在一起的，且每条每项均先提炼出一个观点作为小标题或段首句。这样，无论是从形式上还是内容上，调查报告的主体部分显得条理清晰、层次分明。

在写作实践中，这两种基本结构常会综合使用。

3. 结语

调查报告的结语，即全文的结束语。在写作时，要注意用语简短、干净利落、收束有力。根据调查报告内容的不同，其结语主要分为以下类型：

(1) 总结全文，深化主旨，以加深理解。

(2) 进一步概括总结，强调调查结论的意义。

(3) 简明扼要提出解决问题的措施、办法和意见、建议。

(4) 展望前景，指明方向，发出号召，提出希望，鼓舞人心。

(三) 调查报告的写作要求

1. 深入做好调查研究

调查报告是对调查研究结果的写作，没有认真、深入的调查研究，就不可能定出有价值的调查报告。因此，在调查报告写作前一定要深入调查、精心研究、认真分析，才能抓住关键、提炼主旨，写出高质量的调查报告。

2. 恰当运用表达方式

调查报告要求用事实说话。因此，叙述、说明和议论是调查报告写作的主要表达形式。在调查报告写作过程中，可以先叙事，然后再得出结论；可以先亮出观点作出判断，再用事实来说明；可以边叙述边说明边议论。只有将叙述、说明和议论有机结合，才能使调查报告逻辑清晰，更有参考、指导作用。

例文 6-4

关于××公司企业文化建设的调查报告	【标题】
随着世界经济的不断发展，社会主义市场经济的不断完善，企业之间的竞争也日益严峻。如何在这样激烈的竞争中，保存实力、求得发展已被越来越多的企业列入发展规划中。而企业文化，就像拯救企业的灵水一样，地位日益突出。为了更好地了解企业文化的本质及其作用，本人于20××年××月××日至20××年××月××日通过访问法、资料搜集法对××省××有限公司进行调查研究。	【正文】 （开头）
一、××省××有限公司概况	
××省××有限公司成立于20××年，位于××省××市××区××路，注册资金200万元，公司的经营范围包括：服装设计、服装销售、面料研发、培训等。 二、公司企业文化概况 （一）以品质为基础 公司逐步建立了质量保证体系。…… （二）以创新促发展 创新是××公司发展的灵魂。…… （三）以国际化为目标 与国际接轨。…… 三、××公司企业文化建设现存问题 （一）企业管理制度不够健全 从现存的企业文化中可以看出，目前公司注重企业的利益和品质的保证，但对员工利益的保证相对欠缺。…… （二）企业员工对企业文化认可度不高 在调查过程中我们发现，很多企业员工认为企业文化是公司领导的事，与自己没有多大的利益关系。…… 四、完善××公司企业文化建设的建议 （一）完善企业管理制度 管理制度要形式多样，机制灵活，既不失威信。又注重对	（主体）

企业员工利益的…… （二）提高企业文化的认可度 召集员工对企业文化进行共同学习…… （三）建立双向良好沟通 企业要对自身文化有深入了解，对内部员工也要给予人性化的管理，让员工有较强的企业归属感…… 此次调查研究告诉我们：优秀的企业文化应是以人为本，以价值观塑造为核心的文化管理，是对人的管理与对物的管理的有机结合。一个企业具有良好的企业文化，才能在竞争市场中立于不败之地。	【结语】

三、可行性研究报告的拟写

（一）可行性研究报告的概念、特点和种类

1. 可行性研究报告的概念

可行性研究报告是针对拟开发的新项目、新技术进行调查、研究，分析其必要性、可能性、客观条件与未来前景，确定其有利和不利的因素，项目是否可行，估计成功率大小、经济效益和社会效果程度而撰写的文书。如《××房地产开发项目可行性研究报告》。

2. 可行性研究报告的特点

（1）科学性。可行性研究报告是通过调查研究，充分收集各类信息和数据资料，并运用数学、管理学、心理学、经济学等多学科研究方法，分析和预测可能存在的各种因果关系，从而推测可能的结果。因此，可行性研究报告是建立在客观基础上的科学结果，科学性是可行性研究报告的第一特点。

（2）论证性。要证实项目是否可行，就必须先进行实事求是的调查，认真细致地分析，科学合理地推导，广泛听取专家的意见和建议。只有循序渐进地论证，才能将失误或误差减少到最低程度。

（3）综合性。可行性研究的过程需要具备多学科的知识，既需要自然科学，又需要社会科学；既有时空的交叉，又有理论与实践的结合，是一个综合性的研究过程。

3. 可行性研究报告的种类

按照研究对象来区分，可行性研究报告可分为以下三种类型。

（1）科技类。科技类可行性研究报告主要涉及科技前沿领域部分项目的可行性研究，如 IT 企业、航空航天领域等。

（2）生产类。生产类可行性研究报告主要涉及对工程项目的可行性研究，如土木工程、产品开发工程等。

（3）经营类。经营类可行性研究报告是指对经营项目的可行性研究，如对××商场项目可行性的研究报告。

课程思政案例 6-6

中国国航引进22架飞机项目可行性研究报告

一、基本情况

公司拟以本次非公开发行募集资金108亿元用于引进22架飞机，机型包括9架ARJ21飞机、4架A320 NEO飞机及9架A350飞机，按照中国商飞提供的目录单价及空客公司网站上最新公布的目录单价计算，上述22架飞机的投资总额共计38.06亿美元，约折合人民币256.53亿元，公司拟以本次非公开发行募集资金支付人民币108亿元。本次引进的22架飞机预计于2022年—2023年交付。

（一）民航业有望加速复苏，航空出行需求韧性较强

……

（二）合理的机队规模及机型配置，是高质量服务的重要前提

……

（三）我国航空渗透率有较大提升空间，航空客运市场前景广阔

……

（四）客源与飞行员充足，公司有能力消化新增运力

……

二、项目投资概算

按照中国商飞提供的目录单价及空客公司最新发布的产品目录单价，涉及公司拟引进飞机的目录价格如下：

表1

序号	飞机型号	生产商	数量（架）	目录单价（亿美元）	目录单价（亿人民币）
1	ARJ21	中国商飞	9	0.38	2.56
2	A320 NEO	空客公司	4	1.16	7.83
3	A350	空客公司	9	3.33	22.46

……

三、拟引进飞机的基本情况

本次拟引进的飞机标准构型的基本参数如下：

表2

飞　机　型　号	ARJ21	A320 NEO	A350
机长（米）	33.46	37.57	66.80
翼展（米）	27.29	35.80	64.75

续 表

飞 机 型 号	ARJ21	A320 NEO	A350
高度(米)	8.52	11.83	17.21
典型巡航速度(马赫)	0.74	0.82	0.85
最大飞行高度(英尺)	39 000	39 800	43 100
最大商载(吨)	8	19	55
机舱座位	90	158	312

……

四、项目收益

22 架飞机的引进和实际投入运营能够提高公司载运能力,扩容主要航线运输量,以增加航线收入。同时,新引进飞机将部分替代老旧飞机,将优化机队结构,并有效降低油耗和维护成本,进而提高公司的盈利能力和市场竞争力。本次拟引入的飞机将纳入公司现有机队统一调配和管理。

五、项目涉及报批事项情况

本次募集资金引进的飞机已取得民航局批复的规划文件。

启示:这是一篇经营型可行性研究报告。近年来,中国国航从飞机引进源头着手优化核心资源配置,不断提升机队与机组资源、市场资源、航线资源、维修资源的匹配度,为公司国际化运营打下了坚实的基础。

(二) 可行性研究报告的结构

由于行业和项目的不同,可行性研究报告的结构也会有所不同。但其整体结构通常是由封面和标题、正文、落款和附件四大部分构成的。

1. 封面和标题

大型的可行性研究报告会添加封面。封面应包括项目名称、编制单位名称、成文时间等信息。

可行性研究报告的标题通常由项目主办单位、项目名称、文种三部分组成,如《××公司关于××产品投资的可行性研究报告》。当然,也可以将论证得出的结论作为可行性研究报告的正标题,如《打造城市独特景观——××区体育 CBD 项目可行性研究报告》。

2. 正文

正文部分是可行性研究报告的主体,通常可分为开头、主体和结语三个部分。

(1) 开头。开头一般是对研究内容的概述,介绍项目的必要性、背景和意义、理论依据和采用的分析方法。

（2）主体。主体部分主要包括以下几个方面的内容：

① 市场调查情况。即通过市场需求情况分析来论证项目的可行性。

② 项目相关情况。即对项目建设的外部情况和条件成熟度进行论证分析。

③ 地址的选择。即指选址的理由。

④ 工艺技术方案。包括项目的设备来源、采用的技术、产品生产方法、工艺流程、辅助设施、对原有固定资产的利用情况等。

⑤ 环境保护。即通过对现有环境分析，说明项目实施后给环境带来的影响、企业要采取的控制手段等。

⑥ 资金保障。即对项目所需投入资金的估算。

⑦ 财务分析。即对投资方案的现金流量、投资回报、投资报酬、净现值及现值指数进行分析，对可能的盈亏情况作出预测和分析。

在可行性研究报告实际写作过程中，不同的类型其侧重会有所不同。

（3）结语。结语部分主要是对整篇研究报告再次进行概括和总结，对重点问题及关键性内容再次强调，表明态度，以证实报告的可行性。

3. 落款

落款部分应写明单位名称和报告成文时间。

4. 附件

可行性研究报告有时需要一些辅助资料作为正文的论据，如相关政策文件、调查资料、统计图表等。

（三）可行性研究报告的写作要求

1. 实事求是，观点鲜明

可行性研究报告是投资决策的重要依据。因此，在写作过程中一定要注重实事求是，态度要明确，观点要鲜明。

2. 资料收集要完整准确

为保证可行性研究报告科学性，必须对研究项目进行深入、全面地调查研究，才能保证研究资料的完整性和准确性。

3. 重视不确定性分析

在可行性研究过程中，除了科学的定性、定量分析外，还必须重视对预期、预测、估算等不确定性因素的分析，以做出客观、科学的结论。

例文 6-5

××保健系列产品开发项目可行性研究报告	【标题】
第一章　项目概要 一、项目简述（略） 二、项目提出的理由及效益（略） 三、公司简介（略）	【正文】 （开头）

第二章　项目产品与技术方案	（主体）
一、项目产品方案（略）	
二、产品加工工艺（略）	
三、生产线主要设备（略）	
第三章　项目产品市场分析	
一、项目产品市场供给情况（略）	
二、产品市场需求情况（略）	
第四章　发展战略与实施计划	
一、公司发展战略（略）	
二、项目发展战略（略）	
三、产品市场营销策略（略）	
四、销售管理及队伍（略）	
五、总体进度安排（略）	
第五章　项目 SWOT 综合分析	
（略）	
第六章　项目管理与人员计划	
一、公司管理（略）	
二、人力资源（略）	
第七章　项目投资估算与融资方案	
一、编制范围（略）	
二、编制依据和方法（略）	
三、资金筹措方案（略）	
第八章　项目账务预算	
一、销售收入及税金估算（略）	
二、成本费用估算（略）	
三、利润估算（略）	
四、财务盈利能力分析（略）	
五、盈亏平衡分析（略）	
六、财务评价结论（略）	
通过上述分析，本项目综合结论为可行。	（结语）
××公司 2022 年××月××日	【落款】

思考与练习

不定项选择题

1. 工作报告的特点有（　　　　）。

A. 语言的陈述性　　B. 行文的单向性
C. 内容的真实性　　D. 成文的事后性
2. 工作报告的结构主要包括(　　　　)。
A. 标题　　B. 称谓　　C. 正文　　D. 结语
3. 调查报告的特点有(　　　　)。
A. 内容要求真实可靠　　B. 针对性极强
C. 材料丰富翔实　　D. 提供规律性认识
4. 调查报告的结构主要包括(　　　　)。
A. 标题　　B. 称谓　　C. 正文　　D. 结尾
5. 下列调查报告标题正确的有(　　　　)。
A. 关于科信电子仓库失窃事件的调查报告
B. 我们渴望亲情——对 1 000 名留守儿童的调查
C. 关于诸葛八卦村古村落保护的调查报告
D. 企业文化建设调查报告
6. 可行性研究报告的特点有(　　　　)。
A. 科学性　　B. 认证性　　C. 综合性　　D. 真实性
7. 可行性研究报告的结构主要包括(　　　　)。
A. 标题　　B. 正文　　C. 落款　　D. 附件

6-3 思考与练习答案

模块七

竞聘与就职

- 模块七
  - 任务一
    - 竞聘词的拟写
    - 述职报告的拟写
  - 任务二
    - 就职演讲
    - 竞聘答辩

任务一 竞聘类文书的拟写

核心概念

1. 竞聘词：主要分为标题、正文和结尾三个部分。

2. 述职报告：包括标题、正文和落款三个部分。

学习目标

1. 知识目标

(1) 了解竞聘类文书的概念和特点。

(2) 掌握竞聘词和述职报告的写作结构与写作要求。

2. 能力目标

(1) 能运用相关知识，根据自己实际情况拟写竞聘词和述职报告。

(2) 能运用相关知识，进一步提高自己发现问题、分析问题、解决问题的能力，赢得评委和领导的信任。

3. 素养目标

(1) 通过对课程思政材料的学习，更加深入地理解“强国建设、民族复兴的接力棒，历史地落在我们这一代人身上”，信心满怀奋进新征程。

(2) 通过对就业演讲系列案例的分析，提升演讲的口才与艺术，涵养学识、增强思辨，培养勤于学习、守正创新的精神品质。

基本知识与技能

一、竞聘词的拟写

(一) 竞聘词的概念

竞聘词又叫竞聘演讲稿，是指竞聘者为了实现竞争上岗，展现自身具有的竞聘条件的演讲稿。大到竞聘上岗，小到竞选班干部，都要用到这种演讲稿。随着竞争上岗的普遍推广，职场中竞聘词的写作显得越来越重要。

(二) 竞聘词的特点

1. 目标的明确性

在竞聘词写作过程中，竞聘者应该始终围绕着竞聘岗位的工作性质和岗位职责，突出自身的优势和特长，证明自己具备将要承担的职务和工作的能力。

2. 内容的竞争性

竞聘具有竞争的内涵。因此，在竞聘词内容写作时应突出自身优于他人的地方，才能在众多竞聘者中脱颖而出。

课程思政案例 7－1

商鞅西行千里竞聘

秦孝公即位之后，深感“诸侯卑秦，丑莫大焉”，决心变法图强，下达《求贤令》。

卫国人商鞅在此背景之下来到秦国，通过秦孝公的宠臣景监求见孝公。

商鞅先以帝道、王道之术说孝公，孝公听后直打瞌睡并通过景监责备商鞅。

商鞅再以霸道之术说孝公，孝公听后改变态度但没有重用商鞅。

商鞅最后畅谈富国强兵之策，孝公听后大喜，两人畅谈几日后毫无倦意。

在商鞅的劝说下，秦孝公决定在秦国国内进行变法，商鞅辅佐秦孝公，积极实行变法，使秦国成为富裕强大的国家，史称“商鞅变法”。政治上，商鞅变法改革了秦国户籍、军功爵位、土地制度、行政区划、税收、度量衡以及民风民俗，并制定了严酷的法律；经济上，主张重农抑商、奖励耕战；军事上，统率秦军收复了河西之地。自此秦国国力日强，为统一六国奠定了基础。

启示：商鞅之所以千里迢迢来到秦国，是因为在原地得不到赏识，他不安于现状，期望自己有一个更好的发展空间。当然，商鞅的“竞聘”也不是盲目的、冲动的，他对帝道、王道、霸道之术都有涉猎，游刃有余地展示了自己的治国方略，逐步说明了秦王，得以重用。

（三）竞聘词的结构和写作要求

竞聘词的内容主要包括个人基本情况、任期目标、未来措施等，还要考虑竞聘岗位的情况以及竞争对手的因素等。竞聘词的基本结构主要分为标题、正文和结尾三个部分。

1. 标题

竞聘词的标题一般以下几种写法：

（1）第一种是标题直接写“竞聘词”三个字，这是竞聘词最常见的标题写法。

（2）第二种由竞聘职务和文种组成，如《关于××岗位竞聘词》。

（3）第三种可以采用正副标题的形式，如《雄关漫道真如铁 而今迈步从头越——××岗位竞聘词》。

2. 正文

正文部分包括开场和主体两大部分。

（1）开场。竞聘词的开场一般包含称呼与问候语、个人简介和有效铺垫的客套话。其中：① 称呼与问候语主要是表示对评委和领导的尊重，一般写法是：先问候语，后紧跟称呼，如“尊敬的各位领导”。② 个人简介部分是对个人信息的简单介绍。一般可以说现在任职于哪个部门、现在岗位是什么，以及要参与什么岗位的竞聘等，目的是让评委对你进一步的了解。要突出真实性、简洁性以及个人特点。③ 有效铺垫的客套话。这些话是十分重要的，必不可少，可以帮助竞聘者缓解紧张情绪。

案例分析 7-1

尊敬的各位领导、各位评委、各位同事，大家好！

我是来自市场部的王美文，我要竞聘的岗位是市场部经理。首先，我非常感谢领导给我们提供一个展示自我的平台。刚才，认真听完其他同事的竞聘演讲，我是既紧张又高兴。紧张的是，大家都讲得这么的好，我感受到了很大的压力。高兴的是，我们公司能有这么多优秀的同事，我为自己身在这个优秀的团队感到非常的高兴与自豪。

分析：上述举例中，“既紧张又高兴”就是铺垫的语言。如果在现场说出这样的话来，一定会给评委留下真诚、稳重、大方的印象。竞聘中还有其他铺垫的方法，如：你可以点评前面竞聘者的演讲内容对于自己的启发和收获，也可以谈谈自己对竞聘现场的感受等。铺垫对于竞聘演讲很重要，可以帮助我们克服紧张的情绪，也可以给评委留下良好的印象，为下一步的演讲打下良好的基础。

（2）主体。主体部分是竞聘词的主要内容，直接关系到演讲效果的成功和失败。这部分又包括竞聘原因、竞聘优势和工作思路三大方面的内容。

① 竞聘原因。即要回答“为什么来竞聘”的问题，包括竞聘者对职位的认识、对岗位的理解、个人的想法和个人的初衷等。如何体现竞聘者的水平，竞聘原因要有说服力，能赢得评委的支持，其关键是要站在领导的角度来看问题，要站在更高的格局、更宏观的视野谈谈你对岗位的认识。一要有高度。如邬女士想要竞聘学校宣传部部长，如果竞聘词只讲述宣传部部长岗位的基本职责，或是日常基本工作，是远远不够的，必须要上升高度来谈竞聘原因。如“宣传部是高校教职员工和学生意识形态的阵地，是学校意识形态教育和精神文明建设的主战场”。对岗位的认识只有达到一定的高度，才能获得评委与领导的认可。二要很全面。如张女士拟竞聘校内重点专业的专业负责人，那么，张女士不但要认识到专业负责人是专业建设和发展的带头人，是教学、课程、教材等的负责人，还要认识到专业负责人是专业的管理者，更重要的也是专业的服务者，要为师生提供更多更好的服务，如在专业内创造更好的育人环境和工作氛围等。竞聘者必须考虑得更加全面，才能获得评委与领导的支持。三要有创新。竞聘者要在岗位职责的基础上，进行创新思考，提出自身创新的思想观点，从不同的角度提出自己的思考与见解，才能获得评委与领导的支持。

② 竞聘优势。即要回答“凭什么来竞聘”的问题，就是竞聘者的胜任条件以及自己优于他人的地方，包括竞聘者的政治素养、个人特长、工作业绩、工作能力等。竞聘者在写作时可以描述自己做过的成功项目，以及在这些项目扮演的角色等。说清楚自身的条件与优势，是打动评委的关键。

在竞聘优势写作环节中，竞聘者要把握一个关键词“匹配”。在讲述自己的优势条件时，不是把自己讲得很完美，而是讲明自身能力经验与竞聘岗位的工作职责全面匹配。如：竞聘公司市场部经理，那么开拓市场和销售的能力一定要重点讲述。所以，在写作“凭什么来竞聘”的时候，就需要把自己在市场方面的工作能力很好地凸显出来。

如果只谈自己善于团结他人、执行力强等，那就不能完全获得评委的青睐。

③ 工作思路。即要回答“准备怎么做”的问题。结合岗位工作职责谈谈如果竞聘成功，今后的具体工作思路。这是体现竞聘者实际能力的关键，也是展示执行力、获得评委支持的关键。写作此部分内容要注意：一要具体。如：你只是说“竞聘经理成功后，我一定会加倍努力，不辜负领导与同事们的希望”，就显得很空洞，没有什么实质内容。但如果你这样讲述：“如果我竞聘成功，我会带领本部门的同事做好三件重要事情：一是制订好工作计划，明确新的一年的工作方案和任务分工，确保工作计划能全面完成；二是落实好重点工作，通过增加人力、物力、财力的投入，层层落实责任，确保工作计划目标的完成；三是抓好工作检查与监督，对照工作标准，强化工作过程与目标的督查。”这样就能把空洞的表态说得更加具体，才能获得评委与领导的支持。二要有可操作性。竞聘中讲述的“施政纲领”一定要有操作性，能真正落地，不能让评委觉得你的方案根本没有办法操作，像空中楼阁，没有办法实现。

3. 结尾

结尾是竞聘词的“画龙点睛”之处，也是能够掀起高潮的部分，必须恳切又具有力量。竞聘词的结尾部分至少应该包含表态和拉票两部分的内容。

(1) 表态。表态就是竞聘者表明如果竞聘成功了准备怎么办，如果竞聘失败了又准备怎么办。从领导的角度来说，选拔合适人才到合适的岗位上是每一个领导心中的目标，但他们同样也希望落选者能够调整心态，继续认真工作，而不是一蹶不振。所以，竞聘者一定要表明态度，一方面可以表现出理性、成熟、不怕挫折的工作态度，另一方面也体现出个人谦虚谨慎、乐观的个性特征。

(2) 拉票。即希望评委能把宝贵的一票投给自己。竞聘的目的性非常强，前面所有的讲述内容就是为了自己能当选。所以，这个环节一定要有，不能省略。

例文 7-1

竞 聘 词	【标题】
尊敬的评委们：	【正文】
大家下午好！首先，非常感谢各位评委给我提供一个展示自我的平台！我是来自××分院××班级的×××。	（开场）
竞聘学生会干部一直是我的一个梦想，因为我想通过学生会组织认识更多的优秀同学，给自己一个更大的竞争和锻炼的舞台，提升自身的组织和领导能力。因此，我今天要竞选的是学生会主席一职。	（主体） 竞聘原因
目前，我在××分院担任分院学生会副主席一职。任职期间，我一直积极组织并参与分院各项团学活动，学会了……在活动组织、协调等方面……曾多次代表专业参加……比	竞聘优势

赛，获得……成绩。 　　如果我有幸能成为校学生会的一员，我会全身心投入学生会工作中。我想从以下几个方面着手做好各项工作。一是……；二是……；三是……；四是……。	工作思路
当然，如果今天我没有被录用，我也会摆正自己的心态，成不骄，败不馁。 　　谢谢各位评委！恳请各位评委投我一票，谢谢！	【结尾】 表态 拉票

二、述职报告的拟写

（一）述职报告的概念

述职报告是各级机关、社会团体和企事业单位的领导及工作人员，向所在单位的主管部门、领导或本单位职工群众，陈述自己在一定时期内的任职情况，包括履行岗位职责，完成工作任务的成绩、缺点、问题、设想，从而进行自我回顾、评估、鉴定的书面报告。

课程思政案例 7－2

中国共产党百年述职报告

尊敬的全国各族人民：

你们好！我的名字叫作中国共产党，以下是我的百年述职报告。

我诞生在 1921 年，那是一个内忧外患、苦难深重的中国。目睹山河破碎、百姓流离，我痛苦不已。

怀揣一腔热血，渴望寻求到救国救民的出路。在无数种信仰的交锋中，我选择了马克思主义。

从南湖红船的启航，到南昌城头的枪响，从井冈山的星星之火，到二万五千里的漫漫长征，从艰苦卓绝的十四年抗战，再到解放战争的弹雨硝烟，一路走来，真的很难。

当面临生死的抉择，当面对信仰的考验，我分明听到有种声音在说：甘将热血沃中华！

听到那大声呐喊：生是为中国，死是为中国！

每每想起这些舍生忘死的同志，想起那些浩然慷慨的义举，我都忍不住流泪。一遍遍告诉自己：永志不忘，切莫辜负。

经过 28 年的浴血奋战，在广大人民群众的支持下，我们终于彻底结束了旧中国半殖民地半封建社会的历史，成立了中华人民共和国。

我激动不已，仿佛看到了革命先烈们梦寐以求的可爱的中国。

我知道，历史选择了我，人民选择了我。

赶考路上，我一刻都不敢懈怠，我们完成了土地改革和社会主义革命，制定了一个个“五年计划”的小目标，夯实着共和国的经济基础，国际地位也在不断提高。

在社会主义建设的探索中，我也曾走过弯路。

通过解放思想、实事求是，终于迎来了改革开放的变革，开辟出我们自己的中国特色社会主义道路。我依靠人民，跨过一道又一道沟坎，取得一个又一个胜利，经过长期努力，中国特色社会主义进入了新时代。

到如今，全面建成小康社会终于取得历史性的成就。

当看到国之重器上天入海，探索苍穹；当看到超级工程攻坚克难，刷新纪录；当看到中国智慧走出国门，惊叹世界，我都在为自己的国家和人民感到无比骄傲。

如今，我们的经济实力、综合国力不断增强，人民的生活水平持续改善，现行标准下 9 899 万农村贫困人口全部脱贫。

这，就是我们的道路。在这百年征程里，有风调雨顺、凯歌高奏，也有危难之际的绝处逢生，挫折之后的毅然奋起和失误之后的拨乱反正。

但不论怎样，我从没想过放弃。我深知打铁还需自身硬，这一路都坚持自我革命。我也从未忘记过自己的初心，并将永远对人民保持赤子之心。

从石库门到天安门，从兴业路到复兴路，从 50 多人到 9 000 多万人，如今站在“两个一百年”的历史交汇点，全面建设社会主义现代化国家新征程开启，我定会不忘初心、继续前进，努力向历史、向人民交出新的更加优异的答卷！

启示：中国共产党的这份百年述职报告，陈述了中国共产党百年的光辉奋斗历史，阐述了共产党人不畏风险、不惧挑战、不折不挠的崇高品格，述说了一代又一代共产党人接续奋斗、赓续使命、笃定拼搏的精神基因，也是对下一个百年的启示和指引。

(二) 述职报告的特点

1. 自我评述性

述职报告是报告的一种特殊形式，主要是“述”自己的“职”，“报”自己的“告”，是对一定时期内个人工作职责的自我回顾、检查和评价。

2. 时限性

述职报告有严格的时间限制性，是述职者按照考核要求对相应考核期间内个人工作的述职。

(三) 述职报告的结构和写作要求

述职报告的结构主要包括标题、正文和落款三大部分。

1. 标题

述职报告的标题主要有以下几种形式：

(1) 用文种名称做标题，如《述职报告》。

(2) 标题由时间和文种名称构成，如《2022 年度述职报告》。

（3）标题由所在单位、职务、时间和文种名称构成，如《××公司市场部经理2022年度述职报告》。

（4）双标题，一般用文章式标题和公文式标题组成正副标题，正标题可以概括为主要内容，副标题写明所在单位、职务、时间和文种。如：《恪尽职守　勇于创新——××公司市场部经理2022年度述职报告》。

2. 正文

述职报告正文部分由前言、主体、结尾三部分组成。

（1）前言。前言部分主要介绍任职概况，包括任职时间、职称、岗位职责，以及对个人所任工作的总体评价等。

（2）主体。述职报告的主体部分主要是述职者根据其岗位责任目标，结合述职要求，分项叙述其任职期间的工作完成情况、工作业绩、不足之处及应对措施、下一步打算等。写作时，要求实事求是，突出重点。其写作结构可采用以下几种形式，便于领导和同事记忆，也会让人有耳目一新的感觉，体现述职人员的水平与能力。

①“一二三”模式。述职报告的主体框架与主要内容总结为“一二三”模式，即“围绕一个中心、突出两项重点、取得三项成绩”。

案例分析 7-2

小王是一家国有企业的市场部经理。在公司2022年的述职大会上，小王述职主要从三个方面展开：一是以市场销售业绩为中心；二是突出重点客户的公关和重点区域的覆盖；三是在销售队伍的成长、销售量的新高、营销模式的改革都上了一个新的台阶……

分析：小王的述职报告运用的就是“一二三”模式，即围绕一个中心——以市场销售业绩为中心；突出两项重点——突出重点客户的公关和重点区域的覆盖；取得三项成绩——在销售队伍的成长、销售量的新高、营销模式的改革三项工作中都上了一个新的台阶。

②“三三三”模式。述职报告的主体框架与主要内容总结为“三三三”模式，即“取得三项重大成绩、主抓三项重点工作、取得三项重要创新”。

案例分析 7-3

老李是一家国有企业的副总经理，在公司2022年的述职大会上，老李的述职主要从三个方面展开：一是取得了销售业绩在同行业中首次进入前三名、公司发展获得了市政府的表彰、公司员工人数同比增加了30%三项重大成绩；二是主抓了产品销售业绩、公司人才队伍的建设、公司良好文化氛围营造三项重点工作；三是取得了信息数据分析与应用、市场占有率的拓展、销售模式的有效构建三方面的创新。

分析：老李的述职报告运用的就是“三三三”模式，即取得三项重大成绩——销售业绩在同行业中首次进入前三名、公司发展获得了市政府的表彰、公司员工人数同比增加了30%；主抓三项重点工作——主抓了产品销售业绩、公司人才队伍的建设、公司良好文化氛围的营造；取得三项重要创新——信息数据分析与应用、市场占有率的拓展、销售模式的有效构建。

③“三二一”模式。述职报告的主体框架与主要内容总结为“三二一”模式，即“取得三项重大成绩、落实二项重点工作、围绕一个中心工作”。

案例分析 7-4

老张是一家国有企业的副总经理，在公司2022年度的述职大会上，老张的述职主要从三个方面展开：一是取得了销售业绩在同行业中首次进入前三名、公司发展获得了市政府的表彰、公司员工人数同比增加了30%三项重大成绩；二是落实了重点客户的公关和重点区域的全面覆盖两项重点项目；三是以市场销售业绩为中心开展工作。

分析：老张的述职报告运用的就是“三二一”模式，即取得三项重大成绩——销售业绩在同行业中首次进入前三名、公司发展获得了市政府的表彰、公司员工人数同比增加了30%；落实两项重点——重点客户的公关的落实和重点区域的全面覆盖的落实；围绕一个中心——以市场销售业绩为中心。

(3) 结尾。结尾部分主要介绍对今后的工作设想，或对全文作概括性总结，或表达自己的决心。当然，如果主体部分写了这方面内容，则结尾可省略。

3. 落款

述职报告的落款包括署名和成文时间两个部分。

(四) 述职报告的写作技巧

1. 突出重点工作，切勿平均用力

述职报告可以结合行业企业特点、单位性质、岗位职责来撰写，站位要有高度，切勿广撒“胡椒面”。述职报告的时间是有限的，要给领导和同事留下深刻的印象，必须把有限的时间用在刀刃上，突出重点工作，讲出细度高度深度。应该全面围绕“上级重点关注的、同事十分想听的、自己深刻感受的”进行重点展开、充分展示。当在展现自己的优势与成绩时，不要“自吹自擂”，可以通过第三方的数据与评价来说明问题，如政府的数据、上级的表彰、媒体的报道等。

2. 注重结构完整，遵循逻辑规律

述职报告的写作过程中，要做到三个关键点。一是充分对照自己的岗位职责、对照上级对自己要求、对照自己的工作记录进行梳理罗列。二是将梳理出来的工作进行分门别类的区分，可以按照工作职责分类，也可以按照时间顺序分类。三是需要进行概括、深化与提炼。可以从“基于什么、干了什么、结果如何”三个方面，用主题句和关键词对相关的素材进行概括与提炼。

案例分析 7-5

2021 年，按照中央和省委关于“学习党史”学习教育的整体安排与部署，我们把学习党史教育作为今年党建工作的主要任务来抓，通过扎实抓好三个层面人员，着眼规定动作，突出融合结合，从好从实推进，确保党史学习教育取得实效。

分析：这段述职报告内容注重有序表达，逻辑性强。首先写了“基于什么”的依据——按照中央和省委关于“学习党史”学习教育的整体安排与部署；其次写了“干了什么”——把学习党史教育作为今年党建工作的主要任务来抓，通过扎实抓好三个层面人员，着眼规定动作，突出融合结合，从好从实推进；最后写了“结果如何”——党史学习教育取得实效。

3. 运用数据表达，不要回避失误

在述职报告写作过程中，应该说数据、重成绩，要把自己的数据、综合水平以及综合能力充分展示，以获得领导和同事的信任。

同时，既要讲成绩也要讲不足，不要回避失误。很多人在述职报告的过程中大谈特谈自己的成绩，对工作失误避而不谈，这样显得不够真诚，也缺乏面对失误的心态。建议在谈成绩的同时，也谈谈工作中的失误以及相应的解决之道，这样容易获得领导与同事的认可。

例文 7-2

述 职 报 告	【标题】
2022 年，在公司各部门的配合和支持下，综合办公室按质完成了各项工作。现将本年度个人工作情况作如下述职： 一、本年度工作概况及成效 1. 健全管理制度。…… 2. 重视员工素养。…… 3. 提高服务质量。…… 4. 加强部门协调。…… 二、存在问题 1. …… 2. ……	【正文】 （前言） （主体）

3. ……	
三、下一步打算	（结尾）
1. ……	
2. ……	
3. ……	
综合办公室：×××	
2023 年 1 月 10 日	【落款】

思考与练习

一、不定项选择题

1. 下列竞聘词的标题，不正确的是(　　)。

A. 关于学生会主席岗位的竞聘词

B. 竞聘词

C. 勇往直前，开拓创新——营销部经理岗位竞聘词

D. 雄关漫道真如铁 而今迈步从头越

2. 述职报告的主体部分包括(　　)。

A. 任职期间的工作完成情况　　B. 任职期间的工作业绩

C. 任职期间的不足之处　　D. 下一步打算和应对措施

3. 述职报告的写作技巧有(　　)。

A. 突出重点工作　　B. 注重结构表达

C. 注重说数据、重成绩　　D. 重点突出个人成绩

二、判断题

1. 竞聘词的主体包括竞聘原因、竞聘优势和工作思路三大方面的内容。(　　)

2. 竞聘时，拉票环节可有可无，是可以省略的。(　　)

3. 述职报告写作时要重点突出个人成绩，对工作失误可以回避，甚至避而不谈。(　　)

7-1思考与练习答案

三、实务题

1. 学校即将举行“双代会”，你有意向竞选副主席一职，请你拟写一篇竞选词。

2. 一学期即将结束，请你结合自身的学生干部工作经历，拟写一份述职报告。

任务二 竞聘演讲

核心概念

1. 就职演讲：包括称呼、开头、主体和结尾四个部分。

2. 竞聘答辩：要沉着冷静、条理清晰，注重与评委的目光交流。

学习目标

1. 知识目标

(1) 了解就职演讲和竞聘答辩的概念。

(2) 掌握就职演讲的基本结构。

(3) 掌握就职演讲和竞聘答辩的技巧。

2. 能力目标

(1) 能运用相关知识，完成模拟就职演讲和竞聘答辩的全过程。

(2) 能运用相关知识，进一步提高自己回答问题和随机应变的能力，赢得评委和领导的信任。

3. 素养目标

(1) 正确理解“只有将个人的发展融入国家社会的发展才能最大限度实现自我价值”。

(2) 加强社会责任感，增强报效祖国的信念。

基本知识与技能

一、就职演讲

就职演讲是新任领导面对其职权范围内的所有人而发表的任职演讲，它是就职者就职后的第一场公开演讲。如果演讲到位，会给领导和下属留下良好的第一印象。

课程思政案例 7-3

习近平在第十四届全国人民代表大会第一次会议上的讲话

各位代表：

这次大会选举我继续担任中华人民共和国主席，我对各位代表和全国各族人民的信任，表示衷心感谢！

这是我第三次担任国家主席这一崇高职务。人民的信任，是我前进的最大动力，也是我肩上沉甸甸的责任。我将忠实履行宪法赋予的职责，以国家需要为使命，以人民利益为准绳，恪尽职守，竭诚奉献，绝不辜负各位代表和全国各族人民的重托！

各位代表！

具有五千多年文明史的中华民族，在历史上创造了无数辉煌，也经历过许多磨难。近代以后，中国逐步成为半殖民地半封建社会，饱受列强欺凌、四分五裂、战乱频繁、生灵涂炭之苦。中国共产党成立之后，紧紧团结带领全国各族人民，经过百年奋斗，洗雪民族耻辱，中国人民成为自己命运的主人，中华民族迎来了从站起来、富起来到强起来的伟大飞跃，中华民族伟大复兴进入了不可逆转的历史进程。

从现在起到本世纪中叶，全面建成社会主义现代化强国、全面推进中华民族伟大复兴，是全党全国人民的中心任务。强国建设、民族复兴的接力棒，历史地落在我们这一代人身上。我们要按照党的二十大的战略部署，坚持统筹推进“五位一体”总体布局、协调推进“四个全面”战略布局，加快推进中国式现代化建设，团结奋斗，开拓创新，在新征程上作出无负时代、无负历史、无负人民的业绩，为推进强国建设、民族复兴作出我们这一代人的应有贡献！

各位代表！

在强国建设、民族复兴的新征程，我们要坚定不移推动高质量发展。要完整、准确、全面贯彻新发展理念，加快构建新发展格局，深入实施科教兴国战略、人才强国战略、创新驱动发展战略，着力提升科技自立自强能力，推动产业转型升级，推动城乡区域协调发展，推动经济社会发展绿色化、低碳化，推动经济实现质的有效提升和量的合理增长，不断壮大我国经济实力、科技实力、综合国力。

我们要始终坚持人民至上。……

我们要更好统筹发展和安全。……

我们要扎实推进“一国两制”实践和祖国统一大业。……

我们要努力推动构建人类命运共同体。……

各位代表！

治国必先治党，党兴才能国强。推进强国建设，必须坚持中国共产党领导和党中央集中统一领导，切实加强党的建设。要时刻保持解决大党独有难题的清醒和坚定，勇于自我革命，一刻不停全面从严治党，坚定不移反对腐败，始终保持党的团结统一，确保党永远不变质、不变色、不变味，为强国建设、民族复兴提供坚强保证。

各位代表！

强国建设、民族复兴的宏伟目标令人鼓舞，催人奋进。我们要只争朝夕，坚定历史自信，增强历史主动，坚持守正创新，保持战略定力，发扬斗争精神，勇于攻坚克难，不断为强国建设、民族复兴伟业添砖加瓦、增光添彩！

谢谢大家！

启示：在2023年3月13日第十四届全国人大一次会议闭幕会上，习近平总书记发表重要讲话。这也是习近平第三次担任国家主席后发表的重要讲话。这次讲话同 2013 年、2018 年的两次讲话一脉相承，情真意切、字字千钧，都表达了强烈的使命和担当，宣示了坚定的决心和意志，发出了勠力同心、勇毅前行的号召。

(一) 就职演讲的基本结构模式

就职演讲的基本结构包括称呼、开头、主体和结尾四个部分。

1. 称呼

称呼，即就职演讲时对听众的称呼，要亲切得体，拉近双方的距离。

2. 开头

开头，即表达就职者的心情，对听众的谢意，要简短亲切。

3. 主体

主体，即表达就职者近期要做的重要工作，可分条表述，要具体充实。

4. 结尾

结尾，即表示就职者就职后的决心，展望未来，鼓舞斗志，并以表示决心或号召的话语作为结尾。

(二) 就职演讲技巧

这里向大家介绍几种就职演讲的常用技巧。

1. 借就任时间发挥

在就职演讲中，就职者可以巧借就职年份这个特定的时间来组织语言，能起到意想不到的效果。

案例分析 7-6

2022 年为中华民族传统虎年，也是宏远公司何总经理新上任的一年。年初，在其就职演讲中，何总讲到自己新年的工作态度时，说道："我们工作决不能虎头蛇尾，而要生龙活虎。只有营造龙争虎斗的积极向上场面，才能如虎添翼，再创佳绩。"

分析：在何总的就职演讲中，他用一连串与虎年相关的成语，妙语连珠，既贴切生动，又情真意切，给全公司员工留下了深刻的印象。

2. 借他物寓意发挥

在就职演讲中，就职者可以托物言志，借题发挥，生动形象的表述更容易让听众理解和印象深刻。

案例分析 7-7

孙局长在担任某市商检局局长的就职演讲中，说道："来这里主持工作，随身带了三件东西：第一，我带来了一只碗。平时，碗口总是向上，什么意见都能装，一定广采众议，悉心听取；形成了决议碗口朝下，包括我在内，谁也不能轻易再翻动，要实行集中指导下的广泛民主，在广泛民主的基础上的最大集中。同时，还要用它装满水，举起来，大家看端得平不平。第二，我带来一张纸，决不用它打收条、打欠条，我要用奋斗写下今后的历史，交上合格的答卷。第三，我带来一颗诚心。除了布置工作和检查工作，大家就是同志朋友的关系，手足之间以诚心相待。”

分析：孙局长的就职演讲构思新颖，比喻恰当。以一只碗的三种形态构成三个比喻，寓意深远，十分自然得体，足见其就职演讲的独具匠心。

案例分析 7-8

孟华强是空降至某集团环保科技有限公司的总经理。这天是孟总与公司全体员工的第一次见面，他正在台上作就职演讲。“我刚刚走上台的时候，我发现大家向我投来了‘礼物’——大家的目光。这些目光有信任的、有怀疑的、有期待的、有木讷的……不过，不管你们怎么评价我这个新上任的总经理，我觉得对我都一份值得珍惜的礼物。我会收下所有的礼物，并作为鞭策我的动力……”

分析：孟总以大家投来目光作为礼物开场，故设悬念，引起听众注意。然后围绕目光，紧扣主题引出对今后的工作的态度和决心。

3. 借选票票数发挥

在很多就职演讲是在投票结束后进行的，因此就职演讲可以借投票的结果加以发挥。

案例分析 7-9

在一次工会主席选举中，新当选的郑主席在投票后的就职演讲中说道：“在这次工会主席选举中，我有幸获得了85%的选票。首先，非常感谢这85%的人对我的肯定和支持。其次，还有15%的人没有选我，那可以说明几点：一是我的工作还存在令人不满意的地方；二是有部分同事对我是否能当好工会主席还持怀疑态度，不够信任。我想我会用实际行动来证明一切，不辜负85%投我票的同事，更要让15%没有投我票的同事改变对我的看法。”

分析：郑主席在就职演讲中投票结果的两个百分比数据作了深入分析，恰到好处，声声有理，与众不同。

4. 借听众目光发挥

成功的就职演讲者善于捕捉现场的场景，甚至听众的目光，并及时运用到就职演讲中，与现场形成良好的互动。

5. 借史地特点发挥

有些就职者注重捕捉就职所在地的历史文化和地理环境作演说，以此拉近与听者之间的距离。

二、竞聘答辩

在竞聘的过程中，竞聘者不仅要进行竞聘演讲，还要就工作岗位的竞聘意向和岗位具体职责进行竞聘答辩。

（一）要与评委有目光交流

竞聘答辩时，与评委进行目光交流是十分重要的。如果竞聘者在整个答辩的过程中，一直埋头念稿，而不与评委进行目光交流，会让评委感觉应聘者不够自信。如果竞聘者的目光中充满了自信，并与评委目光交流，那么效果一定会不一样。

（二）条理和理论都很重要

答辩是口头语言表达，是一种问答式的沟通与交流，所以答辩时的条理性和理论性非常重要。答辩时评委提出的问题，一定要条理清楚地回答。例如，可以这样回答评委的提问：“尊敬评委，您好！您刚刚提出的问题，我想从三个方面进行回答。一是……；二是……；三是……”这样的回答更具有条理性和逻辑性。竞聘者答辩时要学会从具体实践中进行归纳与概括、提炼与升华，讲出对问题理论性的认识，做到理论联系实践。

（三）回答不出问题时不要慌张

在竞聘过程中，谁都不能保证面对评委的提问能全部快速反应，且重点突出、条理清晰。当回答不出来的时候怎么办？竞聘者可以采取以下两种办法：一是重新复述一下刚才评委提出的问题。例如“尊敬的评委，您好！如果我没有理解错的话，您提出的问题是……”复述时等于在第二次审题，同样也可以为自己赢得思考的时间；二是从问题中的基本概念进行解释，找到问题的起源，只要不是太难的问题，多数情况下能由基本概念引出解答问题的灵感。

思考与练习

一、不定项选择题

1. 就职演讲的基本结构包括（　　　　）。

A. 称呼　　B. 开头　　C. 主体　　D. 结尾

2. 就职演讲时我们可以（　　　　）。

A. 借就任时间发挥　　B. 借他物寓意发挥

C. 借选票票数发挥　　D. 借听众目光发挥

E. 借题发挥夸夸其谈　　F. 借史地特点发挥

3. 竞聘答辩的技巧有（　　　　）。

A. 注重理论性　　B. 沉着冷静

C. 条理清晰　　D. 注重与评委的目光交流

二、判断题

1. 答辩时竞聘者要讲出对问题理论性的认识，做到理论联系实践。 （　　）

2. 竞聘答辩时，要避免与评委进行目光交流，以免增加紧张感。 （　　）

3. 就职演讲的结尾要表示就职者就职后的决心，展望未来，以鼓舞斗志。 （　　）

7-2思考与练习答案

三、实务题

1. 学校将面向全校学生举行“十佳大学生”的评比活动，辅导员推荐你作为候选人代表，请你写一篇竞选演讲稿，并在课堂上进行竞选练习。

2. 学校即将举行“双代会”，你有意向竞选副主席一职，请你写一篇竞选演讲稿，并在班级里进行竞选演讲。

模块八

商务谈判与合作

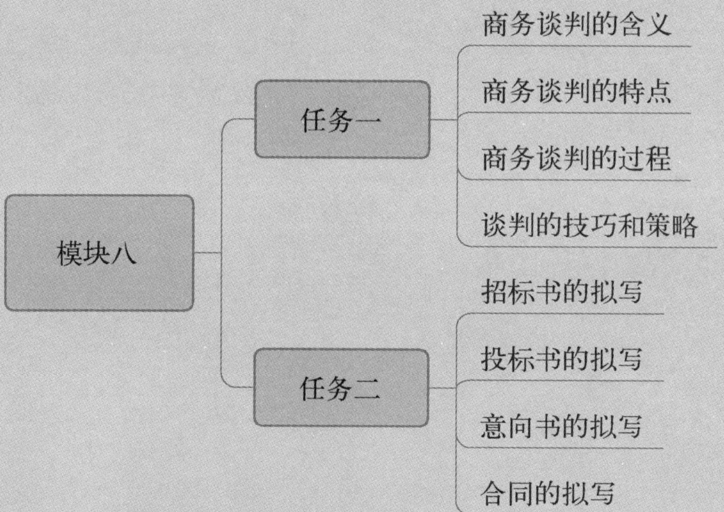
模块八
任务一
商务谈判的含义
商务谈判的特点
商务谈判的过程
谈判的技巧和策略
任务二
招标书的拟写
投标书的拟写
意向书的拟写
合同的拟写

任务一 商务谈判

核心概念

1. 商务谈判的含义：是指商务组织在商务活动过程的各个环节，为了实现一定的经营目标，围绕产品、人力、资本（资金、土地，设备、厂房设施）、技术、市场等资源，彼此之间通过交流各自的主张、需求和愿望，协调相互利益关系，达成满足各方利益需求的过程。

2. 商务谈判的特点：以获得经济利益为目的；以价值谈判为核心；注重合同的严密性与准确性。

3. 商务谈判的过程：谈判计划与谈判准备；报价与磋商；让步及妥协；契约的签订。

4. 谈判的技巧和策略：确定谈判态度；充分了解谈判对手；准备多套谈判方案；建立融洽的谈判气氛；设定好谈判的禁区；语言表述简练；以柔克刚；曲线进攻；善于倾听；控制谈判局势；学会以退为进。

学习目标

1. 知识目标

（1）了解商务谈判的特点。

（2）理解商务谈判的含义。

（3）掌握商务谈判的流程和技巧。

2. 能力目标

（1）学会谈判前信息的收集和分析。

（2）熟练掌握谈判报价规律。

（3）运用谈判技巧进行磋商。

3. 素养目标

通过“谈判沟通中的文化障碍”故事的学习，领会高超的领导艺术和机智幽默的人格魅力，领会党的斗争精神，在斗争中维护国家尊严和核心利益。

基本知识与技能

“谈判”是大家熟悉的一个概念，它并不是谈判专家的智力游戏，而是每天都发生在我们身边，人们可能经常处于某件事情的谈判中。由于双方所掌握或拥有的社会资源的不同或者不均衡，缺少资源的一方想从拥有资源的一方手中获得自己所需要的资源，或者相互合作、互通有无、实现共赢，从而产生谈判。

一、商务谈判的含义

商务谈判是谈判的一种，是在商品经济条件下产生和发展起来的，它已经成为现代社会经济生活必不可少的组成部分。商务谈判是指商务组织在其商务活动过程的各个环节，为了实现一定的经营目标，围绕产品、人力、资本（资金、土地、设备、厂房设施）、技术、市场等资源，彼此之间通过交流各自的主张、需求和愿望，协调相互利益关系，达成满足各方利益需求的过程。可以说，没有商务谈判，经济活动便无法进行。小到生活中的讨价还价，大到企业之间的合作、国家与国家之间的经济技术交流，都离不开商务谈判。

二、商务谈判的特点

（一）以获得经济利益为目的

不同的谈判者参加谈判的目的是不同的，外交谈判、政治谈判、军事谈判等首先关注的是某一种基本利益，其重点不一定是经济利益，而商务谈判则十分明确，谈判者以获取经济利益为基本目的，在满足经济利益的前提下才涉及其他非经济利益。在商务谈判中，人们通常以获取经济效益的多少来评价一项商务谈判的成功与否，不讲求经济效益的商务谈判就失去了价值和意义。

（二）以价值谈判为核心

在商务谈判中，即使谈判者的需求和利益表现在众多方面，但价值可以说是所有商务谈判的核心。而商务谈判的价值往往会用价值的表现形式——价格来衡量。但在商务谈判中，我们也不能仅拘泥于价格，还需设法从其他利益因素上争取应得的利益，尤其是在价格上与对方争执不休的情况下，一味局限于此并不一定可以取得好的谈判结果。

（三）注重合同的严密性与准确性

商务谈判的结果是由双方协商一致的协议或合同来体现的。合同条款实质上反映了各方的权利和义务，合同条款的严密性与准确性是保障谈判获得各种利益的重要前提。在拟订合同条款时，我们不能掉以轻心，要注意合同条款的完整、严密、准确、合理、合法，防止陷入谈判对手在条款措辞或表述技巧上设置的陷阱，从而导致到手的利益丧失殆尽。因此，在商务谈判中，谈判者不仅要重视口头上的承诺，更要重视合同条款的准确和严密。

三、商务谈判的过程

图 8-1 商务谈判流程

（一）谈判计划与谈判准备

1. 谈判计划

谈判计划主要包括：确定谈判目标及底线；明确谈判内容及具体细节；拟定谈判策

略、角色分工及应变措施；商定谈判地点及谈判议程；选定谈判队伍，注意人员组成中应尽可能专业互补、性格互补、能力互补、经验互补。

2. 谈判准备

谈判的准备工作大致可分为：

(1) 心理准备。谈判过程在某种程度上是谈判参与者心理素质的较量，谁的心理能力强，谁就能在关键时候“挺”住。而心理承受能力又与事先准备工作有关。在谈判之前要预估各种可能出现的状况，如对手很不友好，或对手很强硬，或相互纠缠较久，或谈判时突发变故，或因情报失真、估计不足、判断失误而让己方陷入被动局面等，都应做好相应的心理准备和应对措施。

(2) 组织准备。包括人员、资料、场地、经费等多方面的计划和安排落实。

(3) 信息准备。包括情报收集、技术规范、法律规范、人文习俗、数据及资料分析等。

(4) 方案准备。谁主谈、怎么谈、谁当先锋，谁唱红脸、谁唱白脸，如何报价、如何让步、如何摸底、如何辩论、如何选择替代方案等，都必须先设计好、商定好。

(二) 报价与磋商

谈判中的报价，并非单纯指交易价格，它包括交易价格、交货期、付款方式、数量和质量要求、保证条件等。

1. 报价先后顺序会关系到谈判的利弊得失

一般谁发起谈判，应由谁先报价；投标者与招标者之间，一般应由投标者先报价；卖方与买方之间，一般由卖方先报价。在竞争激烈、冲突显著的商务谈判中，谁先报价，谁就更容易获得谈判的主动权。

2. 明确谈判双方报价的规律

一般来说，卖方的开价一定会尽可能高，然后逐步降低，但不大可能低于他的底价。相反，买方的还价一定尽可能低，然后逐步升高，直至升至其心理底价。磋商实际上是在一方的出价与另一方的心理底价之间进行。

3. 掌握报价磋商的基本技巧

(1) 挑刺砍价法，即想方设法挑出对方的毛病，借以作为要求降价的理由。

(2) 附加条件砍价法，即在价格适当让步的同时，提出附加条件，借以获得补偿。

(3) 替换砍价法，即给出看起来容易被对方接受的替换方案。

(4) 亮“底”或算账砍价法，即把价格构成的各部分分项说明，让对方感觉很实在，合情合理，也就不便再纠缠了。

(三) 让步及妥协

1. 让步和妥协的规则

(1) 切忌轻易让对手从你这里获得让步，因为任何人都不会重视轻轻松松得来的成果。

(2) 切忌企图用让步来赢得对手的好感，谈判场上，谁都会崇拜精明、能干的人。

(3) 切忌“一步到位”式的一次性大幅度让步，以免引起对方质疑，刺激对方纠缠的积极性。

(4) 力求率先以小的、不太重要的让步来做出姿态，换取对方在重要的、较大的问题上做出让步。

（5）尽可能把让步变成为“挪步”，采用“无损替代”的方式给人一个“台阶”，让人感觉你在让步，但实际你可能只是“平移”了一下，毫发无损。

（6）尽可能采取有条件的让步而不是单方面的让步，俗话说“各让一步”。

2. 迫使对方让步的方法

（1）给对方施压，让对方感觉不能再纠缠下去了，否则，有可能因谈判破裂而前功尽弃。

（2）制造和利用竞争，让对方感觉他并不是唯一的合作选择对象。

（3）尽可能“化敌为友”，利用对方内部的不和谐来分化对手，促使其让步。

（4）向对方发出最后通牒、最后时限等促使对方让步。

（四）契约的签订

通过双方的让步和妥协，谈判双方就磋商的问题基本达成一致，这时进入签约阶段。在一些重大的大型项目合作中，谈判只是解决主要条款的异议，对一些细小的问题尚未触及。故谈判结束时要签订一份“协议备忘录”或“谈判备忘录”，它是签订正式协议或契约的基础。备忘录对双方的约束基于商业信用上的承诺，而契约对双方的约束则基于法律责任上的承担，两者约束力不同。

案例分析 8-1

打有准备的仗

我国某冶金公司要向美国购买一套先进的组合炉，派出了高级工程师与美商谈判。为了不负使命，这位高工作了充分的准备，查找了大量有关冶炼组合炉的资料，花了很大的精力了解国际市场上组合炉的行情及美国这家公司的历史和现状、经营情况等。谈判开始，美商一开口要价150万美元。这位高工列举各国成交价格，使美商目瞪口呆，终于以80万美元达成协议。当谈判购买冶炼自动设备时，美商报价230万美元，经过磋商压到130万美元，中方仍然不同意，坚持出价100万美元。美商表示不愿继续谈下去了，把合同往这位高工面前一扔，说：“我们已经作了这么大的让步，贵公司仍不能合作，看来你们没有诚意，这笔生意就算了，明天我们回国了”。这位高工闻言轻轻一笑，把手一伸，做了一个优雅的“请”的动作。美商真的走了，冶金公司的其他人有些着急，甚至埋怨这位高工不该压价这么低。这位高工说：“放心吧，他们会回来的。同样的设备，去年他们卖给法国只有95万美元，国际市场上这种设备的价格100万美元是正常的。”果然不出所料，一个星期后美方又回来继续谈判了。这位高工向美商点明了他们与法国的成交价格，美商又愣住了，没有想到眼前这位中国商人如此精明，于是不敢再报虚价，只得说：“现在物价上涨厉害，比不了去年。”这位高工说：“每年物价上涨指数没有超过6%。你们算算，该涨多少？”美商被问得哑口无言，在事实面前，不得不让步，最终以101万美元达成了这笔交易。

分析：对于这个案例，可以明显看出，这位高工对于谈判技巧的运用更为娴熟，赢得有利于己方利益的谈判结果也是一种必然，下面分别从中美双方谈判人员的表现来进行分析：

从美方来看。存在以下几个问题，或者是其谈判败笔所在。

（1）收集、整理对方信息上没有做到准确、详尽、全面。从原因来看，可能是因为：没有认清谈判对象的位置。美商凭借其技术的优势性以及多次进行相类似交易的大量经验，轻视对手，谈判前就没有做好信息收集工作。于是在谈判中在对方已掌握大量信息的局面下陷于被动，一开始就丧失了整个谈判的主动权。

（2）谈判方案的设计没有做到多种备选。在对方的多次反击中，仓促应对。针对其谈判方式设计的单一化，包括：① 过早的判定问题，从中可推测出，美方一开始就认为此行不会很难，谈判结果应该是对己方利益更有利；② 只关心自己的利益，美方以其组合炉技术的先进为最大优势，认为铁定会卖个高价，但并未考虑中方对此的急迫需求与相应的谈判准备，在对方信息谈判的攻击下，频频让步。

（3）在谈判过程中，希望用佯装退出谈判迫使中方做出让步，无奈在对方以资料为基础辨别出其佯装的情况下，该策略失败。

从中方来看，胜利的关键在于对对方信息的充分收集整理，用大量客观的数据给对方施加压力。从收集的内容可看出，中方不仅查出了美方与他国的谈判价格（援引先例），也设想到了对方可能会反驳的内容并运用相关数据加以反击（援引惯例，如 6%），对客观标准作了恰到好处的运用，真正做到了“知己知彼，百战不殆”。此外，中方的胜利还在于运用了多种谈判技巧：

（1）谈判前，评估双方的依赖关系，对对方的接收区域和初始立场（包括期望值和底线）作了较为准确的预测，由此才能在随后的谈判中未让步于对方的佯装退出。

（2）谈判中，依靠数据掌握谈判主动权，改变了对方不合理的初始立场。

（3）在回盘上，从结果价大概处于比对方开价一半略低的情况可推测，中方的回盘策略也运用较好。

总结：商务谈判中的各种技巧，对于在各种合作中为自己赢得有利位置，实现自己利益的最大化有着极其重要的作用，但我们也要注意的是，技巧与诡计、花招并不相同，前者要求的是恰如其分，既要让对方心服口服，也要赢得有理有据。

四、谈判的技巧和策略

（一）确定谈判态度

面对不同的谈判对象，需要根据谈判对象与谈判预期结果来决定谈判时所要采取的态度。若谈判对象很重要而谈判的内容与结果并非很重要，则以让步的心态进行谈判，可在对企业没有太大损失与影响的情况下满足对方，便于今后更好地合作；若谈判对象和谈判的结果都很重要，则抱持一种友好合作的心态，尽可能达到双赢，将双方的矛盾转向第三方，将谈判的对立竞争转化为携手竞合；若谈判对象和谈判结果都不重要，则无需花太多精力，甚至可以取消谈判；若谈判对象不重要而谈判结果非常重要，则要以积极竞争的态度参与谈判，不用考虑谈判对手，完全以最佳谈判结果为导向。

(二) 充分了解谈判对手

对对手了解越多,越能把握谈判主动权。了解对手包括了解:对方的谈判目的、心理底线;对方公司经营情况、行业情况、谈判人员的性格、对方公司的文化、谈判对手的习惯与禁忌;其他竞争对手的情况等。了解对手可以避免很多因文化、生活习惯等方面的矛盾对谈判产生的额外障碍。了解其他竞争对手,对行情有更全面的了解,也可以给对方压力,增加谈判的资本。

案例分析 8-2

A 市一家公司到 B 市去采购成套设备。A 市因受地域文化的影响,人们崇尚自由、热情的生活方式,因此他们的时间观念普遍较差。A 市企业谈判人员一到 B 市,就因上街购物耽误了时间,当他们到达谈判地点时,比约定时间晚了 45 分钟。而 B 市人推崇节约时间和人力,认为浪费时间就是浪费资源、浪费金钱,他们在日常工作和生活中都注意遵守时间。因此,B 市企业谈判人员对 A 市企业谈判人员的迟到极为不满,花了很长时间指责 A 市企业谈判人员不遵守时间,没有信用,很难合作。对此,A 市企业谈判人员感到理亏,只好不停地向 B 市企业谈判人员道歉,在谈判过程中也显得手足无措,说话处处被动,无心与 B 市企业谈判人员讨价还价,对 B 市企业谈判人员提出的许多要求也没有静下心来认真考虑,匆匆忙忙就签订了合同。等到合同签订以后,A 市企业谈判人员平静下来时才发现自己吃了大亏,上了 B 市企业谈判人员的当,但已经晚了。

分析:在商务谈判中,不同国家、地区在价值观、文化习俗、生活习惯等方面都会存在着差异,这些差异会影响到谈判策略的运用,进而影响谈判的效果。上述案例中,A 市企业谈判人员就是因为在时间观念上与 B 市存在的差异,没有遵守谈判约定时间,被 B 市企业谈判人员抓住把柄严加指责。B 市企业谈判人员利用 A 市企业谈判人员的内疚,营造气氛,逐步掌握了谈判的主控权,迫使对方不断让步,最终在谈判中赢得胜利。所以,在对方主场上谈判时必须要入乡随俗,做好应对文化的差异谈判准备。

(三) 准备多套谈判方案

谈判结果一般都不会是双方最初拿出的那套方案,而是经过双方协商、妥协、变通后的结果。而且双方在洽谈的过程中,常常容易迷失最初的目标,或被对方带入误区。对此,最好的办法就是多准备几套谈判方案,先拿出最有利的方案,没达成协议就拿出备选方案,若还没有达成协议就拿出最后的方案。即使本方不主动拿出这些方案,也可做到心中有数,知道向对方的妥协是否偏移最初自己设定的框架,避免谈判结束后才发现,自己的让步已经超过了预计承受的范围。

微课:商务谈判礼仪

(四) 建立融洽的谈判气氛

合作、融洽的氛围有利于提升谈判效果,因此在谈判之初可以让对方产生一种彼此更像合作伙伴的潜意识，如先找到双方观点一致的地方并表述出来，这样可以让接下来的谈判更容易朝着达成共识的方向发展。当遇到僵持时，也可以拿出双方的共识来增强彼此的信心，化解分歧，还可以向对方提供一些其感兴趣的商业信息，或对一些不是很重要的问题进行简单的探讨。达成共识后，双方的心理就会发生奇妙的改变。

（五）设定好谈判的禁区

谈判是很敏感、很严谨的一类沟通，因此语言要简练、要严谨。为避免说出不该说的话，可以提前设定好哪些是谈判中的禁语、哪些是危险的话题、哪些是不能做的行为、哪些是谈判的心理底线等，并最大限度地避免谈及，以防在谈判中落入对方设下的陷阱或误区中。

（六）语言表述简练

人类接收外来声音或视觉信息的特点是：注意力会随着接收信息的增加越来越分散。因此，在商务谈判中忌讳语言松散或像拉家常一样的语言方式。如果谈判中充斥着一些无关痛痒的信息，重要的信息可能会被忽略。因此，谈判时要做到语言简练，针对性强，表述清楚自己的信息。如果要表达内容信息很多，比如合同书、计划书等，那么需要注意在讲述或者诵读时语气有高、低、轻、重的变化，如重要的地方提高声音、放慢速度，或穿插一些问句，引起对方的主动思考，增加对方的注意力。总之，在谈判中切忌使用模糊、啰唆的语言，这样不仅无法有效表达自己的意图，更可能使对方产生疑惑、反感情绪。

（七）以柔克刚

商务谈判的本质是一种博弈，一种对抗，会让双方都比较敏感。如果语言过于直率或强势，很容易引起对方的对抗意识或遭致反感。因此商务谈判中遇到分歧时，要很好地控制自己的情绪，保持笑容，语气委婉地与对手针锋相对，这样对方就不会启动头脑中敌意，谈判也不容易陷入僵局。

（八）曲线进攻

在谈判中，如果直奔目标可能会引起对方的警觉与对抗，因此可以通过语言引导对方，把对方的思维引入自己的包围圈中。比如，通过提问的方式，让对方主动替你说出你想听到的答案。反之，一开始就暴露了自己的意图，容易被对方所利用。这就是兵法中所说的“以迂为直”。

（九）善于倾听

在谈判这种竞争性活动中，有时并不是说的话越多就可以占据谈判主动权。在谈判中，若秉持着一种主动进攻的思维意识，总想多灌输自己的思想给对方，不仅会过多地暴露你的底线，也会让对方排斥，让对方的一肚子话被压抑下去，这种被压抑的结果则是很难妥协或达成协议。因此，谈判时也要善于倾听，让对方多多表达观点，从对方的话语中发现对方的真正意图，甚至是破绽。

（十）控制谈判局势

谈判活动表面上看来没有主持人，实则有一个隐形的主持人存在着，不是你就是你的对手。因此，要主动争取把握谈判节奏、方向，甚至是趋势。主持人应该具备的特质是：语言虽不多，但是直击要害；气势虽不凌人，但运筹帷幄，从容不迫；不是用语言把对手逼到“悬崖边”，而是用语言把对手指引到正确的合作道路。想做谈判桌上的主持人，就要体现出公平，即客观地面对问题，这在谈判开始时尤为重要，对手会本能地被主持人引导，局势将向对你有利的一边倾斜。

（十一）学会以退为进

在谈判中，有时先抛出高要求可以有效降低对手对于谈判利益的预期，挫伤对手的锐气。但这些高要求可能让对方无法同意，造成谈判陷入僵局。若本方本来就没打算以高要求达成协议，且本方即使让步也没损失，在经历一番讨价还价后，可以让步，把要求降低或改为其他要求，这可以让对方有一种成就感，觉得自己取得了谈判成效。谈判的关键就是达成谈判双方的心理平衡，达成协议的时候就是双方心理都达到平衡点的时候。即双方都认为自己在谈判中取得了满意或基本满意的结果，这种满意包括预期的达到、自己获得的利益、谈判对手的让步、自己获得了主动权、谈判时融洽的气氛等。

案例分析 8-3

朝三暮四

有这样一则寓言故事：春秋时期，宋国有一个饲养猴子的高手，他养了一大群猴子，他能理解猴子所表达的思想，猴子也懂得他的心思。这个人家境越来越贫困，已经买不起那么多的食物给猴子吃，于是，他打算减少猴子每餐橡子的数量，但又怕猴子不顺从自己，就先欺骗猴子说：“早上给你们三个橡子、晚上四个橡子，够吃了吗？”猴子一听，大声叫嚷，以示反对。过了一会儿，他又说：“唉，没办法，早上给你们四个橡子、晚上三个橡子，这该够吃了吧？”猴子们一听，以为数量增加了，个个手舞足蹈，都很满意地接受了。

分析：这个小故事就是成语“朝三暮四”的来源。故事看似荒唐可笑，其实，在谈判中却真实地存在着“朝三暮四”的现象。通常体现在双方在某个重要问题上僵持的时候，一方退后一步，抛出其他小利，作为补偿，把僵局打破，并用小利换来大利，或把整个方案调换一下顺序，蒙蔽了对方。所以，谈判中要学会以退为进，学会适时让步，使谈判顺利进行。

课程思政案例 8－1

谈判沟通中的文化障碍

周恩来总理有一次举行记者招待会，介绍我国建设成就。这时，一个西方记者说：“请问，中国人民银行有多少资金？”周恩来委婉地说：“中国人民银行的货币资金嘛，有 18 元 8 角 8 分。”众人不解，他解释道：“中国人民银行发行面额为 10 元、5 元、2 元、1 元、5 角、2 角、1 角、5 分、2 分、1 分的 10 种主辅人民币，合计为

18元8角8分。”

启示：这位记者提出这样的问题，可能是想刺探我国的经济情报。周总理在高级外交场合，显示出机智过人的幽默风度，巧妙回答应对。在商务谈判中，也会遇到不同的国家、企业和个人，跨国界、跨所有制、跨文化的沟通对象。面对有损国家、民族尊严或可能泄露重要信息的情况，我们要坚持原则，以机敏的才智和雄辩的口才灵活得体地应对。

思考与练习

一、案例分析

A公司与B公司就某项条款进行谈判，B公司就该项条款与A方始终未达成协议，且始终不愿作出让步。在进一步的谈判中，A方人员虽然耐心地重申了己方的有关要求，并希望双方都能在互利互惠的基础上做出进一步的让步，但B方人员却含糊其词，顾左右而言他。一会儿说对A方的有关要求还是不够明确，一会儿又借口有急事需要处理，希望谈判能够继续拖延，要么就是将谈判委托给无实际决策权的人员来进行。问题：

8－1思考与练习答案

1. 你认为B方人员的所作所为有何不妥之处？
2. 你认为谈判结果将如何？

二、选择题

1. 谈判前需要做好以下哪些准备？（　　　　）

A. 心理准备　　B. 组织准备

C. 信息准备　　D. 谈判方案准备

2. 以下对于谈判态度描述正确的是（　　　　）。

A. 面对谈判对象很重要而谈判的内容与结果并非很重要，可抱着随意的态度

B. 面对谈判对象和谈判的结果都很重要，应抱持一种友好合作的心态

C. 面对谈判对象和谈判结果都不重要，也不可以掉以轻心，应慎重以待

D. 面对谈判对象不重要而谈判结果非常重要，需抱着长久合作的态度应对

任务二　商务协约文书的拟写

核心概念

招标书：招标书将招标的主要事项和要求公告于世，从而使众多的投标者前来投

标，是招标者利用投标者之间的竞争达到优选投标者的文书，该文种由标题、正文、结尾组成。

投标书：投标书是指投标单位按照招标书的条件和要求，向招标单位提交的报价并填写标单的文书，该文种由标题、正文、结尾组成。

意向书：意向书是双方或多方当事人之间在平等协商的基础上，对某一件事或某一个项目达成初步意见后签订的意向性文书，该文种由首部、正文、尾部组成。

合同：合同是民事主体之间设立、变更、终止民事法律关系的协议，该文种由首部、正文、尾部、附件组成。

学习目标

1. 知识目标

（1）了解招标书、投标书、意向书和合同的基本概念。

（2）理解招标书、投标书、意向书和合同的特点和适用范围。

（3）掌握招标书、投标书、意向书和合同的写作结构和写作要求。

2. 能力目标

能运用相关知识，撰写符合规范的招标书、投标书、意向书和合同。

3. 素养目标

通过“虚假应标不可取”等案例的学习，树立诚信做人的职业道德，增强法治意识，弘扬社会主义法治精神，做社会主义法治的忠实崇尚者、自觉遵守者、坚定捍卫者。

基本知识与技能

一、招标书的拟写

（一）招标书的概念和特点

1. 招标书的概念

招标书又称招标说明书、招标通告。它是将招标的主要事项和要求公告于世，使众多的投标者前来投标，是招标者利用投标者之间的竞争达到优选投标者的文书，一般通过报刊、广播、电视、网络等传播媒介公布。在整个招标过程中，它是属于首次使用的公开性文件，也是唯一具有周知性的文件。招标书一般有行业标准，不同行业有不同的招标范本。

2. 招标书的特点

（1）准确性。征招项目、要求和技术质量指标等内容表述应具体准确，不可含糊其词、模棱两可。

（2）规范性。招标书的制作过程和基本内容必须符合国家的规定和行业标准。

（3）竞争性。招标书发出后，客观上引发了投标单位之间的投标竞争，从而收到择优录取、质优价廉的效果，因此招标书带有强烈的竞争色彩。

课程思政案例8-2

招标书表述不准确惹麻烦

2010年，某市公安局进行安全网络建设招标采购，经与采购代理机构协商，在招标文件中设置了一个实质性条款：“机构总人数必须在10人以上，并提供连续两个月加盖社保机构印章的投保单（复印件加盖投标人公章）。”没想到的是，招标采购刚刚结束就引发了质疑。

参与竞标的供应商四海公司因向评标委员会提供的2007年6月、7月的社会保险投保单被认定为“保险行为与采购行为发生时间间隔过长，无证明效力”而被判为无效标。他们质疑，招标文件虽然要求投标供应商必须提供连续两个月加盖社保机构印章的投保单，但是并没有对投保时间进行特别注明，既然如此，四海公司提供的材料应属符合招标文件规定，不应被判为无效投标。与此同时，四海公司还表示，中标单位广博公司各个岗位的工作人员加在一起只有10人，但网络建设项目招标文件要求机构总人数必须在10人以上，广博公司应属不符合这一实质性条款要求，应被判为无效投标。

接到质疑书后，公安局采购项目负责人员立即召集采购代理机构相关人员和两名参与评标的评审专家进行会商，并邀请律师参与讨论。专家们表示，评标时也有人提出过广博公司人数的问题，但采购人代表表示招标文件关于供应商人数条款设置的原意就是供应商最少要有10个工作人员，即“机构总人数必须在10人以上”的含义是包括10人，因此判定广博公司投标有效。至于四海公司，在2010年参加投标却出示2007年的投保单，毫无证明效力，参与采购招标的态度明显不够严肃和认真，这种行为必须坚决予以制止。

律师则认为，四海公司的质疑完全因招标文件表述不够严谨所致，如果招标书条款在拟定时，“机构总人数必须在10人以上”之后加上“含10人”的表述，“并提供连续两个月加盖社保机构印章的投保单”后加上“日期在本项目投标截止前3个月内”，事情就变得很好理解，供应商也就没理由质疑了。采购人代表在评标现场解释“10人以上”的具体含义，其实质是在为招标文件临时添加内容或改变文件内容，这是法律明令禁止的。听了律师的阐释，公安局和采购代理机构的工作人员都表示有理。他们答复了四海公司的质疑之后，对安全网络建设项目进行了重新招标。

启示：招标书是涉及具体经济活动的文书，它不仅涉及招标、投标单位的经济利益，还要承担经济责任和法律责任。因此，对招标项目的主要目的、基本情况、产品要求、人员素质和具体规定，要做出明确、清晰的表述，不可含糊其词，模棱两可。

（二）招标书的结构和写作要求

招标书的结构模式：标题＋正文＋结尾。

1. 标题

招标书的标题写法有：

（1）招标单位全称＋招标项目名称＋文种。如《浙江省××市交通局东湖大桥建造工程招标文件》。

（2）招标单位名称＋文种。如《上海××石油化工厂招标公告》。

2. 正文

正文一般包括前言和主体。

（1）前言。前言包括招标单位的基本情况、招标项目的主要目的、项目名称、招标范围等内容。

（2）主体。主体部分内容按照《中华人民共和国招标投标法》第十九条第一款规定，应当包括“招标项目的技术要求、对投标人资格审查的标准、投标报价要求和评标标准等所有实质性要求和条件以及拟签订合同的主要条款”。因此要逐条写明招标的具体内容和有关事项。

主体部分还应说明招标步骤，包括招标、投标的起止时间，投标者购买招标文件的时间、有关条件和要求，开标的方式、地点、时间等。

主体形式多用条文式，也可用表格式。

3. 结尾

结尾包括招标单位的名称（盖章）、地址、法人代表、发文日期、联系人姓名、电话号码等，必要时还可写上开户银行和账号。

例文 8-1

嘉兴市宏天企业管理服务有限公司 信息化工程项目招标书	【标题】
嘉兴市宏天企业管理服务有限公司（招标方）就信息化工程采购项目进行公开招标，邀请有意向的合格投标人参加投标，请参加竞标的公司仔细阅读本招标书，并按要求提供有关信息。	【正文】 （前言写明招标单位信息和招标项目名称等内容）
1. 招标项目概况 （1）招标文件编号：HTGL202204。 （2）项目名称：嘉兴市宏天企业管理服务有限公司信息化工程项目。 （3）招标内容：嘉兴市宏天企业管理服务有限公司信息化工程项目，包括采购：① 综合布线系统建设；② 计算机网络系统建设；③ 中心机房建设系统建设；④ 数字电视系统建设；⑤ 数字公共广播系统建设；⑥ 计算机防雷、供电系统。	（主体部分分条写明招标的具体内容和有关事项）

(4) 项目实施地点：嘉兴市宏天企业管理服务有限公司指定地点。 2. 最高限价：180 万元(人民币)。 3. 项目工期要求：必须在合同签订后 120 个工作日内完成供货、实施和验收。 4. 投标人资格及要求(参加本项目投标的投标人必须达到下列全部要求) (1) 投标人要求为国内独立的事业法人或注册资金不少于人民币 200 万元的独立企业法人。 (2) 投标人必须具有中华人民共和国工业和信息化部(原国家信息产业部)颁发的计算机信息系统集成三级或三级以上资质(原国家信息产业部颁发的有效期内的证书有效)，或涉及国家秘密的计算机信息系统集成资质证书。 (3) 投标人 2017 年以来具有系统集成项目(单个合同金额不少于 100 万元)经验。 5. 购买招标文件：招标文件售价每份 150 元人民币。供应商购买招标文件前须填写《领取标书登记表》(注明项目名称、招标编号、联系人姓名、电话、传真等并保证以上信息真实可靠，如因填写信息错误导致的与本项目有关的任何损失由填表者承担)。我公司不办理邮购业务。 6. 购买招标文件时间和地点：2022 年 10 月 28 日至 2022 年 11 月 16 日(公休节假日除外)；嘉兴市长水路 37 号。 7. 招标文件答疑：本项目不举行集中答疑，有关此次招标邀请之事宜，可按下列地址以书面、传真或电邮形式向我公司查询(电话咨询无效)。 8. 投标文件内容包括但不限于以下内容 (1)“投标人资格及要求”所规定的资格、资信证明文件。 (2) 项目整体解决方案。 (3) 项目实施与技术服务计划书。 (4) 投标价格清单。 (5) 投标人须编制 1 份投标文件“正本”和 3 份“副本”，并明确标明“投标文件正本”和投标文件“副本”。投标文件一式 4 份，每份必须加盖单位公章，整体密封后并加盖骑缝章递交。 9. 评标原则 (1) 招标方承诺评标工作由招标方法依法组织有关评标专家组建的评标委员会进行，本着“公平、公开、公正、科学、择优”的综合评标原则进行严格评标，以充分保障各投标单位的合法利益。	

(2) 评标中本着规范性和灵活性相结合的原则，以综合考虑投标方的投标方案、质量、服务承诺及公司的技术力量、社会反响等因素为前提进行综合评价，初步确定中标单位，通过咨询无异议后，报经招标领导小组审批，并予以公布。 (3) 评标结果出来后，招标方在 5 个工作日内向中标人发出《中标通知书》，并将中标结果正式通知各投标方。 (4) 招标方正式通知中标者后，双方在 5 个工作日内，在规定的时间和地点，根据《中华人民共和国民法典》及有关规定，依据本次招、投标文件及其附件有关内容，正式签订合同。合同原则上以招标方提供的制式合同为准。 10. 招标日程安排： (1) 2022 年 10 月 27 日发出标书。 (2) 2022 年 11 月 17 日上午 8:30 前到嘉兴市宏天企业管理服务有限公司缴纳标书费及投标保证金，上午 9:30 在公司三楼会议室开标。 (3) 请投标方派员准时出席，每一投标单位限 3 名以内代表参加，投标单位法定代表人或法人委托代表人必须参加，否则该投标单位所投标将视为废标。 11. 投标截止和开标时间：2022 年 11 月 17 日上午 8:30。逾期送达或邮寄送达的投标文件恕不接收。 12. 开标地点：嘉兴市宏天企业管理服务有限公司。	
招标单位：嘉兴市宏天企业管理服务有限公司（盖章） 地址：嘉兴市长水路 37 号 传真：0573－8398×××× E－mail：jxht@163. com 联系人：王×　电话：182×××××××× 2022 年 10 月 27 日	【结尾】 （注明招标单位信息）

二、投标书的拟写

(一) 投标书的概念和特点

1. 投标书的概念

投标书是指投标单位按照招标书的条件和要求，向招标单位提交的报价并填具标单的文书。它要求密封后邮寄或派专人送到招标单位，故又称标函。它是投标单位在充分领会招标文件，经过现场实地考察和调查的基础上所编制的投标文书，是对招标公告提出的要求的响应和承诺，并同时提出具体的标价及有关事项来竞争中标。

投标书撰写的质量将直接影响到中标结果。

2. 投标书的特点

(1) 针对性。内容要针对招标书提出的项目、条件和要求撰写。

(2) 求实性。实事求是地对投标项目进行分析、介绍己方、提出措施和承诺等。

(3) 合约性。投标书以追求合作、签署合同为目的。

课程思政案例 8-3

虚假应标不可取

某省级公务用车维修点项目招标。招标文件中对“合格投标人”作了如下规定：在本市区(不含郊区)有 1 200 平方米的固定场所、有省交管部门批准的汽车维修资质，上年维修营业额在 200 万元以上的独立法人企业。招标结果，某二类汽车维修企业以高分被推荐为第一中标候选人。根据招标文件规定，采购中心专门组织了采购人员和有关专家代表赴实地考察。考察小组的考察报告是这样写的：经实地丈量，该企业拥有固定修理厂房 800 平方米，与投标文件所称拥有的修理厂房 1 752 平方米相差 952 平方米，与招标文件规定的 1 200 平方米标准相比少了 400 平方米；经对上年度财务报表的审核，该企业的年度维修营业额为 78 万元，与投标文件所称的 350 万元相差 272 万元，与招标文件规定的 200 万元标准相比少了 122 万元以上。鉴于以上事实，建议项目招标领导小组取消其中标资格。

启示：供应商参与投标是为了中标，但前提是必须以合理的动机、恰当的行为去谋取自身利益的最大化。供应商如果以不诚信的行为虚假应标，一则会给自身形象抹黑，烙上“不良记录”；二则会给他人造成伤害，扰乱公平竞争秩序。因此，投标文件必须实事求是地对项目进行分析、介绍己方、提出措施和承诺等。

(二) 投标书的结构和写作要求

投标书的结构模式：标题+正文+结尾。

1. 标题

投标书的标题写法有：

(1) 投标单位全称+投标项目名称+文种。如《浙江省××市交通局东湖大桥建造工程投标文件》。

(2) 招标单位名称+文种。如《上海××石油化工厂投标文件》。

2. 正文

正文一般包括引言和主体：

(1) 引言。引言说明投标的依据、指导思想和投标意愿。

(2) 主体。主体部分紧紧围绕招标书提出的目标、要求撰写：介绍投标企业的现状、具体投标条件，提出标价(常用表格形式)，完成招标项目时间，明确质量承诺和应标经营措施，填写标单等。

3. 结尾

结尾写投标单位的名称、法人代表、联系地址、电话和传真等。

其他相关材料也可在附件中说明。

例文 8-2

______投标书	【标题】
______（招标人）______： 1. 根据你方______（项目名称）______设计招标的招标文件，遵照《中华人民共和国招标投标法》等有关规定，经踏勘项目现场和研究招标文件（包括澄清或修改，如有）的所有内容，我方愿以本投标文件向你方招标的全部内容进行投标。投标报价为____万元（大写______），项目负责人为________。 2. 设计周期：总工期______日历天，其中，合同签订后____日历天内按招标人、有关专家和管理部门的意见，完善设计方案并完成最终设计方案，且方案确认通过；初步设计审查通过后，____日历天内完成施工图设计。 3. 我方同意本投标文件在招标文件规定的提交投标文件截止时间后，在招标文件规定的投标有效期期满前对我方具有约束力，且随时准备接你方发出的中标通知书。 4. 随同本投标文件递交投标保证金一份，金额为人民币：____元（大写____）。 5. 在签署协议书之前，你方的中标通知书连同本投标文件，对双方具有约束力。 6. 我方承诺在招标文件规定的投标有效期内不撤销投标文件。 7. 如我方中标，我方承诺： （1）在收到中标通知书后，在中标通知书规定的期限内与你方签订合同。 （2）在签订合同时不向你方提出附加条件。 （3）按照招标文件要求提交履约保证金。 （4）在合同约定的期限内完成合同规定的全部义务。 8. 我方在此声明，所递交的投标文件及有关资料内容完整、真实和准确，且不存在第二章“投标人须知”第 1.4.3 项规定的任何一种情形。	【正文】 列明投标项目、标价、完成项目时间等内容。该部分根据不同的招标项目要求拟写。

投标单位：（盖章） 单位地址： 法定代表人：（签字、盖章） 邮政编码： 电话： 传真： 开户银行名称： 银行账号： 开户行地址： 日期：____年____月____日	【结尾】 （注明投标单位的名称、代表人姓名并加盖公章及日期等）

三、意向书的拟写

（一）意向书的概念和特点

1. 意向书的概念

意向书是双方或多方当事人之间在平等协商的基础上，对某一件事或某一个项目达成初步意见后签订的意向性文书。

意向书为进一步正式签订协议奠定了基础，是“协议书”或“合同”的先导，多用于经济技术的合作领域。

2. 意向书的特点

意向书不具有和合同一样的法律效力，只对立约当事人的信誉有约束力，意向书有以下几个特点：

（1）灵活性。意向书不像协议、合同那样，一经签约不能随意更改。意向书比较灵活，在协商过程中，当事人各方均可按各自的意图和目的提出意见，在正式签订协议、合同前亦可随时变更或补充，最终达成协议。因此，意向书在文字表达上，常使用“希望”“拟”“将”等模糊性词语。

（2）概略性。意向书是当事人对某一事务取得一致意见后，根据各自的利益和要求，确立共同的目的、合作和领域、项目，只是概括地表达一个大体意思，语言高度概括，在正式签订协议、合同时还要补充、完善。

课程思政案例 8－4

用工录用意向书的法律性质之辩

小王最近收到了来自宏文公司的录用意向书，意向书中约定了入职时间、薪酬、福利等，并要求小王在入职前提交离职证明等材料。收到该意向书后，小王在意向书落款处签字并发送宏文公司人事经理，同时，他从原单位辞职，为入职新公司做准备。可 1 个月过去了，宏文公司的人事经理却告知小王，录用意向书撤销，原本的录用不作数了。这让小王损失惨重，决定诉至当地人民法院，法院最终判决宏文公司应赔偿小王经济损失 10 000 元。

启示：录用通知书或录用意向书，并非是一个法律概念，通常将其理解为是劳动合同签订之前，用人单位向经过笔试、面试等考核通过的劳动者发出的书面意向材料，其目的是确定未来签订劳动合同的受要约对象并促成劳动关系建立。实践中，在劳动关系建立之前，因用人单位和劳动者之间的关系并不明确，用人单位在发出录用意向书后又反悔的情形时有发生。

在劳动者因用人单位发出录用意向书后反悔而索赔的纠纷中，双方对录用意向书的性质及是否构成《中华人民共和国劳动法》上缔约过失存在争议，从《中华人民共和国民法典》原理出发，结合用人单位与求职者双方磋商的过程及录用意向书的特点来看，录用意向书的法律性质应属于要约。《中华人民共和国民法典》规定，要约可以撤销，撤销要约的通知应当在受要约人发出承诺通知之前到达受要约人；受要约人如已经承诺，并为此承诺作了必要的准备，不能撤销。在此例中，小王已为建立劳动关系付出了必要准备，因此，作为要约的录用意向书则不能撤销。

（二）意向书的结构和写作要求

意向书的结构模式：首部＋正文＋尾部。

1. 首部

首部包含标题和立约当事人名称。其中，立约当事人名称可以不单独列出，而是在正文的开头部分加以说明。

标题的写法有：

（1）合作单位＋合作项目名称＋文种。如《大河公司与天方公司合资兴建一次性餐具加工厂意向书》。

（2）合作项目名称＋文种。如《合资兴建一次性餐具加工厂意向书》。

（3）文种，即《意向书》。

2. 正文

正文的构成是：导语＋主体＋结尾。

（1）导语。写明合作各方当事人单位的全称，双方接触的简要情况，意向书签订的目的，磋商后达成的意向性意见。然后用“本着××原则，就××项目的合作达成如下意向”作为过渡。

（2）主体。分条款写明达成的意向性意见，包括合作的内容、方式、双方的权利和义务等，可参照合同或协议的条款排列。

（3）结尾。写明“未尽事宜，在签订正式合同或协议书时再予以补充”一语，以便留有余地。此外，还应注明意向书的文本数量、各方存执情况、有效期限等。

3. 尾部

意向书签订各方单位的名称、代表人姓名并加盖公章、私章及日期。

例文 8-3

太阳能光伏发电项目合作意向书	【标题】
甲方：××市××区人民政府 乙方：××有限公司 为促进甲方行政区域内光伏发电项目合理、有序、高效开发，经甲乙双方友好协商，本着互利共赢的原则，就共同推进××区光伏发电项目建设的有关事项达成如下意向：	【正文】 （导语写明当事人单位全称、意向书签订的目的等）
一、合作内容 甲方拟委托乙方开发光伏发电项目，将由乙方提供该项目前期的开发咨询和协调全程服务工作，确保该项目顺利备案并投产实施，项目装机规模拟定目标不低于 400 MW（以发改委备案批复容量为准）。 **二、合作期限** 本次合作的有效期限为 2022 年 9 月 15 日—2024 年 9 月 15 日，有效期到期但乙方未能完成约定的代理或服务内容，经甲方同意后，可将合作期限顺延。 **三、双方责任** （一）甲方责任 甲方负责该项目的全额投资、决策、管理、指导工作，负责组建项目团队，全力配合乙方办理项目备案和其他审批工作。 （二）乙方责任 乙方向甲方提供该项目所在地光伏发电方面的政策信息，并负责为甲方在当地境内选择符合太阳能光伏项目开发的土地，配合甲方完成该项目的评估和规划等工作。	（主体部分分条写明合作的内容、方式、双方的权利义务等）
四、其他 （一）未尽事宜及具体条款在正式合同书中予以明确。 （二）本意向书一式四份，甲乙双方各保留两份。 （三）如合作期间发生争议，甲乙双方应协商解决。	（结尾注明意向书的文本数量、各方存执情况等）
甲方：××市××区人民政府　　乙方：××有限公司 代表：　　代表： 日期：　　日期：	【尾部】 （注明意向书签订各方单位的名称、代表人姓名并加盖公章及日期）

四、合同的拟写

(一) 合同的概念、特点和订立原则

1. 合同的概念

根据《中华人民共和国民法典》第四百六十四条：

合同是民事主体之间设立、变更、终止民事法律关系的协议。依法成立的合同，受法律保护。

2. 合同的特点

(1) 主体的平等性。合同的当事人是自然人、法人、其他组织，其法律地位是平等的，双方的权利与义务是对等的。合同的这一法律特征，反映了合同主体在法律上的平等原则。

(2) 内容的合法性。订立合同是一种民事法律行为，合同的内容应当符合国家法律、行政法规的规定，不得扰乱社会经济秩序，损害社会公共利益。

(3) 格式的规范性。合同的格式要符合有关法律规定、要求，书写要规范。

(4) 一致性。合同的签订必须贯彻自愿互利，协商一致的原则。合同中的条款是当事人协商一致的结果，任何未经协商一致的内容，不得写入合同当中。同时，任何组织或个人不得以任何形式非法干预。

(5) 约束性。合同一经签订，就具备了严格意义上的法律效力。当事人双方必须严格遵守合同的条款规定，任何一方不得擅自变更或解除合同。如果违反了合同中的规定，将要承担相应的法律责任。

3. 合同订立的原则

缔约当事人在订立合同的过程中应当遵守五个原则，即当事人地位平等原则、自愿原则、公平原则、诚实信用原则和公序良俗原则。

(1) 平等原则。合同当事人的法律地位平等，一方不得将自己的意志强加给另一方。平等原则是指地位平等的合同当事人，在充分协商达成一致意思表示的前提下订立合同的原则。

(2) 自愿原则。当事人依法享有自愿订立合同的权利，任何单位和个人不得非法干预。民事活动除法律强制性的规定外，由当事人自愿约定。

(3) 公平原则。当事人应当遵循公平原则确定各方的权利和义务。公平原则要求合同双方当事人之间的权利义务要公平合理具体。

(4) 诚实信用原则。当事人行使权利、履行义务应当遵循诚实信用原则。诚实信用原则要求当事人在订立合同的全过程中，都要诚实，讲信用，不得有欺诈或其他违背诚实信用的行为。

(5) 公序良俗原则。当事人订立、履行合同，应当以一般道德为核心，尊重公共秩序和善良风俗，不得扰乱社会经济秩序，损害社会公共利益。

课程思政案例 8－5

订立合同“诚信原则”违反不得

2021 年，某建筑公司（以下简称建筑公司）因建造两栋大楼急需黄沙，遂于

9月10日与某建筑材料公司(以下简称材料公司)签订了一份合同,合同约定建筑公司购买材料公司黄沙30车,每吨价300元,合同订立一个月以后,由材料公司送货,货到付款。没想到合同订立后,黄沙的市场价却从每吨300元涨到350元,材料公司经理李某见状觉得按原价供货吃亏,不愿如数供货。遂于10月12日给建筑公司去电话,提出因货源紧张要求少供货,建筑公司当然不肯。李某遂次日安排两辆(其中一辆是借用外单位车)"130"型货车装沙(每车装载2吨),送到建筑公司,并要求以后均以"130"型车为标准计算交货数量。建筑公司提出材料公司的做法是不合理的,尽管合同规定交货数量为30车,但应以"东风牌"大卡车作为计算标准,每车装载4吨,共120吨。为此,建筑公司向法院起诉,认为材料公司已构成故意违约,应承担违约责任。材料公司则提出,双方对交货数量的计算标准发生重大误解,因此应当撤销该合同。

启示:材料公司的行为违反了合同订立原则中的诚实信用原则。

材料公司在合同未明确规定30车黄沙计量标准的情况下,应当按照诚实信用原则考虑合理的计量标准。换言之,材料公司应当想到,作为一个诚实的、守信用的商人,在此情况下应当以何种标准来交货。而在本案中,材料公司显然没有遵守诚实信用原则。一方面,材料公司在订约以后,鉴于黄沙价格已经上涨,曾要求建筑公司减少供货数量,当此要求被拒绝以后,为了达到减少交货数量的目的,便又以合同没有明确规定的计量标准为由,以"130"型货车送货。另一方面,材料公司明知按当地的交货习惯,以车为计量单位的"车"的含义通常指"东风牌"大卡车,自己过往的交易习惯也是以"东风牌"大卡车为"车"的计量单位,只是为了达到少交货,又不致于被建筑公司抓住违约把柄的目的,才以"130"车为计量单位,这种行为明显与诚实守信原则相背离。那么,以这个原则对照本案,判决结果也是显而易见的。

(二) 合同的结构和写作要求

根据《中华人民共和国民法典》第四百六十九条,当事人订立合同,可以采用书面形式、口头形式或者其他形式。当事人可以参照各类合同的示范文本订立合同。

合同结构模式较为稳定,一般包括:首部+正文+尾部+附件。

1. 首部

首部包括标题、合同编号和订立合同当事人的名称等几项内容。

(1) 标题。标题的样式有如下两种:① 标的+合同性质+文种。如《华为手机购销合同》《红旗汽车租赁合同》。② 合同性质+文种。如《运输合同》《仓储合同》《工程承包合同》。

(2) 合同编号。合同编号位于标题下一行靠右,也可以根据情况不写编号。

(3) 订立合同双(各)方当事人名称和住所。在标题或合同编号下方,分两行列出订立合同双(各)方的名称和住所。一般要写明全称(法人、其他组织的全称或自然人的姓名)，然后用甲方、乙方或以不同性质的合同习惯称谓注明。

2. 正文

(1) 引言。引言一般描述订立合同的背景、依据和目的。然后用“甲乙双方本着自愿、平等的原则，经协商一致，订立本合同，以资共同遵守”过渡。

(2) 主体。主体部分列述合同的法定条款。根据《中华人民共和国民法典》规定，合同的内容由当事人约定，一般包括：标的、数量、质量、价款或者报酬、履行期限、地点和方式、违约责任、解决争议的方法。合同的主体部分明确了订立双(各)方的权利义务，是合同关系得以成立的关键，是合同的核心部分。

① 标的。标的是合同双方当事人权利义务所指向的对象，也称为合同法律关系的客体。标的直接决定合同的性质和权利义务的内容，是合同首要的、绝对不可缺少的条款。其他条款都是对标的的质或量等情况所作的说明或限定，没有标的这一条款，就不会有其他条款，也不会有合同的存在。标的是合同成立的必要条件，没有标的，合同不能成立，合同关系无法建立。

② 数量。数量是标的量的规定，是标的的计量，即以数字和计量单位来衡量标的的尺度。在合同中必须使用国家统一规定的度量衡和法定单位，统一计算方法。标的是物的，应用个、件、公斤、吨、米、平方米、立方米、台、辆等单位；标的物是货币的，应用元、角、分为计量单位；无国家法定或主管部门规定的计量单位和计量方法的，当事人双方才能自行协商确定。但是计量单位和计量方法需要具体、统一、准确。有些工业产品如机电设备，必要时应在合同中明确规定随主机的辅机、附件、配套的产品、易损耗备品、配件及安装修理工具等的件数；有些产品由于其物理性质会产生自然增减的情况，如水产品，在合同中应明确规定合理磅差、正负尾差、超欠幅度、自然损耗率等。合同中标的的数量，有国家下达的指令性任务的，应严格按指令性任务指标规定。

③ 质量。质量是标的的内在质的规定性，包括性能、稳定性、效用、外观形态、耗能指标、工艺要求、等级等。标的的质量一般以品种、型号、规格、等级等体现出来，在合同中对这些项目应当有所规定。在质量条款中应当载明：对质量负责的期限和条件、对质量提出异议的期限和条件、抽验的方法、比例和标准。同时，标的的技术标准，有国家标准的，按国家标准执行；没有国家标准而有专业(部)标准的，按专业标准执行；没有国家和专业标准的，由双方协商。对于看样订货的合同，应提供样品，经确认后封存，合同标的必须符合样品质量要求。对于凭说明书订货的合同，其说明书必须真实地说明货品的技术标准和其他技术条件。对于成套设备、工程项目等无法提供样品的合同，其质量条款应完整、详尽，并附全部技术资料，必要时应随附样图、照片等。

④ 价款或报酬。合同中的价款或者报酬，简称价金，是指当事人一方向交付标的方支付的表现为货币的代价。确定价款或者报酬，应当明确有关结算和支付方法。有国家定价的，按国家定价执行；应由国家定价的产品没有国家定价的，应报请物价主管部门批准；实行国家指导价的，应由双方在国家最高限价和最低保护价的范围内协商确定价格。只有实行市场调节价的产品，双方当事人才能依供求状况自行约定其价格。劳务或服务的收费，有国家规定的标准的，按收费标准执行，没有收费标准的，双方当事

人才可自行约定。

⑤ 履行期限、地点和方式。不同的合同对履行的期限有不同的要求，因而履行期限有不同的具体含义。如买卖合同出卖人的履行期限是指交货日期；承揽合同中承揽人的履行期限是指工作开始和完成的起止日期；而运输合同中承运方的履行期限是装货日期或交货日期。因此，在合同中应当明确规定所有日期的具体含义。履行地点，是指合同当事人按合同的规定履行其义务的地点。合同是否约定履行地点，可以根据合同本身的性质决定。有些合同因其本身的性质，履行地点是确定且不能改变的，如建设工程合同，只能在建筑物所在地履行。这类合同不必在合同中写明履行地点，只需说明建筑物所在的位置即可。而另有一些合同如买卖合同，如不规定具体履行地点，则有在出卖人、买受人所在地或其规定的地点履行，以及在其他地方履行的区别，故应当在合同中写明履行地点。履行方式，是指合同义务人履行其义务的方式。履行合同义务的方式，根据不同的标准，可以划分为不同的方式。按履行合同义务的性质，可分为转换财产方式、提供劳务方式和完成一定工作的方式。按履行合同义务的期次，可分为一次履行方式和分期分批履行方式。按标的的交付方式，可分为送货方式、自提方式和代办托运方式。按运输工具的不同，运输合同的履行方式可分为公路运输、铁路运输、轮船运输、飞机运输以及联合运输等多种履行方式。

⑥ 违约责任。指违约者不履行或者不能完全履行合同所须承担的经济责任和法律责任。合同规定违约责任有利于督促当事人自觉履行合同，发生纠纷时也有利于确定违约方所承担的责任，这是合同履行的保障性条款，也是避免经济损失，维护合同严肃性的重要措施。

⑦ 解决争议的方法。一般包括自行协商、仲裁和诉讼。

3. 尾部

合同尾部为合同正文结束后的所有内容，主要有合同的签署栏、附件清单、声明和承诺等内容，但不包括附件本身。

合同尾部如有附件清单，则应列出明确的附件名称，这样当事人在签字之时就确认了清单的存在。在附件清单之后是合同双方的签署栏，这样确保以上内容均经过合同双方的确认。合同签署栏应当包括当事人的通信地址、签订时间，在授权代表签字的合同中，还应当有授权代表及其联系方式、电话号码等联系方式。

4. 附件

合同的附件不是合同必备的内容，但从风险控制的角度，建议在签署合同时至少将合同当事人的主体信息（身份证复印件、营业执照复印件）、经营资格的信息（行政许可复印件、资格证复印件）、授权信息（授权委托书、授权代表的身份证复印件）、交易细节（产品的技术说明、质量说明）等内容作为附件在合同中进行确认。尤其是在货物买卖合同之中，在货物的规格、类型较多的情况下，合同中往往不会对货物清单进行准确描述，而通过合同附件的形式列明。

例文 8-4

职工劳动合同	【首部】 （标题）
甲方（用人单位）：________　乙方（职工）：________ 法定代表人：________　姓名：________ 地址：________　身份证号码：________ 邮政编码：________　现住址：________ 联系电话：________　联系电话：________	（订立双方名称和信息）
根据《中华人民共和国劳动法》和国家有关规定，甲乙双方按照平等自愿、协商一致的原则订立本合同。 一、合同期限 （一）合同期限 双方同意按以下方式确定本合同期限： 从____年____月____日起至____年____月____日止。 （二）试用期限 双方同意按以下方式确定试用期期限（试用期包括在合同期内）： 试用期从____年____月____日起至____年____月____日止。 二、工作内容 （一）乙方的工作岗位（工作地点、部门、工种或职务）为____。 （二）乙方的工作任务或职责是____。 （三）甲方因生产经营需要调整乙方的工作岗位，按变更本合同办理，双方签章确认的协议或通知书作为本合同的附件。 三、工作时间 （一）甲乙双方同意按以下方式确定乙方的工作时间： 标准工时制，即每日工作____小时，每周工作____天，每周至少休息一天。 （二）甲方因生产（工作）需要，经与工会和乙方协商后可以延长工作时间。除《劳动法》第四十二条规定的情形外，一般每日不得超过一小时，因特殊原因最长每日不得超过三小时，每月不得超过三十六小时。 四、工资待遇 （一）乙方正常工作时间的工资按下列形式执行，不得低	【正文】 （引言） （主体部分列述合同的法定条款。根据《民法典》相关规定，各种合同都应具备标的、数量、质量、价款或者报酬、履行期限、地点和方式、违约责任、解决争议的方法。合同的主体部分明确了订立双（各）方的权利义务，是合同关系得以成立的关键，是合同的核心部分）

<table>
<tr><td>
于当地最低工资标准。
乙方试用期工资____元/月；试用期满工资____元/月（____元/日）。
（二）甲方每月____日发放工资。如遇节假日或休息日，则提前到最近的工作日支付。
五、社会保险和福利待遇
（一）合同期内，甲方应依法为乙方办理参加养老、医疗、失业、工伤、生育等社会保险的手续，社会保险费按规定的比例，由甲乙双方负责。
（二）乙方患病或非因工负伤，甲方应按国家和地方的规定给予医疗期和医疗待遇。
（三）乙方患职业病、因工负伤或者因工死亡的，甲方应按(工伤保险条例)的规定办理。
（四）甲方按规定给予乙方享受节日假、年休假、婚假、丧假、探亲假、产假、看护假等带薪假期。
六、本合同的解除
（一）经甲乙双方协商一致，本合同可以解除。由甲方解除本合同的，应按规定支付经济补偿金。乙方解除本合同，应当提前三十日以书面形式通知甲方。
（二）有下列情形之一的，甲方不得解除本合同：
1. 乙方患病或非因工负伤，在规定的医疗期内的；
2. 乙方患有职业病或因工负伤，并经劳动能力鉴定委员会确认，丧失或部分丧失劳动能力的；
3. 女职工在孕期、产期、哺乳期内的。
七、调解及仲裁
双方履行本合同如发生争议，可先协商解决；不愿协商或协商不成的，可以向本单位劳动争议调解委员会申请调解；调解无效，可在争论发生之日起六十日内向当地劳动争议仲裁委员会申请仲裁；也可以直接向劳动争议仲裁委员会申请仲裁。对仲裁决不服的，可在十一日内向人民法院提起诉讼。
八、其他
（一）本合同未尽事宜，按国家和地方有关政策规定办理。在合同期内，如本合同条款与国家、省有关劳动管理新规定相抵触的，按新规定执行。
（二）下列文件规定为本合同附件，与本合同具有同等效力：
1. ____________
</td><td>

（附件清单）
</td></tr>
</table>

2. ________ 甲方：（盖章） 乙方：（签名或盖章） 法定代表人： ____年____月____日 ____年____月____日	【尾部】

思考与练习

一、不定项选择题

1. 招标书的特点包括（ ）。
A. 具体性 B. 规范性 C. 针对性 D. 竞争性

2. 投标书的正文应包括（ ）。
A. 投标项目名称 B. 标价 C. 完成招标项目时间

3. 意向书的结构主要包括（ ）。
A. 首部 B. 正文 C. 尾部

4. 合同订立的原则包括（ ）。
A. 平等原则 B. 自愿原则 C. 公平原则 D. 诚实信用原则
E. 公序良俗原则

二、填空题

合同主体部分的通用条款应包括标的、________、________、________、________、________、________、________。

三、病文修改

交换写字楼合同

甲方：上海市××科技有限公司

乙方：杭州市××工程有限公司

甲乙双方为了便于在沪杭两地开展业务，需交换写字楼作为各自的办公地点。现本着自愿、平等的原则，经协商一致，订立本合同，以资共同遵守。

一、甲方在上海市黄浦区××路135号大楼中为乙方提供一间办公室（面积不小于100平方米）作为乙方驻沪办公用房。

二、乙方在杭州市拱墅区为甲方提供同样的一间办公室，规格同上，作为甲方在杭办公用房。

三、双方分别负责为对方上述办公用房供水、供电和安装宽带网络，以确保日常业务活动的正常开展。

四、本合同有效期为三年，是否延期可根据需要协商。

五、本合同自双方同时履约之日起生效。

六、本合同未尽事宜，按国家和地方有关政策规定办理。

甲方代表签字：	乙方代表签字：
（甲方公章）	（乙方公章）
年 月 日	年 月 日

四、简答题

你认为意向书与合同的异同点有哪些？

8-2 思考与练习答案

实训篇

模块一　沟通与应用文写作概述

项目一　“搭纸牌屋”游戏

（一）项目阐述

通过开展“搭纸牌屋”小游戏，深入认知并理解沟通的重要性。

（二）设计条件

选择适合分组讨论的实训场所，准备4～5副纸牌。

（三）组织

1. 每6～8人为一个小组。

2. 每组按要求完成“搭纸牌屋”游戏。

3. 完成游戏后，小组成员观察、分析并讨论沟通的重要性。

4. 小组代表分享游戏体验体会。

（四）实施

1. 设计要求：要求每小组在规定时间内完成纸牌屋搭建。

2. 标准要求：纸牌屋搭建得最高的小组胜出。

3. 步骤

（1）小组成员合作，利用纸牌，模拟高楼搭建将纸牌屋搭建起来。

（2）在15分钟时间内完成纸牌屋搭建。

（3）小组讨论：① 在完成该游戏的过程中需要沟通吗？② 你觉得沟通中的主要要素有哪些？

4. 评价标准

实践项目具体评价标准如实训表1－1所示：

实训表 1-1　实践项目评价标准

序号	评价内容	评价标准	完成情况				
			很好	较好	一般	较差	很差
1	游戏过程	有组织、有分工					
		进度合理,配合默契					
2	游戏效果	纸牌搭建牢固,方法独特					
		纸牌搭建高度					
3	讨论过程	能对问题进行深入讨论和分析					
		讨论结果文字材料逻辑清晰,表述完整					
		总结到位,层次分明					

项目二 “你听我画”游戏

(一) 项目阐述

通过开展“你听我画”小游戏,深入理解口头语言沟通和非语言沟通的关系。

(二) 设计条件

选择适合分组讨论的实训场所,为每位同学准备 3 张空白的 A4 纸。

(三) 组织

1. 每 6~8 人为一个小组。
2. 每组按要求完成“你说我画”游戏。
3. 完成游戏后,小组成员观察、分析并讨论口头语言沟通的重要性。
4. 小组代表分享游戏体验体会。

(四) 实施

1. 设计要求:每个小组由 1 位同学来描述图片内容,其他同学根据描述分别作画。

2. 标准要求

(1) 对比双向沟通与单向沟通的效果。

(2) 对比口头语言沟通和非语言沟通的效果,归纳非语言沟通的重要性。

3. 步骤

(1) 请 1 位同学口述指定图片内容。小组成员根据这位同学的描述,分别把内容画出来。游戏期间,口述同学背向小组成员,避免与他人有眼神、表情和手势交流;作画同学不可以向口述同学提问。

(2) 请 1 位同学口述指定图片内容。小组成员根据这位同学的描述,分别把内容画出来。游戏期间,口述同学背向小组成员,避免与他人有眼神、表情和手势交流,但作画同学可以向口述同学提问。

(3) 请 1 位同学口述指定图片内容。小组成员根据这位同学的描述,分别把内容画出来。游戏期间,口述同学面向小组成员,允许与他人有眼神、表情和手势交流,且作画同学可以向口述同学提问。

(4) 对比以上 3 轮小游戏的作画成品的不同点,思考并分析单向沟通与双向沟通、语言沟通与非语言沟通对沟通结果的影响。

4. 评价标准

实践项目评价标准如实训表 1-2 所示:

实训表 1－2　实践项目评价标准

序号	评价内容	评价标准	完成情况				
			很好	较好	一般	较差	很差
1	游戏过程	有组织、有分工					
		进度合理，效果明显					
2	讨论过程	能发现问题，且问题有层次、有深度					
		能对问题进行深入讨论和分析					
		讨论结果文字材料逻辑清晰、表述完整					
3	总结汇报	语言表达流畅、清晰					
		总结到位，层次分明					

项目三　提炼文件内容

(一) 项目阐述

分别通过口头语言沟通和书面语言沟通的方式传达文件精神，比较并分析书面语言沟通的优势。

(二) 设计条件

选择适合分组讨论的实训场所，为每位同学准备 2 张空白的 A4 纸。

(三) 组织

1. 分别通过听取和阅读的方式了解文件内容。

2. 抽测同学学习文件的效果。

3. 分析口头语言沟通和书面语言沟通的不同点，总结书面语言沟通的优势。

(四) 实施

1. 设计要求：要求所有学生分别用听取和阅读文件的方式，归纳和总结文件的要点。

2. 标准要求：要求所有学生列出文件要点提纲。

3. 步骤

(1) 播放会议视频，让学生通过聆听的方式归纳并记录会议内容要点。

(2) 分发书面文件材料，让学生通过阅读的方式归纳会议内容要点。

(3) 请学生比较通过口头语言沟通和书面语言沟通方式记录和归纳的会议内容，思考并总结两种不同方式沟通的优缺点。

4. 评价标准

实践项目评价标准如实训表 1 - 3 所示：

实训表 1 - 3　实践项目评价标准

序号	评价标准	完成情况				
		很好	较好	一般	较差	很差
1	能归纳出口头语言沟通的优缺点					
2	能归纳出书面语言沟通的优缺点					
3	能归纳出口头语言沟通和书面语言沟通的关系					

模块二　求职与面试

项目一　求职面试模拟

（一）项目阐述

一年一度的春季校园招聘会开始了。本次招聘会为信息技术、民航交通、数字商贸、智慧旅游和创意设计等各大专业群提供了近 3 000 个招聘岗位。你有幸获得了中国联通杭州分公司的面试机会。

（二）设计条件

能容纳 8～12 人的小型会议室或实训室。

（三）组织

1. 每 8 人为一小组，将全班同学分成若干个小组。
2. 以小组为单位，完成任课老师的模拟面试。
3. 完成模拟面试后，小组成员相互纠错和点评。
4. 教师进行点评和总结。

（四）实施

1. 设计要求

要求每位同学根据用人单位及求职岗位，完成模拟面试全过程。

2. 标准要求

求职面试要求掌握面试基本礼仪，以及自我介绍、回答问题、自由提问和面试后沟通的方法与技巧。

3. 步骤

（1）充分了解用人单位的基本情况及岗位招聘要求。

（2）针对具体岗位招聘要求，做好面试礼仪和自我介绍准备。

（3）结合用人单位岗位招聘要求，回答面试官的提问。

（4）能有针对性地向面试官提出问题，进行良好沟通。

（5）做好面试后的沟通和总结工作。

4. 评价标准

实践项目评价标准如实训表 2－1 所示：

实训表 2－1　实践项目评价标准

序号	评价内容	评价标准	完成情况				
			很好	较好	一般	较差	很差
1	面试礼仪	妆容符合求职需求，发型整洁干净，着装得体大方					
		神态淡定从容、面带微笑，言语表达得体，姿态端正、礼貌自信					
2	自我介绍	内容真实，表达准确					
		重点突出，具有特色					
3	回答问题	能正视个人的优弱势，表述恰到好处					
		注重细节，把握好看、听、读、记、思、说的方法和技巧					
4	自主提问	恰当提问，与面试官互动良好					
		提问也特色，能引起面试官兴趣					
5	事后沟通	能及时表示感谢 能在恰当时机巧妙问询面试结果					
		能做好面试后的总结和反思工作					

项目二　求职信的拟写

(一) 项目阐述

一年一度的春季校园招聘会开始了。本次招聘会为信息技术、民航交通、数字商贸、智慧旅游和创意设计等各大专业群提供了近 3 000 个招聘岗位。请各位同学提前拟写好求职信。

(二) 设计条件

配备有 Office 办公软件的计算机机房。

(三) 组织

1. 每 2 人为一小组。

2. 小组每位成员独立完成求职信的电子版的拟写和设计。

3. 完成训练之后，小组成员相互纠错、点评及修改。

4. 教师重申评价标准或点评，要求学生举一反三。

(四) 实施

1. 设计要求

要求每位同学根据用人单位及求职岗位，用 Word 拟写并编排设计一份 500 字左右的求职信。

2. 标准要求

求职信的结构应包含标题、称谓、正文、结尾和落款 5 个部分。

3. 步骤

(1) 充分了解用人单位的基本情况及岗位招聘要求。

(2) 根据具体岗位招聘要求，对自身能力做出客观分析与评价。

(3) 结合用人单位岗位招聘要求，拟写求职信。

4. 评价标准

实践项目评价标准如实训表 2－2 所示：

实训表 2－2　实践项目评价标准

序号	评价内容	评价标准	完成情况				
			很好	较好	一般	较差	很差
1	标题	文种正确，简明扼要					
		位于求职信首行，居中排布					
2	称谓	称谓恰当，郑重其事					
		位于标题下一行，左起顶格排布，称谓后用“冒号”结尾					
3	正文	包括求职情况介绍、对谋求职位的看法和对自己能力的客观评价、对受信者提出希望和要求 3 个部分					
		内容简练明确，求职态度诚恳，表述实事求是					
		位于称谓下一行开始拟写，两端对齐，且每段首行缩进，回行顶格排布					
4	结尾	表达敬意、祝愿的言语，表述言简意赅					
		位于正文下一行，空两格书写“此敬”之类的词，下一行顶格书写“敬礼”之类的词					
5	落款	包括写信人姓名和成文日期					
		位于求职信全文的右下方，先写姓名，下一行写成文日期					

项目三　个人简历的拟写

(一) 项目阐述

一年一度的春季校园招聘会开始了。本次招聘会为信息技术、民航交通、数字商贸、智慧旅游和创意设计等各大专业群提供了近 3 000 个招聘岗位。请各位同学提前拟写好个人简历。

(二) 设计条件

配备有 Office 办公软件的计算机机房。

(三) 组织

1. 每 2 人为一小组。

2. 小组每位成员独立完成个人简历电子版的拟写和设计。

3. 完成训练之后，小组成员相互纠错、点评及修改。

4. 教师重申正确标准或点评，要求学生举一反三。

(四) 实施

1. 设计要求

要求每位同学根据用人单位及求职岗位，用 Word 拟写并设计一份个人简历。

2. 标准要求

个人简历的结构应包含标题和正文 2 个部分。

3. 步骤

(1) 充分了解用人单位的基本情况及岗位招聘要求。

(2) 针对具体岗位招聘要求，整理自身基本情况、学习经历、工作经历或社会实践经历、获奖情况、专业技能、求职意向等信息。

(3) 结合用人单位岗位招聘要求，拟写个人简历。

4. 评价标准

实践项目评价标准如实训表 2－3 所示：

实训表 2-3　实践项目评价标准

<table>
<tr><th rowspan="2">序号</th><th rowspan="2">评价内容</th><th rowspan="2">评价标准</th><th colspan="5">完成情况</th></tr>
<tr><th>很好</th><th>较好</th><th>一般</th><th>较差</th><th>很差</th></tr>
<tr><td rowspan="2">1</td><td rowspan="2">标题</td><td>文种正确，简明扼要</td><td></td><td></td><td></td><td></td><td></td></tr>
<tr><td>位于个人简历首行，居中排布</td><td></td><td></td><td></td><td></td><td></td></tr>
<tr><td rowspan="6">2</td><td rowspan="6">正文</td><td>个人基本情况信息全面</td><td></td><td></td><td></td><td></td><td></td></tr>
<tr><td>学习经历逻辑清晰、表述完整</td><td></td><td></td><td></td><td></td><td></td></tr>
<tr><td>工作经历或社会实践经历逻辑清晰、表述完整、语言朴实</td><td></td><td></td><td></td><td></td><td></td></tr>
<tr><td>获奖情况表述清晰、重点突出、实事求是</td><td></td><td></td><td></td><td></td><td></td></tr>
<tr><td>专业技能表述清晰、重点突出、实事求是</td><td></td><td></td><td></td><td></td><td></td></tr>
<tr><td>求职意向表述清晰、明确</td><td></td><td></td><td></td><td></td><td></td></tr>
</table>

模块三　会 议 组 织

项目一　参与会议发言

(一) 项目阐述

A 高校即将举办一场校内朗读者的比赛，学校组织每个分院的领导共同讨论比赛的具体事项。但在开会时，负责主办的商贸分院向其他分院提出请求：这项活动目前仅靠一个分院的力量组织有点力不从心，环节比较混乱，人员也严重不足，效率不高甚至有可能导致比赛延期。因此，建议每个分院派出两名教师协助完成这次比赛的组织工作。

根据以上内容，以商贸分院领导的身份做现场发言。

(二) 设计条件

可容纳多人的场景模拟实训室。

(三) 组织

1. 每 4 人为一小组。

2. 小组每位成员轮流以商贸分院领导的身份进行现场发言。

3. 完成训练之后，小组成员相互纠错、点评及归纳。

4. 教师重申正确话术公式，要求学生举一反三。

(四) 实施

1. 设计要求

要求每位同学根据材料内容，模拟会议场景进行轮流发言，每人发言时间控制在 5 分钟以内。

2. 标准要求

充分运用 STSB 话术(法官模式)进行发言练习。

3. 步骤

(1) 明确材料中的基本信息点。

(2) 根据 STSB 话术的四个部分组织语言。

(3) 将四个部分串联起来，连贯表达。

4. 评价标准

实践项目评价标准如实训表 3－1 所示：

实训表 3－1　实践项目评价标准

序号	评价内容	评价标准	完成情况				
			很好	较好	一般	较差	很差
1	材料信息	内容正确、准确					
		讲明发言的原因和目标					
2	结构组织	第一步阐述事实					
		第二步说出自己的观点主张					
		第三步说出建议					
		第四步说出期待					
3	行文流畅	语言准确、信息完整					
		内容简练明确，措辞严谨，达、雅兼备					

项目二　参与会议复议

（一）项目阐述

根据项目一背景，商贸分院领导已进行现场发言，建议每个分院派出两名教师协助完成这次的比赛。但是，创意分院的领导认为，自己分院的工作已经非常繁重，根本没有时间抽出多余的人力去协助商贸分院，因此想要拒绝。此时，作为商贸分院的领导，应该如何复议自己的观点说服对方？

（二）设计条件

可容纳多人的场景模拟实训室。

（三）组织

1. 每 4 人为一小组。

2. 小组每位成员轮流以商贸分院领导的身份进行现场发言。

3. 完成训练之后，小组成员相互纠错、点评及归纳。

4. 教师重申正确话术，要求学生举一反三。

（四）实施

1. 实践设计要求

要求每位同学根据材料内容，模拟会议场景进行轮流发言，每人发言时间控制在 5 分钟以内。

2. 标准要求

充分运用复议无攻击话术进行发言练习。

3. 步骤

（1）明确材料中的基本信息点。

（2）根据复议无攻击话术的三大部分组织语言。

（3）将三个部分串联起来，连贯表达。

4. 评价标准

实践项目评价标准如实训表 3－2 所示：

实训表 3－2　实践项目评价标准

序号	评价内容	评价标准	完成情况				
			很好	较好	一般	较差	很差
1	材料信息	内容正确、准确					
		讲明发言的原因和目标					
2	结构组织	第一步肯定对方，站在对方角度看问题					
		第二步讲述观点，重申自己观点的重要性、正确性、长远性					
		第三步寻求共赢，拉近距离，缓和关系					
3	行文流畅	语言准确、信息完整					
		内容简练明确，措辞严谨，达、雅兼备					

项目三　即兴发言模拟训练

（一）项目阐述

某网络有限公司召开高层会议，董事长对公司的总体发展、未来走向、经济大环境下的影响因素等都作了具体的分析和总结。在董事长发言结束后，主持人邀请市场部的领导对现今网络发展做一个即兴发言。

根据以上内容，以市场部领导的身份做即兴发言。

（二）设计条件

可容纳多人的场景模拟实训室。

（三）组织

1. 每4人为一小组。
2. 小组每位成员轮流以市场部领导的身份做即兴发言。
3. 完成训练之后，小组成员相互纠错、点评及归纳。
4. 教师重申正确公式话术，要求学生举一反三。

（四）实施

1. 设计要求

要求每位同学根据材料内容，模拟会议场景轮流做即兴发言，每人发言时间控制在5分钟以内。

2. 标准要求

充分运用即兴发言由大变小转换话题的方式进行即兴发言练习。

3. 步骤

（1）明确材料中的基本要求。

（2）将网络发展这个大话题适当缩小范围。

（3）理清逻辑，组织语言做即兴发言。

4. 评价标准

实践项目评价标准如实训表3-3所示：

实训表 3－3 实践项目评价标准

序号	评价内容	评价标准	完成情况				
			很好	较好	一般	较差	很差
1	材料信息	内容正确、准确					
		明确发言的缘由和目标					
2	转换话题	适当范围内，缩小即兴发言的题目					
		不偏离原题的内容					
		转换话题后仍能符合逻辑和发言要求					
3	行文流畅	语言准确、信息完整					
		内容简练明确，措辞严谨，达、雅兼备					

项目四　会议通知的拟写

（一）项目阐述

A文化传媒有限公司将为新员工组织一场破冰活动，预计在2022年6月举办，现要召开一个会议讨论关于破冰活动的具体事项和人员安排。会议时间定在4月18日13:30—15:00，会议地点定在办公楼一楼大会议室，要求人事部、财务部、策划部人员全数到场。会议内容为讨论这次破冰活动的具体举办日期、活动事项经费预算、参与人员名单等。

根据会议通知的结构和格式完成会议通知的拟写。

（二）设计条件

配备有Word办公软件的计算机机房。

（三）组织

1. 每2人为一小组。

2. 小组每位成员独立完成会议通知电子版的拟写。

3. 完成训练之后，小组成员相互纠错、点评及修改。

4. 教师重申正确标准或点评，要求学生举一反三。

（四）实施

1. 实践设计要求

要求每位同学根据材料拟写一份电子版的会议通知，字数控制在200字以内。

2. 标准要求

会议通知的结构应包含通知标题和通知正文两大部分，正文应包含会议相关信息。

3. 步骤

（1）明确会议通知的结构和写作要求。

（2）根据材料内容，拟写会议通知。

（3）对会议通知格式进行检查。

4. 评价标准

实践项目评价标准如实训表3-4所示：

实训表 3-4 实践项目评价标准

序号	评价内容	评价标准	完成情况				
			很好	较好	一般	较差	很差
1	标题	文种正确，简明扼要					
		明确发文机关名称及会议的名称					
2	正文	写明会议的时间、地点、参与人员及内容					
		内容简练明确，措辞严谨，达、雅兼备					
		排版格式正确					

项目五　开幕词与闭幕词的拟写

(一) 项目阐述

学校团委正在筹备第十届共青团代表大会。假如你是校团委办公室主任,请你分别拟写一份会议开幕词和闭幕词。

(二) 设计条件

配备有 Office 办公软件的计算机机房。

(三) 组织

1. 每 2 人为一小组。

2. 小组每位成员独立完成开幕词和闭幕词的电子版的拟写。

3. 完成训练之后,小组成员相互纠错、点评及修改。

4. 教师重申正确标准或点评,要求学生举一反三。

(四) 实施

1. 实践设计要求

要求根据学校团委的实际情况,用 Word 分别拟写并编排设计一份第十届共青团代表大会开幕词和闭幕词,要求 300 字左右。

2. 标准要求

(1) 开幕词应包含标题、称谓、正文引导语、会议的主要内容、对与会人员提出要求和希望等五大部分的内容。

(2) 闭幕词应包含标题、称谓、正文引导语、主体内容和结语五大部分的内容。

3. 步骤

(1) 充分了解第十届共青团的基本情况。

(2) 针对会议具体要求,拟写会议开幕词和闭幕词。

4. 评价标准

(1) 开幕词。实践项目评价标准如实训表 3－5 所示:

实训表 3-5　实践项目评价标准

序号	评价内容	评价标准	完成情况				
			很好	较好	一般	较差	很差
1	标题	文种正确，格式正确					
		位于开幕词首行，居中排布					
2	称谓	称谓恰当，郑重其事					
		位于标题下一行，左起顶格排布，称谓后用“冒号”结尾					
3	正文引导语	至少包括宣布大会开幕和交代会议的背景、目的，介绍大会两大部分					
		内容简明扼要					
		位于称谓下一行开始拟写，且每段首行缩进，回行顶格排布					
4	会议主要内容	包括阐述会议的重要意义和会议的指导思想两大部分					
		措辞得当，简短明快					
		语言表述口语化，富有感情色彩					
5	提出要求和希望	对与会人员提出要求和希望					
		用鼓励性的语言发出号召以及祝福					

（2）闭幕词。实践项目评价标准如实训表 3－6 所示：

实训表 3－6　实践项目评价标准

序号	评价内容	评价标准	完成情况				
			很好	较好	一般	较差	很差
1	标题	文种正确，格式正确					
		位于闭幕词首行，居中排布					
2	称谓	称谓恰当，郑重其事					
		位于标题下一行，左起顶格排布，称谓后用冒号结尾					
3	正文引导语	交代会议在什么情况下圆满结束及闭幕，对与会人员的努力表示肯定，并对会议做出客观评价					
		内容简明扼要					
		位于称谓下一行开始拟写，且每段首行缩进，回行顶格排布					
4	主体内容	包括对会议做出概括和对与会人员提出号召两大部分					
		高度概括与总结，篇幅简短					
		语言表述口语化，富有感情色彩					
5	结语	对与会人员表达祝愿					

项目六　会议记录的拟写

(一) 项目阐述

某校某班级在班主任组织下，于 2022 年 3 月 1 日召开了一次班级会议，会议在 506 教室举行，全班同学及班主任一同参加。会议由班主任主持，讨论关于新学期改选班干部的相关事宜和明确每个职务的具体工作分工等。会议通过当场选举，任命小王为班长，小陈为学习委员，小张为文艺委员。会议由班级上任班长小吴负责记录，现请同学以小吴的身份完成会议记录。

(二) 设计条件

配备有 Word 办公软件的计算机机房。

(三) 组织

1. 每 2 人为一小组。
2. 小组每位成员独立完成会议记录电子版拟写。
3. 完成训练之后，小组成员相互纠错、点评及修改。
4. 教师重申正确标准或点评，要求学生举一反三。

(四) 实施

1. 设计要求

要求每位同学根据材料拟写一份电子版的会议记录，字数控制在 300 字以内。

2. 标准要求

会议记录主要包括会议名称、会议时间、会议地点、参会人员、主持人、记录人、会议议题、正文、备注和结尾。

3. 步骤

(1) 明确会议记录的结构和写作要求。

(2) 根据材料内容，拟写会议记录。

(3) 对会议记录格式进行检查。

4. 评价标准

实践项目评价标准如实训表 3-7 所示：

实训表 3-7 实践项目评价标准

序号	评价内容	评价标准	完成情况				
			很好	较好	一般	较差	很差
1	会议名称	文种正确，简明扼要					
		位于会议记录首行，居中排布					
2	客观信息	会议时间、会议地点准确					
		参会人员、主持人、记录人、会议议题清楚详尽					
3	正文	记录每一个发言和建议、决策等					
		内容简练明确，表述实事求是					
		分点记录，条理清楚					
4	结尾	表达会议结束的内容					
		位于正文下一行					

项目七　会议简报的拟写

（一）项目阐述

参与一次班级或者学院组织的大型会议，尝试拟写一份会议简报。

（二）设计条件

配备有 Office 办公软件的计算机机房。

（三）组织

1. 每 2 人为一小组。

2. 小组每位成员独立完成会议简报的电子版拟写和设计。

3. 完成训练之后，小组成员相互纠错、点评及修改。

4. 教师重申正确标准或点评，要求学生举一反三。

（四）实施

1. 设计要求

要求每位同学根据所参加会议的实际情况，用 Word 拟写并编排设计一份 1 000 字左右的会议简报。

2. 标准要求

会议简报的结构应包含报头、报身、报尾三大部分。

3. 步骤

（1）充分了解参加会议的基本情况和具体内容。

（2）整理会议内容和材料，拟写会议简报。

4. 评价标准

实践项目评价标准如实训表 3－8 所示：

实训表 3-8　实践项目评价标准

序号	评价内容	评价标准	完成情况				
			很好	较好	一般	较差	很差
1	报头	文种正确，简明扼要					
		位于会议简报首行，居中排布					
2	报身	按语表明办报机关的主张和意图					
		标题在按语下方					
		正文由导语、主体和结尾三部分构成					
		署名在正文右下方，括上圆括号					
3	报尾	在最后一页的下三分之一处，横线隔开					
		包括发放范围和印发份数两项内容					

项目八　会议纪要的拟写

(一) 项目阐述

2022 年 1 月 15 日，A 公司王董事长在八楼会议室主持召开董事会议，研究分析近期重点工作。张董事、李董事、杨董事、赵董事参加会议。会议上讨论了公司新一年的总体计划、发展趋势等。请根据材料，补充必要信息，拟写一份会议纪要。

(二) 设计条件

配备有 Word 办公软件的计算机机房。

(三) 组织

1. 每 2 人为一小组。

2. 小组每位成员独立完成会议纪要电子版的拟写。

3. 完成训练之后，小组成员相互纠错、点评及修改。

4. 教师重申正确标准或点评，要求学生举一反三。

(四) 实施

1. 设计要求

要求每位同学根据材料拟写一份电子版的会议纪要，字数控制在 400 字以内。

2. 标准要求

会议纪要由标题、成文日期和正文组成。

3. 实践步骤

(1) 明确会议纪要的结构和写作要求。

(2) 根据材料内容，拟写会议纪要。

(3) 对会议纪要格式进行检查。

4. 评价标准

实践项目评价标准如实训表 3 - 9 所示：

实训表 3－9　实践项目评价标准

序号	评价内容	评价标准	完成情况				
			很好	较好	一般	较差	很差
1	标题	文种正确，简明扼要					
		位于会议纪要首行					
2	成文日期	为纪要形成的时间或会议结束的时间					
		日期位置一般置于标题下方居中且加圆括号					
3	正文	导言介绍基本信息和情况，简明扼要					
		主体写出情况、成果、提议和决策等					
		结尾一般写对与会者的希望和要求，也可对相关人员或单位提出要求					

模块四　商 务 办 公

项目一　用 JOBS 公式与上级沟通

（一）项目阐述

某文化公司的策划部张经理遇到了一个难题，公司的年会进行到中期，虽然张经理已经尽量节约成本，却因为嘉宾人数的突然增加，经费预计要增加约 25%。张经理没有办法，决定和董事长汇报这件事情，希望董事长可以增加资金支持。董事长是个严肃冷酷的人，张经理很担心董事长会责怪自己能力不够。请你以张经理的身份与董事长沟通。

（二）设计条件

可容纳多人模拟场景的实训室。

（三）组织

1. 每 2 人为一小组。
2. 小组两位成员分别以张经理的身份与董事长身份沟通，再角色互换。
3. 完成训练之后，小组成员相互点评及归纳。
4. 教师重申正确话术，要求学生举一反三。

（四）实施

1. 设计要求

要求每位同学根据材料内容，模拟场景进行轮流发言，每个人时间控制在 5 分钟以内。

2. 标准要求

充分运用 JOBS 公式话术对董事长提出增加资金支持的要求。

3. 步骤

（1）明确材料中的基本信息点。

（2）根据 JOBS 公式的四个部分组织语言。

（3）将四个部分串联起来，连贯表达。

4. 评价标准

实践项目评价标准如实训表 4 - 1 所示：

实训表 4－1　实践项目评价标准

序号	评价内容	评价标准	完成情况				
			很好	较好	一般	较差	很差
1	材料信息	内容正确、准确					
		数据、用词等准确					
2	结构组织	在J部分汇报事情的进展，阐述已有优势条件					
		在O部分客观描述目前的障碍					
		在B部分加强信念，传递信心					
		在S部分提出解决方案					
3	行文流畅	语言准确、信息完整					
		内容简练明确，措辞严谨，达、雅兼备					

项目二　用 BESH 公式与下级沟通

（一）项目阐述

假设你是某企业的总经理，你的下属小张工作十分认真，每天加班到很晚，业绩也不错。但是，你连续几天看到小张上班都迟到了，虽然公司不用打卡，但是迟到也是不应该出现的，其他同事也都看在眼里。

根据以上内容，以总经理的身份对小张提出建议。

（二）设计条件

可容纳多人模拟场景的实训室。

（三）组织

1. 每 4 人为一小组。

2. 小组每位成员轮流以总经理的身份对小张提出建议。

3. 完成训练之后，每小组成员相互点评及归纳。

4. 教师重申正确公式话术，要求学生举一反三。

（四）实施

1. 设计要求

要求每位同学根据材料内容，模拟公司场景进行轮流发言，每个人时间控制在 5 分钟以内。

2. 标准要求

运用 BESH 公式（糖衣公式）话术对下属小张提出建议。

3. 步骤

（1）明确材料中的基本信息点。

（2）根据 BESH 公式的四个部分组织语言。

（3）将四个部分串联起来，连贯表达。

4. 评价标准

实践项目评价标准如实训表 4－2 所示：

实训表 4－2　实践项目评价标准

序号	评价内容	评价标准	完成情况				
			很好	较好	一般	较差	很差
1	材料信息	内容正确、准确					
		讲明下属的问题所在					
2	结构组织	在 B 部分表述下属的良好表现，给予肯定					
		在 E 部分客观描述问题所在					
		在 S 部分提出建议					
		在 H 部分再次鼓励					
3	行文流畅	语言准确、信息完整					
		内容简练明确，措辞严谨，达、雅兼备					

项目三　请示的拟写

(一) 项目阐述

假设你是某网络公司接待部的管理人员，公司派你们部门在国庆期间接待一位重要外国来宾，但因在国庆期间，食宿和出行成本大大增加，需要向上级请示增加经费。

请根据请示的结构和格式，自行补充必要的具体内容，拟写一份请示。

(二) 设计条件

配备有 Word 办公软件的计算机机房。

(三) 组织

1. 每 2 人为一小组。

2. 小组每位成员独立完成请示的电子版的拟写。

3. 完成训练之后，小组成员相互纠错、点评及修改。

4. 教师重申正确标准或点评，要求学生举一反三。

(四) 实施

1. 设计要求

要求每位同学根据材料拟写一份电子版的请示，字数控制在 200 字以内。

2. 标准要求

请示的结构应包含主送机关和正文两大部分，其中正文包含三方面内容。

3. 步骤

(1) 明确请示的结构和写作要求。

(2) 根据材料内容，补充信息，拟写请示。

(3) 对请示的内容合理性及格式规范进行检查。

4. 评价标准

实践项目评价标准如实训表 4－3 所示：

实训表 4-3　实践项目评价标准

序号	评价内容	评价标准	完成情况				
			很好	较好	一般	较差	很差
1	标题	文种正确,简明扼要					
		列明主送机关					
2	正文	表述请示的缘由					
		提出具体事项及解决问题的态度和意见					
		明确提出的请示要求					
		规范使用结束语					

项目四　申请书的拟写

（一）项目阐述

学校团委正在招募“三下乡”支教活动志愿者，要求有爱心、热心，且善于人际沟通和表达的在校大学生积极参加。请你替赵小明同学写一份要求参加此项活动的申请书。

（二）设计条件

配备有 Office 办公软件的计算机机房。

（三）组织

1. 每 2 人为一小组。

2. 小组每位成员独立完成申请书的电子版拟写和设计。

3. 完成训练之后，小组成员相互纠错、点评及修改。

4. 教师重申正确标准或点评，要求学生举一反三。

（四）实施

1. 设计要求

要求每位同学根据赵小明个人的实际情况，用 Word 拟写并编排设计一份 300 字左右的申请书。

2. 标准要求

申请书的结构应包含标题、称谓、正文、结语、署名和日期五大部分。

3. 步骤

（1）充分介绍赵小明的个人基本情况。

（2）针对具体活动要求，对赵小明做出客观分析与评价。

（3）提出支教愿望，拟写申请书。

4. 评价标准

实践项目评价标准如实训表 4－4 所示：

实训表 4－4　实践项目评价标准

序号	评价内容	评价标准	完成情况				
			很好	较好	一般	较差	很差
1	标题	文种正确，简明扼要					
		位于申请书首行，居中排布					
2	称谓	称谓恰当，郑重其事					
		位于标题下一行，左起顶格排布，称谓后用“冒号”结尾					
3	正文	包括事由和要求两大部分					
		内容简练谦和、表述平实简洁得当					
		位于称谓下一行开始拟写，且每段首行缩进，回行顶格排布					
4	结语	表示敬礼的言语，表述言简意赅					
		位于正文下一行					
5	署名和日期	包括申请人姓名或申请单位名称，以及成文日期					
		位于申请书全文的右下方，先写署名，下一行写成文日期					

项目五　通报的拟写

（一）项目阐述

宏远公司保安王刚在2021年10月30日晚值班时，违反管理规定，在值班室吸烟并将未熄灭的烟头扔在地上，随即外出购买食品。半小时后，当他返回时，发现值班室已起火，王刚奋力灭火，由于灭火及时，并未造成较大损失，但仍烧坏电风扇一台，桌椅一套。经研究，公司决定依据《员工管理条例》，给予王刚记过一次，并通报批评。请你根据以上材料，请拟写一份通报。

（二）设计条件

配备有Office办公软件的计算机机房。

（三）组织

1. 每2人为一小组。

2. 小组每位成员独立完成通报的电子版拟写和设计。

3. 完成训练之后，小组成员相互纠错、点评及修改。

4. 教师重申正确标准或点评，要求学生举一反三。

（四）实施

1. 设计要求

要求每位同学根据实践项目的具体内容，用Word拟写并编排设计一份300字左右的批评通报。

2. 标准要求

通报的结构应包含标题、发文机关、正文和落款四大部分。

3. 步骤

（1）通读实践项目背景材料。

（2）对实践项目内容做出客观分析与评价。

（3）拟写批评通报。

4. 评价标准

实践项目评价标准如实训表4-5所示：

实训表 4－5　实践项目评价标准

序号	评价内容	评价标准	完成情况				
			很好	较好	一般	较差	很差
1	标题	文种正确，构成合理					
		位于通报首行，居中排布					
2	发文机关	称谓恰当，郑重其事					
		位于标题下一行，左起顶格排布，称谓后用“冒号”结尾。因为单位内部通报，发文机关可省略					
3	正文	情况原因表述清楚，能简明扼要地交代事实，交代时间、地点、人物、事件等要素。做到准确反映，不夸大或缩小					
		能正面分析原因、危害、教训等					
		对处理、处分决定表述清晰					
		要求吸取教训，引以为戒					
4	落款	包括发文机关和成文日期。如标题已注明发文机关，此处可省略					
		位于申请书全文的右下方，先写署名，下一行写成文日期					

项目六　函的拟写

(一) 项目阐述

A 校信息分院将在 2022 年 12 月 12 日举办一场信息技能大赛，由于时间紧、任务重，信息分院领导想要在 2022 年 9 月 1 日开学之际发函给 B 校的信息分院借鉴以往的信息技能大赛举办经验，希望可以邀请 B 校信息分院的领导届时一同参与大赛的评比。请你以 A 校信息分院领导的身份给 B 校的相关人员发函。

(二) 设计条件

配备有 Word 办公软件的计算机机房。

(三) 组织

1. 每 2 人为一小组。

2. 小组每位成员独立完成函的电子版拟写。

3. 完成训练之后，小组成员相互纠错、点评及修改。

4. 教师重申正确标准或点评，要求学生举一反三。

(四) 实施

1. 设计要求

要求每位同学根据材料拟写一份电子函件，字数控制在 300 字以内。

2. 标准要求

函的结构由标题、正文、发文机关名称、印章和日期组成。

3. 步骤

(1) 明确函的结构和写作要求。

(2) 根据材料内容，合理补充信息，拟写函。

(3) 对函的内容合理性及格式规范进行检查。

4. 评价标准

实践项目评价标准如实训表 4－6 所示：

实训表 4－6 实践项目评价标准

序号	评价内容	评价标准	完成情况				
			很好	较好	一般	较差	很差
1	标题	文种正确，简明扼要					
		位于函首行，居中排布					
2	正文	称谓恰当，郑重其事					
		开头说明原因；中段说事项、意见或答复对方提出的问题和要求；结尾若需回复则“敬请函复”等					
3	发文机关名称、印章和日期	函要注意措辞，忌用指令性的语言					
		内容简练明确，成文日期标示正确					

项目七　启事的拟写

（一）项目阐述

假设有一位老人因患阿尔茨海默病不慎走失，请你帮忙写一则寻人启事。

（二）设计条件

配备有 Office 办公软件的计算机机房。

（三）组织

1. 每 2 人为一小组。

2. 小组每位成员独立完成启事的电子版拟写和设计。

3. 完成训练之后，小组成员相互纠错、点评及修改。

4. 教师重申正确标准或点评，要求学生举一反三。

（四）实施

1. 设计要求

要求每位同学根据启事的写作要求，用 Word 拟写并编排设计一份简洁明了的启事。

2. 标准要求

启事的结构应包含标题、正文和落款三大部分。

3. 步骤

（1）充分了解启事的写作要求和结构。

（2）针对具体要求，拟写启事。

4. 评价标准

实践项目评价标准如实训表 4－7 所示：

实训表 4－7　实践项目评价标准

序号	评价内容	评价标准	完成情况				
			很好	较好	一般	较差	很差
1	标题	文种正确，简明扼要					
		位于启事首行，居中排布					
2	正文	另起一行空两格写					
		内容简练，一般包括目的、意义、原因、要求、条件等					
3	落款	位于正文右下方					
		写明启事者的单位或姓名，署名下方写上时间					

项目八　条据的拟写

(一) 项目阐述

陈老师1月10日因家中有急事,无法参加学校的统一教师培训,需要写一份请假条交与学校。

(二) 设计条件

配备纸笔的教室。

(三) 组织

1. 每2人为一小组。

2. 小组每位成员独立完成条据的拟写和设计。

3. 完成训练之后,小组成员相互纠错、点评及修改。

4. 教师重申正确标准或点评,要求学生举一反三。

(四) 实施

1. 设计要求

要求每位同学根据陈老师的实际情况,手写并编排设计一份条据(请假条)。

2. 标准要求

条据的结构应包含标题、称谓、正文、结语、署名和日期五大部分。

3. 步骤

(1) 充分了解陈老师的个人基本情况。

(2) 根据条据写作要求,拟写一份请假条。

4. 评价标准

实践项目评价标准如实训表4-8所示:

实训表 4-8　实践项目评价标准

序号	评价内容	评价标准	完成情况				
			很好	较好	一般	较差	很差
1	标题	文种正确,简明扼要					
		位于条据首行,居中排布					
2	称谓	称谓恰当,郑重其事					
		位于标题下一行,左起顶格排布,称谓后用"冒号"结尾					
3	正文	包括原因、时间等因素					
		内容简练谦和、表述平实简洁得当					
		位于称谓下一行开始拟写,且每段首行缩进,回行顶格排布					
4	署名和日期	请假人的姓名,以及日期					
		位于条据全文的右下方,先写署名,下一行写成文日期					

项目九　活动策划书的拟写

(一) 项目阐述

某市正在招募“高校迎新联合晚会”活动志愿者并征集活动策划书，要求有文艺特长的、热心且善于人际沟通和表达的高校大学生参加。请各位同学代表自己学校写一份“高校迎新联合晚会”的活动策划书。

(二) 设计条件

配备有 Office 办公软件的计算机机房。

(三) 组织

1. 每 2 人为一小组。

2. 小组每位成员独立完成活动策划书的电子版拟写和设计。

3. 完成训练之后，小组成员相互纠错、点评及修改。

4. 教师重申正确标准或点评，要求学生举一反三。

(四) 实施

1. 设计要求

要求每位同学根据本校实际情况，用 Word 拟写并编排设计一份 1 000 字左右的活动策划书。

2. 标准要求

活动策划书的结构应包含标题、正文和落款三大部分。

3. 步骤

(1) 充分了解学校的基本情况和本次策划的主要目标。

(2) 根据活动策划书的写作要求，拟写活动策划书。

4. 评价标准

实践项目评价标准如实训表 4－9 所示：

实训表 4-9　实践项目评价标准

序号	评价内容	评价标准	完成情况				
			很好	较好	一般	较差	很差
1	标题	文种正确，尽可能具体写出策划项目名称					
		位于策划书首行，居中排布					
2	正文	包括活动背景、意义、目的、主题、内容、经费等方面内容					
		内容具体详细，表述平实得当					
		位于称谓下一行开始拟写，且每段首行缩进，回行顶格排布					
3	落款	包括策划单位名称和成文日期					
		位于活动策划书全文的右下方，先写单位名称，下一行写成文日期					

项目十　商业广告文案的拟写

(一) 项目阐述

每位同学可自由构想一款产品，并设计广告文案的标题、正文、标语和随文。

(二) 设计条件

配备有 Office 办公软件的计算机机房。

(三) 组织

1. 每 2 人为一小组。
2. 小组每位成员独立完成商业广告文案的电子版拟写和设计。
3. 完成训练之后，小组成员相互纠错、点评及修改。
4. 教师重申正确标准或点评，要求学生举一反三。

(四) 实施

1. 设计要求

要求每位同学根据设计产品的实际情况，用 Word 拟写并编排设计一份商业广告文案。

2. 标准要求

商业广告文案的结构应包含标题、正文、标语和随文四大部分。

3. 步骤

(1) 充分了解设计产品基本情况。

(2) 针对具体写作要求，对产品做出客观分析与设计。

(3) 组织自己观点和创意，拟写商业广告文案。

4. 评价标准

实践项目评价标准如实训表 4－10 所示：

实训表 4－10　实践项目评价标准

序号	评价内容	评价标准	完成情况				
			很好	较好	一般	较差	很差
1	标题	广告的题目，一目了然、有吸引力					
		位于商业广告文案首行					
2	正文	表达广告的内容，对产品或其他方面加以说明和解释					
		内容通俗简明、表达具有说服力和创意					
		结尾部分强化印象，鼓励消费者购买					
3	标语	表述简洁、整齐、上口、易记					
		可位于正文上一行或下一行					
4	随文	对广告正文起补充、说明作用					
		一般位于商业广告文案最下方					

项目十一　通讯稿的拟写

（一）项目阐述

高校学生心理健康是我国教育界非常关注的问题，在中央的明确规定下，各高校也纷纷建立了“心理咨询室”等专职机构。最近一些大学生因“心理问题”采取极端行为的报道时有出现，那么，大学生心理健康的总体状况到底如何？请你以一位记者的身份对你所在大学的学生进行问卷调查，了解大学生心理健康的总体状况，从中分析原因，写作一篇工作通讯。

（二）设计条件

配备有 Office 办公软件的计算机机房。

（三）组织

1. 每 2 人为一小组。

2. 小组每位成员独立完成通讯稿的电子版拟写和设计。

3. 完成训练之后，小组成员相互纠错、点评及修改。

4. 教师重申正确标准或点评，要求学生举一反三。

（四）实施

1. 设计要求

要求每位同学根据所在大学的实际情况，用 Word 拟写并编排设计一份 800 字左右的通讯稿。

2. 标准要求

通讯稿的结构应包含标题、署名、正文三大部分。

3. 步骤

(1) 充分了解本校在心理健康方面做的基本工作。

(2) 针对具体写作要求，对本校学生的心理状况做出客观分析与评价。

(3) 根据通讯稿的结构和写作要求，拟写通讯稿。

4. 评价标准

实践项目评价标准如实训表 4 - 11 所示：

实训表 4－11　实践项目评价标准

序号	评价内容	评价标准	完成情况				
			很好	较好	一般	较差	很差
1	标题	文种正确，准确概括文章内容或点明主题					
		位于通讯稿首行					
2	署名	写于标题下面，或全文最后					
3	正文	通讯稿的主干部分，事件或事实报道的核心					
		采用纵式/横式/纵横式/悬念式结构					
		位于标题或署名下一行开始拟写，且每段首行缩进，回行顶格排布					

模块五　客户关系维护

项目一　电话沟通模拟

(一) 项目阐述

H 市旅游协会将组织召开 2023 年 H 市文化旅游博览会，举办地点在 H 市国际会展中心，时间为 2023 年 3 月 4—5 日。协会工作人员小黄负责与博览会开幕式与会嘉宾的联络工作，小陈则负责与参展商的联络工作。同学们采用情景模拟的形式，分别扮演工作人员和客户，完成一次会前电话沟通，传递会展相关信息，确认与会人员出席情况。

(二) 设计条件

仿真办公室环境，电话机、便笺、笔等相关办公用具。

(三) 组织

1. 每 8 人为一小组。

2. 小组每位成员分别扮演工作人员小黄、小陈，以及省文旅厅副厅长和嘉宾 H 市市长，参展商 A 酒店总经理、B 旅行社总经理、H 市博物馆馆长、C 精品民宿负责人。两两一对，轮流进行角色扮演，完成训练。

3. 完成训练之后，小组成员相互纠错、点评。

4. 教师重申正确标准或点评，要求学生举一反三。

5. 优秀情景演练展示。

(四) 实施

1. 设计要求

要求每位同学根据电话沟通技巧至少完成与客户的接打电话各一次，每次电话沟通的时间控制在 2 分钟之内。

2. 标准要求

电话沟通技巧包括接电话和打电话两个角色，接打电话要注意沟通时的语气、内容、态度、表情、举止、时间感等。

3. 步骤

(1) 选择两两一对的合作伙伴，并确定双方角色。

(2) 充分了解电话沟通的对象及需沟通的事宜，并做好沟通准备。

(3) 按照电话沟通技巧接打电话，完成训练。

4. 评价标准

实践项目评价标准如实训表 5－1 所示：

实训表 5－1　实践项目评价标准

角色	评价内容	评价标准	完成情况				
			很好	较好	一般	较差	很差
发话者	语气	语气亲切，声音柔和，悦耳动听					
	内容	内容简练，信息传达完整、准确、有效					
	态度	主动问候，自报家门，不卑不亢，从容有礼					
	表情	表情自信、自然，面带微笑					
	举止	打电话时举止文明，电话轻拿轻放					
	时间	通话时间及通话时长适宜					
受话者	语气	语气亲切，声音柔和，悦耳动听					
	内容	应对简练，信息传达完整、准确、有效					
	态度	应对谦和，不卑不亢，从容有礼					
	表情	表情自信、自然，面带微笑					
	举止	主次分明，接电话时举止文明，电话轻拿轻放					
	时间	及时接听，通话时间及通话时长适宜					

项目二　营销沟通模拟

（一）项目阐述

2023年H市文化旅游博览会于3月4日在H市国际会展中心顺利开幕，会展中心人来人往好不热闹，很多展览摊位前都聚集了不少的客户或在咨询、或在商谈业务。小张是H市阳光旅行社的工作人员，正在接待一对计划出国度蜜月的年轻情侣；小徐是H市豪庭国际酒店的销售经理，有一家外地的旅行社正在向其咨询酒店的产品和服务情况；H市博物馆展位利用先进的沉浸影像技术向来宾展示H市的旅游文化及博物馆的馆藏和展陈情况，吸引了大量来观看和咨询的客户；“流年”精品民宿也吸引了一批前来咨询的消费者。

（二）设计条件

模拟展会环境，桌椅、电脑、表单等相关办公用具。

（三）组织

1. 每8人为一小组。

2. 每组4位学员分别扮演旅行社、酒店、博物馆、民宿的工作人员，另4位分别扮演相对应的顾客。两两一对，开展角色扮演，完成训练。

3. 完成训练之后，小组成员相互纠错、点评。

4. 教师重申正确标准或点评，要求学生举一反三。

5. 优秀情景演练展示。

（四）实施

1. 设计要求

扮演工作人员的同学需完整演绎从与客户从接触到业务成交的整个营销活动过程，情景演绎的时间控制在5分钟之内。

2. 标准要求

在接近客户、与客户洽谈、处理异议、说服成交每个环节需至少使用1种沟通技巧。

3. 步骤

（1）选择两两一对的合作伙伴，并确定双方角色。

（2）分析情景中面对的顾客的特点，并做好沟通准备。

（3）按照与客户营销沟通四步骤，完成训练。

4. 评价标准

实践项目评价标准如实训表5－2所示：

实训表 5 - 2　实践项目评价标准

步骤	评价内容	评价标准	完成情况				
			很好	较好	一般	较差	很差
接近顾客	目的	沟通目的明确,并做好充分准备					
	形象	仪容仪表规范,符合场景所需,仪态大方					
	表情	表情自信、自然,面带微笑					
	语言	灵活使用接近语言,表达流畅,语音语调适中					
	效果	沟通过程顺利,沟通氛围愉悦					
客户洽谈	开谈	开谈自然、氛围良好					
	倾听	能够仔细倾听,认真做好记录					
	问答	适时提问,提问切中要害,能有效获取客户信息;答复及时,有条理,言简意赅,通俗易懂					
	拒绝	能根据对方情况采用适合的拒绝方式					
处理异议	应对	处理异议方法使用正确,得到客户认同					
	语言	语言表达清楚,有理有据,实事求是					
	态度	态度谦和,不卑不亢,表情管理较好					
说服成交	应对	说服成交方式使用正确,促成交易					
	语言	语言表达清楚,有理有据					
	态度	态度诚恳,不卑不亢,表情管理较好					

项目三 请柬的拟写

(一) 项目阐述

H 市旅游协会将组织召开 2023 年 H 市文化旅游博览会，举办地点在 H 市国际会展中心，开幕仪式的时间为 2023 年 3 月 4 日，仪式拟邀请 H 市文化和旅游局领导参加。请各位同学拟写本次博览会开幕式的嘉宾请柬。

(二) 设计条件

配备有 Word 办公软件的计算机机房。

(三) 组织

1. 每 2 人为一小组。

2. 小组每位成员独立完成请柬电子版的拟写。

3. 完成训练之后，小组成员相互纠错、点评及修改。

4. 教师重申正确标准或点评，要求学生举一反三。

(四) 实施

1. 设计要求

要求每位同学根据材料拟写一份电子版的请柬，字数控制在 200 字以内。

2. 标准要求

请柬的结构应包含标题、称谓、正文、结尾和落款 5 个部分。

3. 步骤

(1) 明确商务请柬的结构和写作要求。

(2) 根据材料内容，拟写请柬。

(3) 对请柬进行排版和美化。

4. 评价标准

实践项目评价标准如实训表 5－3 所示：

实训表 5-3　实践项目评价标准

序号	评价内容	评价标准	完成情况				
			很好	较好	一般	较差	很差
1	标题	文种正确，简明扼要					
		位于请柬首行/首页，并进行美化					
2	称谓	称谓恰当，郑重其事					
		位于内页顶格，称谓后用“冒号”结尾					
3	正文	写明活动的内容、时间、地点和其他相关事项					
		内容简练明确，措辞严谨，达、雅兼备					
		位于称谓下一行开始拟写，且每段首行缩进，回行顶格排布					
4	结尾	表示敬祝的言语，表述言简意赅					
5	落款	包括邀请单位或个人的名称和发柬日期					
		位于全文的右下方，先署名，下一行写日期					

项目四　邀请函的拟写

（一）项目阐述

H 市旅游协会将组织召开 2023 年 H 市文化旅游博览会，举办地点在 H 市国际会展中心，博览会时间为 2023 年 3 月 4—5 日。本次博览会拟邀请全国各地的知名旅行社参展。请各位同学拟写本次博览会的参展商邀请函。

（二）设计条件

配备有 Word 办公软件的计算机机房。

（三）组织

1. 每 2 人为一小组。

2. 小组每位成员独立完成邀请函电子版的拟写。

3. 完成训练之后，小组成员相互纠错、点评及修改。

4. 教师重申正确标准或点评，要求学生举一反三。

（四）实施

1. 设计要求

要求每位同学根据材料拟写一份电子版的邀请函，字数控制在 600 字左右。

2. 标准要求

邀请函的结构应包含标题、称谓、正文、结尾和落款 5 个部分。

3. 步骤

（1）明确邀请函与请柬的区别。

（2）根据材料内容，拟写邀请函。

（3）对邀请函进行排版和美化。

4. 评价标准

实践项目评价标准如实训表 5 - 4 所示：

实训表 5-4　实践项目评价标准

序号	评价内容	评价标准	完成情况				
			很好	较好	一般	较差	很差
1	标题	文种正确，简明扼要					
		位于邀请函首行/首页，剧中排布					
2	称谓	称谓恰当，郑重其事					
		位于第二行顶格，称谓后用“冒号”结尾					
3	正文	写明活动的背景、主题、内容、时间、地点、参会要求、参会费用、参会办法等					
		内容详尽，条理清晰，语言精练准确					
		位于称谓下一行开始拟写，且每段首行缩进，回行顶格排布					
4	结尾	表示敬祝的言语，表述言简意赅					
5	落款	包括邀请单位或个人的名称(印章)和发文日期					
		位于全文的右下方，先署名，下一行写发文日期					

项目五　贺信的拟写

（一）项目阐述

由 H 市旅游协会组织召开的 2023 年 H 市文化旅游博览会在 H 市国际会展中心顺利开幕，本次博览会为旅游行业开展交流与合作提供了重要平台，为增进各成员间的友谊，促进投资和贸易的增长发挥重要作用。请你代××省文化和旅游厅写一封贺信，祝贺 H 市文化旅游博览会顺利召开。

（二）设计条件

配备有 Word 办公软件的计算机机房。

（三）组织

1. 每 2 人为一小组。

2. 小组每位成员独立完成贺信电子版的拟写。

3. 完成训练之后，每小组成员相互纠错、点评及修改。

4. 教师重申正确标准或点评，要求学生举一反三。

（四）实施

1. 设计要求

要求每位同学根据材料拟写一份电子版的贺信，400 字以上。

2. 标准要求

贺信的结构应包含标题、称谓、正文、落款。

3. 步骤

（1）明确贺信的结构和写作要求。

（2）根据材料内容，拟写贺信。

（3）对贺信进行排版和美化。

4. 评价标准

实践项目评价标准如实训表 5－5 所示：

实训表 5－5　实践项目评价标准

序号	评价内容	评价标准	完成情况				
			很好	较好	一般	较差	很差
1	标题	文种正确，简明扼要					
		位于贺信首行居中					
2	称谓	称谓恰当，郑重其事					
		位于标题下一行顶格，称谓后用“冒号”结尾					
3	正文	表达热烈的祝贺之情；写明祝贺的缘由、肯定成绩；提出鼓励、希望					
		语言简洁明快、言简意赅、感情真挚饱满					
		位于称谓下一行开始拟写，且每段首行缩进，回行顶格排布					
4	落款	包括发信单位全称或个人姓名、成文日期					
		位于全文的右下方，先署名，下一行写成文日期					

项目六　感谢信的拟写

（一）项目阐述

由 H 市旅游协会组织召开的 2023 年 H 市文化旅游博览会在 H 市国际会展中心顺利闭幕，在此次博览会中，H 市职业技术学院有 58 名师生参与了志愿服务工作，为博览会来宾提供了周到服务。请你代 H 市旅游协会拟写一份感谢信给 H 市职业技术学院，表达对志愿者们的感谢。

（二）设计条件

配备有 Word 办公软件的计算机机房。

（三）组织

1. 每 2 人为一小组。

2. 小组每位成员独立完成感谢信电子版的拟写。

3. 完成训练之后，小组成员相互纠错、点评及修改。

4. 教师重申正确标准或点评，要求学生举一反三。

（四）实施

1. 设计要求

要求每位同学根据材料拟写一份电子版的感谢信，300 字以上。

2. 标准要求

贺信的结构应包含标题、称谓、正文、落款。

3. 步骤

（1）明确感谢信的结构和写作要求。

（2）根据材料内容，拟写感谢信。

（3）对感谢信进行排版和美化。

4. 评价标准

实践项目评价标准如实训表 5－6 所示：

实训表 5-6　实践项目评价标准

序号	评价内容	评价标准	完成情况				
			很好	较好	一般	较差	很差
1	标题	文种正确，简明扼要					
		位于感谢信首行居中					
2	称谓	称谓恰当，郑重其事					
		位于标题下一行顶格，称谓后用“冒号”结尾					
3	正文	写明感谢的缘由、诚恳评价对方的帮助和贡献、表达衷心的感谢					
		语言精练，以感谢为主、兼有表扬					
		位于称谓下一行开始拟写，且每段首行缩进，回行顶格排布					
4	落款	包括致谢者单位全称或个人姓名、成文日期					
		位于全文的右下方，先署名，下一行写成文日期					

模块六　工 作 汇 报

项目一　工作汇报模拟

(一) 项目阐述

学期末,辅导员要求你汇报一下本学期班级活动的开展情况,并就下学期的班级工作打算进行简要的说明。

(二) 设计条件

办公电脑、投影仪、讨论桌椅。

(三) 组织

1. 每组六人,其中一名学生担任组长角色,其他人担任评价员。

2. 各成员依次轮换进行模拟汇报工作。

3. 完成训练之后,师生及时点评纠错。

4. 教师重申正确标准或点评,要求学生举一反三。

(四) 实施

1. 设计要求

要求每位同学结合班级建设情况,完成模拟工作汇报全过程。

2. 标准要求

工作汇报需事先做好汇报准备工作,工作汇报的基本结构包括开头、主体和结尾三大部分。

3. 步骤

(1) 充分了解本班级建设的基本情况。

(2) 针对本班级建设情况,做好汇报的准备工作。

(3) 制作班级建设汇报 PPT。

(4) 各组员间互换角色,相互模拟汇报班级建设情况。

(5) 做好面试后的沟通和总结工作。

4. 评价标准

实践项目评价标准如实训表 6 - 1 所示:

实训表 6－1　实践项目评价标准

序号	评价内容	评价标准	完成情况				
			很好	较好	一般	较差	很差
1	汇报准备	心态平和，举止得体					
		准备充分，PPT 制作精美					
2	汇报内容	开头、主体、结尾框架完整					
		观点鲜明、事实明确、建议可操作					
		汇报有请示、表态和总结					
		汇报时长恰当					
		讲述明白、到位					

项目二　学习计划的拟写

（一）项目阐述

本学期，各专业将组织学生参加英语等级考试。目前，各专业学生正在备考准备中。

（二）设计条件

电脑、投影仪、桌椅。

（三）组织

1. 每组 8 人，一名学生担任组长角色，其他人担任评价员。

2. 小组成员汇报自己的工作计划。

3. 完成训练后，师生及时点评纠错。

4. 教师重申正确标准或点评，要求学生举一反三。

（四）实施

1. 设计要求

要求每位同学根据自身英语基础水平和英语考级目标，用 Word 拟写并编排设计一份 800 字左右的英语学习计划。

2. 标准要求

学习计划的结构应包含标题、正文和落款三个部分。

3. 步骤

（1）充分了解本人英语基础水平和英语考级目标。

（2）针对个人英语学习实际情况，对自身能力做出客观分析与评价。

（3）结合个人学习情况，拟写英语等级考试学习计划。

4. 评价标准

实践项目评价标准如实训表 6－2 所示：

实训表 6－2　实践项目评价标准

序号	评价内容	评价标准	完成情况				
			很好	较好	一般	较差	很差
1	标题	文种正确，简明扼要					
		格式规范，要素齐全					
		位于学习计划首行，居中排布					
2	正文	前言部分能说明制订计划的背景，并提出总目标					
		主体部分能分点写作，层层递进，具体实施步骤详细可行					
		结尾部分展望前景，富有号召力					
		写作逻辑清晰，表述简明扼要					
3	落款	包括个人姓名，以及成文日期					
		位于工作计划全文的右下方					

项目三　学习总结的拟写

（一）项目阐述

习近平总书记指出："我们党的一百年，是矢志践行初心使命的一百年，是筚路蓝缕奠基立业的一百年，是创造辉煌开辟未来的一百年。回望过往的奋斗路，眺望前方的奋进路，必须把党的历史学习好、总结好，把党的成功经验传承好、发扬好。"历史是一个民族安身立命的基础。历史是一个民族、一个国家、一个政党形成和发展及其盛衰兴亡的真实记录。学习历史，可以"看成败、鉴得失、知兴替"。读史可以明智，知古方能鉴今。

（二）设计条件

电脑、投影仪、桌椅。

（三）组织

1. 每组 8 人，其中一名学生担任组长角色，其他人担任评价员。
2. 小组成员汇报自己的工作总结。
3. 完成训练之后，师生及时点评纠错。
4. 教师重申正确标准或点评，要求学生举一反三。

（四）实施

1. 设计要求

要求每位同学根据党史学习的情况，用 Word 拟写并编排设计一份 800 字左右的党史学习教育总结。

2. 标准要求

学习总结的结构应包含标题、正文和落款三个部分。

3. 步骤

（1）充分了解和学习中国共产党党史。
（2）根据党史学习教育情况，结合自身情况进行自我剖析，做出客观分析与评价。
（3）结合党史学习教育情况，拟写个人党史学习总结。

4. 评价标准

实践项目评价标准如实训表 6－3 所示：

实训表 6－3　实践项目评价标准

序号	评价内容	评 价 标 准	完 成 情 况				
			很好	较好	一般	较差	很差
1	标题	文种正确，简明扼要					
		格式规范，要素齐全					
		位于学习总结首行，居中排布					
2	正文	前言部分开门见山，能交代背景，点明主旨					
		主体部分能结合自身实际，分点叙述学习心得体会，并分析总结自身不足					
		结尾部分能提出个人今后努力方向					
		写作逻辑清晰，表述简明扼要					
3	落款	包括个人姓名，以及成文日期					
		位于学习总结全文的右下方					

项目四　工作报告的拟写

(一) 项目阐述

假如你是学院某一部门的学生干部，请你结合学生干部工作实际，写一份岗位年度工作报告。

(二) 设计条件

配备有 Office 办公软件的计算机机房。

(三) 组织

1. 每 6 人为一个小组。

2. 小组每位成员独立完成工作报告的电子版的拟写和设计。

3. 完成训练之后，小组成员相互纠错、点评及修改。

4. 教师重申正确标准或点评，要求学生举一反三。

(四) 实施

1. 设计要求

要求每位同学根据学生干部工作实际，用 Word 拟写并编排设计一份 1 000 字左右的岗位年度工作报告。

2. 标准要求

工作报告的结构主要包括标题、正文和结语三个部分。

3. 步骤

(1) 结合自身学生干部岗位，回顾学生干部年度工作要点。

(2) 实事求是，对学生干部岗位工作做出客观分析与评价。

4. 评价标准

实践项目评价标准如实训表 6 - 4 所示：

实训表 6-4　实践项目评价标准

序号	评价内容	评价标准	完成情况				
			很好	较好	一般	较差	很差
1	标题	文种正确，表述完整					
		位于工作报告首行，居中排布					
2	报告缘由	交代报告的缘由、目的、主旨或基本情况					
		用“报告如下”等惯用语承上启下，引起下文					
3	报告事项	写明工作情况（成绩及经验）、存在问题和今后打算					
		实事求是、重点突出、详略得当					
		陈述有序、分析与议论有力					
4	结语	通常采用上行文的惯用语					

项目五　调查报告的拟写

（一）项目阐述

当前，网络是大学生社交的主要渠道。以小组的形式，就“网络交友对大学生交友的影响”写一份调查报告。

（二）设计条件

配备有 Office 办公软件的计算机机房。

（三）组织

1. 每 6 人为一个小组。

2. 小组成员分工合作完成调查问卷和调查报告。

3. 完成训练之后，小组成员相互纠错、点评及修改。

4. 教师重申正确标准或点评，要求学生举一反三。

（四）实施

1. 设计要求

要求每组同学根据调查情况，用 Word 拟写并编排设计一份不少于 1 000 字的调查报告。

2. 标准要求

调查报告的结构主要包括标题、正文和结尾三个部分。

3. 步骤

（1）以小组为单位完成调查问卷。

（2）以小组为单位完成实地调查。

（3）根据调查结果，做出客观分析与评价，并完成调查报告的拟写。

4. 评价标准

实践项目评价标准如实训表 6－5 所示：

实训表 6－5　实践项目评价标准

<table>
<tr><th rowspan="2">序号</th><th rowspan="2">评价内容</th><th rowspan="2">评价标准</th><th colspan="5">完成情况</th></tr>
<tr><th>很好</th><th>较好</th><th>一般</th><th>较差</th><th>很差</th></tr>
<tr><td rowspan="2">1</td><td rowspan="2">标题</td><td>文种正确，表述完整</td><td></td><td></td><td></td><td></td><td></td></tr>
<tr><td>能揭示文章的中心，又要有调查报告的特色</td><td></td><td></td><td></td><td></td><td></td></tr>
<tr><td rowspan="2">2</td><td rowspan="2">开头</td><td>介绍基本情况，提出问题</td><td></td><td></td><td></td><td></td><td></td></tr>
<tr><td>内容紧扣报告中心，写作要求简明扼要</td><td></td><td></td><td></td><td></td><td></td></tr>
<tr><td rowspan="3">3</td><td rowspan="3">主体</td><td>归纳的成绩或问题、分析得出的经验或教训等表述清楚</td><td></td><td></td><td></td><td></td><td></td></tr>
<tr><td>写作以调查得来的事实材料为基础</td><td></td><td></td><td></td><td></td><td></td></tr>
<tr><td>观点和材料统一</td><td></td><td></td><td></td><td></td><td></td></tr>
<tr><td>4</td><td>结语</td><td>用语简短、干净利落、收束有力</td><td></td><td></td><td></td><td></td><td></td></tr>
</table>

项目六　可行性研究报告的拟写

（一）项目阐述

随着我国高等教育的发展，大学生数量逐年增长，大学生就业压力也日益凸显。自主创业是缓解大学生就业问题的有效途径。请以小组为单位，就某一感兴趣的创业项目，完成一份创业可行性研究报告。

（二）设计条件

配备有 Office 办公软件的计算机机房。

（三）组织

1. 每 6 人为一个小组，选择一个创业项目。

2. 小组成员分工合作完成可行性研究报告。

3. 完成训练之后，小组成员相互纠错、点评及修改。

4. 教师重申正确标准或点评，要求学生举一反三。

（四）实施

1. 设计要求

要求每组同学根据选定的创业项目，用 Word 拟写并编排设计一份不少于 1 000 字的创业可行性研究报告。

2. 标准要求

可行性研究报告的结构主要包括标题、正文、落款和附件四大部分。

3. 步骤

（1）以小组为单位完成选项。

（2）以小组为单位完成调研。

（3）根据调研结果，做出客观分析，并完成可行性研究报告的拟写。

4. 评价标准

实践项目评价标准如实训表 6－6 所示：

实训表 6－6　实践项目评价标准

序号	评价内容	评价标准	完成情况				
			很好	较好	一般	较差	很差
1	标题	文种正确，表述完整					
2	开头	内容包括对研究内容的概述，介绍项目的必要性、背景和意义、理论依据和采用的分析方法					
		语言简明扼要					
3	主体	内容包括市场调查情况、项目相关情况、地址的选择、工艺技术方案、环保保护、资金保障、财务分析等					
		实事求是，观点鲜明					
		资料收集完整、准确					
4	落款	包括单位名称和报告成文时间					
5	附件	论据材料充足					

模块七　竞聘与求职

项目一　述职报告的拟写

（一）项目阐述

“自信、责任、拼搏、团结”是班级的建设口号。临近期末，学校要求各班班长针对自身履职情况写一份述职报告。

（二）设计条件

投影仪、电脑机房。

（三）组织

1. 每组 5 人，其中一名学生担任组长角色，其他人担任评价员。

2. 小组成员对自己的工作计划进行汇报。

3. 完成训练之后，师生及时点评纠错。

4. 教师重申正确标准或点评，要求学生举一反三。

（四）实施

1. 设计要求

假设你是班长，请你针对自身履职情况用 Word 拟写并编排设计一份 800 字左右的述职报告。

2. 标准要求

述职报告的结构应包含标题、正文和落款三个部分。

3. 步骤

（1）充分了解班长的职责及工作现状。

（2）针对班级实际情况，从班长的岗位出发，对自身工作做出客观分析与评价。

（3）拟写述职报告。

4. 评价标准

实践项目评价标准如实训表 7－1 所示：

实训表 7-1　实践项目评价标准

序号	评价内容	评价标准	完成情况				
			很好	较好	一般	较差	很差
1	标题	文种正确，简明扼要					
		格式规范，要素齐全					
		位于述职报告首行，居中排布					
2	正文	前言部分能就任职时间、职称、岗位职责，以及对个人所任工作作出总体评价					
		主体部分结构清晰，能充分展现真实的工作业绩，突出重点工作					
		结尾部分介绍今后的工作设想，或对全文作概括性总结，或表达自己的决心					
		写作逻辑清晰，表述简明扼要					
3	落款	包括署名和成文时间					
		位于全文的右下方					

项目二　竞聘演讲模拟

(一) 项目阐述

学生会换届改选正式启动,你有意参加学生会相关部门负责人的竞选。

(二) 设计条件

办公电脑、投影仪、讲台。

(三) 组织

1. 每组 8 人,其中一名学生担任组长角色,其他人担任评价员。

2. 小组成员依次轮换模拟竞聘演讲。

3. 完成训练之后,师生及时点评纠错。

4. 教师重申正确标准或点评,要求学生举一反三。

(四) 实施

1. 设计要求

要求每位同学结合自身的竞聘岗位,完成模拟竞聘演讲。

2. 标准要求

竞聘演讲的基本结构包括称呼、开头、主体和结尾四个部分。

3. 步骤

(1) 充分了解校学生会建设情况及现状。

(2) 针对你所感兴趣的学生会相关部门建设实际情况,请从你竞聘的岗位出发,做如下思考:

① 竞聘前,你会从哪些方面进行准备?

② 竞聘是否只是为了获得职位?

③ 竞聘是不是让你感受到压力很大、气氛紧张?

④ 如果你竞聘成功了,你准备怎么说?

⑤ 如果你竞聘不成功,你又准备怎么说?

(3) 根据你竞聘的岗位,对全体小组成员做竞聘演讲。

(4) 小组成员依次轮换,完成模拟竞聘演讲。

4. 评价标准

实践项目评价标准如实训表 7 - 2 所示:

实训表 7－2　实践项目评价标准

序号	评价内容	评价标准	完成情况				
			很好	较好	一般	较差	很差
1	称呼	称呼准确，表达亲切得体					
2	开头	表达竞聘者的心情，对听众的谢意					
		简短亲切					
3	主体	表达竞聘者竞聘成功后要做的重要工作					
		分条表述，逻辑清晰、具体充实					
		演讲有激情，形式有创新，能吸引听众					
4	结尾	表决心，展未来					

项目三　就职演讲模拟

(一) 项目阐述

学生会换届改选完毕，你成功获聘学生会某部门的负责人。

(二) 设计条件

办公电脑、投影仪、讲台。

(三) 组织

1. 每组 8 人，其中一名学生担任组长角色，其他人担任评价员。

2. 每组成员依次轮换模拟竞聘答辩。

3. 完成训练之后，师生及时点评纠错。

4. 教师重申正确标准或点评，要求学生举一反三。

(四) 实施

1. 设计要求

要求每位同学结合自身的获聘岗位，完成模拟就职演讲。

2. 标准要求

就职演讲要沉着冷静、条理清晰，注重与听众的目光交流。

3. 步骤

(1) 充分了解校学生会建设情况及现状。

(2) 其他小组成员作为听众，获聘者上台发表就职演讲。

(3) 小组成员依次轮换模拟就职演讲。

4. 评价标准

实践项目评价标准如实训表 7 - 3 所示：

实训表 7-3　实践项目评价标准

序号	评价内容	评 价 标 准	完 成 情 况				
			很好	较好	一般	较差	很差
1	言行举止	沉着冷静，面带微笑，举止大方得体					
		语速适中，表达流利					
2	回答问题	能正面回答评委问题					
		能从实践出发进行归纳与总结，且有提炼与升华					
		与评委有目光交流					
		回答时言语简洁、条理清晰					

模块八　商务谈判与合作

项目一　商务谈判模拟

(一) 项目阐述

艾美公司需购置业务用手机 60 部，试就此项目策划与卖方的洽谈事宜，并组织面对面的模拟谈判。

(二) 设计条件

谈判会议室、电脑、便笺、文具、手机、合同文本、茶具等相关设备和用品。

(三) 组织

1. 分组：每 8 人为一小组，选举组长以协调小组的各项工作。

2. 模拟谈判：每组由组长牵头，抽签选择谈判对手，就购买手机事宜模拟谈判。

3. 观摩和点评：每两组谈判对手模拟谈判完毕，在教师的带领下讨论，指出“谈判人员”在谈判过程中的礼仪、语言、思维、策略等方面的不足，提出改进意见。

(四) 实施

1. 设计要求

组团时应注意小组成员在知识、性格、技能方面的互补性，每组选定主谈人及组长，配置好成员角色；各组在模拟谈判前应充分地做好谈判准备，选定三至五家手机供应商进行调查，拟定好谈判方案；撰写实训报告。

2. 标准要求

将商务谈判的基本原理、步骤、技巧加以在实训中应用，善于进行市场调查、收集资料，注意实训中着装和行为的规范性，展现团队合作。

3. 步骤

(1) 分组并安排好角色，各组做好任务分工。

(2) 做好市场调研及信息收集，做好谈判准备。

(3) 模拟面对面谈判。

(4) 合作签约。

(5) 撰写实训报告。

4. 评价标准

实践项目评价标准如实训表 8－1 所示：

实训表 8-1　实践项目评价标准

项目	评价内容	评价标准	完成情况				
			很好	较好	一般	较差	很差
谈判准备	形象	着装和行为规范,符合商务谈判场合要求					
	分工	谈判小组构成合理,分工明确					
	信息	市场调查全面,信息收集详细					
	计划	制订了小组的谈判方案,方案执行性强					
谈判过程表现	语言	语言简练、严谨、紧扣谈判主题、主次分明					
	技巧	谈判技巧运用合理,达到预期目的					
	状态	自信从容,不卑不亢,说话有理有据					
	应对	能灵活拆解对方的招数,能把握谈判主控权					
	合作	团队合作紧密,有主有辅,配合默契					
实训报告	内容	内容完整,问题分析透彻,原因解释合理,实训总结中肯					

项目二　招标书的拟写

（一）项目阐述

艾美公司因业务需要，打算采购手机360部，采购部拟公开招标，请你替艾美公司拟写一份招标书。

（二）设计条件

配备有Word办公软件的计算机机房。

（三）组织

1. 每2人为一小组。

2. 小组每位成员独立完成招标书电子版的拟写。

3. 完成训练之后，小组成员相互纠错、点评及修改。

4. 教师重申正确标准或点评，要求学生举一反三。

（四）实施

1. 设计要求

要求每位同学根据材料拟写一份电子版的招标书，字数不限。

2. 标准要求

招标书的结构由标题、正文、结尾组成。

3. 步骤

（1）搜索资料，选择并确定招标项目的情况、条件、开标日期、商品名称、规格和价格等。

（2）根据材料内容，拟写合法合规合理的招标书。

（3）对招标书进行合理排版。

4. 评价标准

实践项目评价标准如实训表8－2所示：

实训表 8－2　实践项目评价标准

序号	评价内容	评价标准	完成情况				
			很好	较好	一般	较差	很差
1	标题	文种正确，简明扼要，位于招标书首行					
2	正文	前言写明招标单位基本情况、目的等					
		主体用条款或表格写明招标项目的名称、招标条件、要求、开标日期、商品名称、数量规格、价格等信息					
3	结尾	结尾写明招标单位的名称、代表人姓名并加盖公章、日期、联系人姓名、电话等信息					

项目三　投标书的拟写

（一）项目阐述

艾美公司因业务需要，公开招标采购手机 360 部，标号 AMCG202203。请你为投标单位浙江神州数码技术服务有限公司拟写一份投标书。

（二）设计条件

配备有 Word 办公软件的计算机机房。

（三）组织

1. 每 2 人为一小组。

2. 小组每位成员独立完成投标书电子版的拟写。

3. 完成训练之后，小组成员相互纠错、点评及修改。

4. 教师重申正确标准或点评，要求学生举一反三。

（四）实施

1. 设计要求

要求每位同学根据材料拟写一份电子版的投标书，字数不限。

2. 标准要求

投标书的结构由标题、正文、结尾组成。

3. 步骤

（1）根据“项目一”中拟写的招标书内容，紧扣招标书提出的要求，有针对性地拟写投标书。

（2）搜索相关材料，说明己方优势和特点，内容合理合法、明确具体。

（3）对投标书进行合理排版。

4. 评价标准

实践项目评价标准如实训表 8－3 所示：

实训表 8－3　实践项目评价标准

序号	评价内容	评价标准	完成情况				
			很好	较好	一般	较差	很差
1	标题	文种正确，简明扼要，位于投标书首行					
2	正文	引言写明投标的依据、投标意愿、投标项目名称和编号等信息					
		主体围绕招标书提出的要求和目标撰写，实事求是说明己方优势和特点，提出标价、完成招标项目的时间，明确质量承诺和应标经营措施等，内容合理合法、具体、全面、周密					
3	结尾	结尾写明投标单位的名称、代表人姓名并加盖公章、日期、联系人姓名、电话等信息					

项目四　意向书的拟写

（一）项目阐述

艾美公司因业务需要，打算购置手机360部，采购部已经与经销商浙江神州数码技术服务有限公司达成了初步合作意愿，请你替艾美公司拟定一份手机买卖意向书。

（二）设计条件

配备有Word办公软件的计算机机房。

（三）组织

1. 每2人为一小组。

2. 小组每位成员独立完成意向书电子版拟写。

3. 完成训练之后，小组成员相互纠错、点评及修改。

4. 教师重申正确标准或点评，要求学生举一反三。

（四）实施

1. 设计要求

要求每位同学根据材料拟写一份电子版的意向书，字数不限。

2. 标准要求

意向书的结构由首部、正文、尾部组成。

3. 步骤

（1）搜索资料，选择并确定采购的标的信息。

（2）根据材料内容，拟写合法合规合理的意向书。

（3）对意向书进行合理排版。

4. 评价标准

实践项目评价标准如实训表8－4所示：

实训表 8-4　实践项目评价标准

序号	评价内容	评价标准	完成情况				
			很好	较好	一般	较差	很差
1	首部	文种正确，简明扼要，位于意向书首行					
		明确立约当事人名称和相关信息					
2	正文	导语写明意向书签订的目的和双方磋商一致的合作意向，并合理过渡					
		主体分条款写明达成的意向性意见，包括合作的内容、方式、双方的权利和义务等					
		结尾写明“未尽事宜，在签订正式合同或协议书时再予以补充”一语，以便留有余地。并注明文本数量、各方存执情况、有效期限等					
3	尾部	意向书签订各方单位的名称、代表人姓名并加盖公章、私章及日期					

项目五　合同的拟写

（一）项目阐述

艾美公司因业务需要，打算购置手机360部，采购部已经与经销商浙江神州数码技术服务有限公司协商一致，准备采购华为手机，请你根据下表信息，替艾美公司拟定一份手机买卖合同。

手机型号	全新华为P50 Pro/256G/黑色/官方标配
采购数量	360部
价格	6 400元/部
付款方式	定金20万元，其余货款货到付款，银行转账
交货期限、地点	2022年6月10日前，由经销商送货至艾美公司

（二）设计条件

配备有Word办公软件的计算机机房。

（三）组织

1. 每2人为一小组。
2. 小组每位成员独立完成合同的拟写。
3. 完成训练之后，每小组成员相互纠错、点评及修改。
4. 教师重申正确标准或点评，要求学生举一反三。

（四）实施

1. 设计要求

要求每位同学根据材料拟写一份电子版的合同，字数不限。

2. 标准要求

合同的结构由首部、正文、尾部、（附件）组成。

3. 步骤

（1）明确合同和意向书的区别。

（2）根据材料内容，拟写条款详尽、合法合规的手机买卖合同。

（3）对合同进行排版。

4. 评价标准

实践项目评价标准如实训表8－5所示：

实训表 8－5　实践项目评价标准

序号	评价内容	评价标准	完成情况				
			很好	较好	一般	较差	很差
1	首部	文种正确，简明扼要，位于首行居中					
		合同编号位于标题下一行靠右(也可以不写编号)					
		订立合同双(各)方当事人名称和住所 在标题或合同编号下方，分两行列出订立合同双(各)方的名称和住所					
2	正文	引言描述订立合同的背景、依据和目的，并采用合理过渡语					
		主体部分采用条款式格式，列述合同的标的、数量、质量、价款或者报酬、履行期限、地点和方式、违约责任、解决争议的方法等					
3	尾部	当事人的签名、盖章、地址、电话号码、银行账号开户行、银行账号、签约时间、附件清单等					
4	附件	货物清单等，附在合同后					

主要参考文献

[1] 王琪，于巧娥. 应用文写作实务[M].北京：中国人民大学出版社，2021.

[2] 傅宏宇. 财经应用文写作[M].3 版. 北京：北京大学出版社，2022.

[3] 谢红霞. 沟通技巧[M].4 版. 北京：中国人民大学出版社，2022.

[4] 王用源. 沟通与写作：语言表达与沟通技能[M].北京：人民邮电出版社，2019.

[5] 左小瑜，吴晓雯，崔晓莉，等. 职场沟通技巧[M].北京：清华大学出版社，2022.

[6] 陶莉. 职场沟通技巧[M]. 北京：中国人民大学出版社，2020.

[7] 万盛兰. 职场写作从入门到精通[M].北京：人民邮电出版社，2021.

[8] 刘畅. 新编现代应用文写作与范例大全[M].北京：清华大学出版社，2019.

[9] 宋卫泽，陈志平. 职场沟通与写作训练教程[M].北京：机械工业出版社，2020.

[10] 唐涤非. 口才与演讲[M].北京：高等教育出版社，2015.

[11] 刘艳华. 沟通心理学[M].天津：天津科学技术出版社，2017.

[12] 杨雅蓉. 高端商务礼仪：快速成为职场沟通达人[M].北京：化学工业出版社，2021.

[13] 姬瑞环. 商务文书写作 [M].北京：中国人民大学出版社，2018.

[14] 苏珊娜·杰纳兹. 职场沟通自修课[M]. 孙相云，时启亮，译. 北京：中国人民大学出版社，2017.

[15] 张子泉，刘兆信，单体刚. 应用文写作[M].北京：清华大学出版社，2022.

[16] 郭雪峰，杨忠慧，岳五九. 应用文写作实训教程[M].2 版.北京：高等教育出版社，2022.

[17] 周俊玲. 商务文书写作实务[M]. 北京：机械工业出版社，2022.

[18] 张小乐. 实用商务文书写作 [M]. 北京：首都经济贸易大学出版社，2020.

高等教育出版社

教学资源服务指南

仅限教师索取

感谢您使用本书。为方便教学，我社为教师提供资源下载、样书申请等服务，如贵校已选用本书，您只要关注微信公众号“高职素质教育教学研究”，或加入下列教师交流QQ群即可免费获得相关服务。

“高职素质教育教学研究”公众号

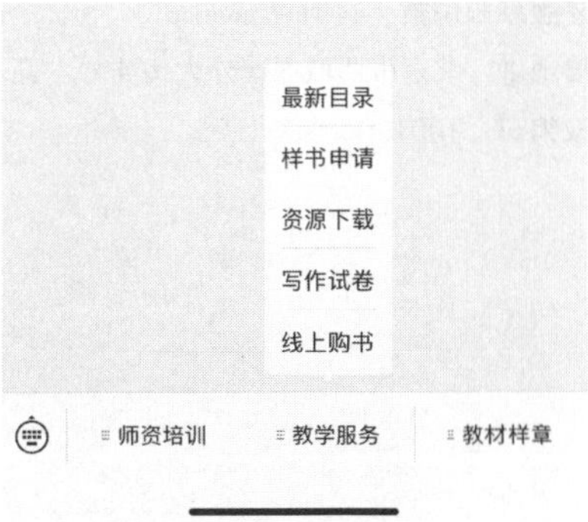

资源下载：点击 “**教学服务**”—“**资源下载**”，或直接在浏览器中输入网址（http://101.35.126.6/），注册登录后可搜索下载相关资源。（建议用电脑浏览器操作）

样书申请：点击 “**教学服务**”—“**样书申请**”，填写相关信息即可申请样书。

样章下载：点击 “**教材样章**”，可下载在供教材的前言、目录和样章。

师资培训：点击“**师资培训**”，获取最新直播信息、直播回放和往期师资培训视频。

联系方式

高职人文素质教师交流QQ群：167361230

联系电话：（021）56961310　电子邮箱：3076198581@qq.com